Sanjay Peters

EN BUSCA DEL PROGRESO Y EL EQUILIBRIO

Experimentos
en el desarrollo en la India

© Sanjay Peters, 2008
© de la edición en castellano:
2008 by Editorial Kairós, S. A.

Editorial Kairós, S.A.
Numancia 117-121, 08029 Barcelona, España
www.editorialkairos.com

Nirvana Libros S.A. de C.V.
3ª Cerrada de Minas 501-8, CP 01280 México, D.F.
www.nirvanalibros.com.mx

Primera edición: Septiembre 2008
ISBN: 978-84-7245-687-7
Depósito legal: B-42.319/2008

Fotocomposición: Grafime. Mallorca 1. 08014 Barcelona
Tipografía: Times, cuerpo 11, interlineado 12,8
Impresión y encuadernación: Romanyà-Valls. Verdaguer, 1. 08786 Capellades

Este libro ha sido impreso con papel certificado FSC, proviene de fuentes respetuosas
con la sociedad y el medio ambiente, y cuenta con los requisitos necesarios para ser
considerado un "libro amigo de los bosques".

Todos los derechos reservados. No está permitida la reproducción total
ni parcial de este libro, ni la recopilación en un sistema informático,
ni la transmisión por medios electrónicos, mecánicos, por fotocopias, por registro
o por otros métodos, salvo de breves extractos a efectos de reseña,
sin la autorización previa y por escrito del editor o el propietario del *copyright*.

A mis padres
Barry y Leela Peters

No habría sido posible llevar a cabo esta investigación
y convertir este estudio empírico en un libro
sin el generoso apoyo financiero de La Caixa.
Expreso mi más sincero agradecimiento a Isidre Faine,
presidente de La Caixa, por su apoyo y por reconocer
el valor de la investigación sobre los mercados emergentes
en Asia.

SUMARIO

1. **Introducción** 13
   1.1. Sector social en Kerala. 15
   1.2. Principales indicadores sociales 17
   1.3. La paradoja del modelo de crecimiento
        de Kerala. 21
   1.4. Evaluación de posibles conflictos entre
        el logro de objetivos de desarrollo humano
        y el desarrollo económico 30
   1.5. Hipótesis 32

2. **El enfoque de las necesidades básicas
   al desarrollo** 33
   2.1. Orígenes del enfoque de las necesidades básicas
        en la literatura de desarrollo económico 33
   2.2. Componentes estructurales del enfoque de las
        necesidades básicas. 34
      2.2.1. Definición de las necesidades básicas . 34
      *2.2.2. Distinción entre el enfoque de
             las necesidades básicas y otros enfoques
             de desarrollo.* 36
   2.3. Obstáculos en la planificación de un modelo
        de necesidades básicas para el desarrollo . . . 43
      *2.3.1. Argumentos a favor del enfoque
             de las necesidades básicas* 48
      *2.3.2. Argumentos en contra del enfoque
             de necesidades básicas al desarrollo* . . 58

2.4. ¿Es factible la implantación de un enfoque de necesidades básicas? 63
   2.4.1. Mecanismos de implantación del enfoque de las necesidades básicas . . . 65
   2.4.2. Barreras estructurales en el alcance de las necesidades básicas para los pobres. . . 67
2.5. El enfoque de las necesidades básicas en la práctica 68
   2.5.1. Indicadores de la ineficacia del enfoque de las necesidades básicas 68
   2.5.2. Experiencias de países en la consecución de las necesidades básicas 70
2.6. Metodologías 75

3. Enfoque general de los logros de Kerala 77
3.1. El efecto de las reformas agrarias en las necesidades básicas 77
3.2. Las estrategias de distribución de alimentos: las políticas de distribución de alimentos en instituciones educacionales. 79
3.3. La distribución de alimentos a los pobres mediante las tiendas de precio justo 80
3.4. Servicios públicos 86
   3.4.1. Vivienda 86
   3.4.2. Educación 87
3.5. El impacto de las reformas socioeconómicas en la vida de los muy pobres 91
3.6. Distribución de los beneficios para el desarrollo de los pobres 94
3.7. Metodología 96
3.8. Teoría de Descentralización 98
3.9. Resultados 107
3.10. Puntos clave 107

4. **Rendimiento de los sectores productivos
de la economía** 115
  4.1. Evaluación de los cambios estructurales
  en la economía 115
   4.1.1. Sector agrícola 115
   4.1.2. Sector industrial. 121
   4.1.3. Sector terciario 124
  4.2. Valoración del crecimiento económico
  desde 1957 127

5. **Hipótesis dispares acerca del progreso social
y el débil crecimiento de Kerala** 135
  5.1. Relaciones causales entre el cambio social
  y las políticas reformistas 135
  5.2. Los obstáculos al crecimiento de los sectores
  productivos derivados de las reformas
  políticas. 139
  5.3. Principales disputas teóricas acerca
  de las causas del deterioro de las tasas
  de crecimiento 148
   5.3.1. Grupo I 150
   5.3.2. Grupo II 152
  5.4. Vínculos entre el bajo crecimiento económico
  y el retraso industrial de Kerala 153
  5.5. Deterioro en el crecimiento
  como consecuencia de las tensiones laborales
  y los altos sueldos 165
  5.6. Dotación de recursos y factores regionales
  como principales barreras al crecimiento . . . 166

6. Valoración empírica de las teorías dispares acerca del bajo crecimiento de Kerala 179
  6.1. Aplicación de la teoría de dotación de recursos en Kerala. 179
  6.2. Relevancia de la aplicación de la teoría de salarios de eficiencia en Kerala 192
  6.3. Principales factores de costes salariales elevados en el sector industrial a pequeña escala de Kerala. 195

7. Hipótesis alternativas sobre las causas del bajo crecimiento en Kerala 203
  7.1. La naturaleza desigual del desarrollo industrial 203
  7.2. Débil progreso de la estructura industrial, una barrera para el desarrollo 210
  7.3. Financiamiento central insuficiente para gastos excluidos del Plan en Kerala 212
  7.4. Barreras al crecimiento económico por deficiencias en el suministro eléctrico ... 222
  7.5. Políticas de desarrollo con poca solidez 224
    7.5.1. Desarrollo agrícola 224
    7.5.2. Desarrollo industrial 225
    7.5.3. Mala asignación de recursos por parte del Gobierno de Kerala 227

8. Crecimiento de la productividad en las industrias de Kerala tras las reformas de principios de los años noventa 231
  8.1. Respuestas del Gobierno al problema de la baja industrialización de Kerala. 235
    8.1.1. Iniciativas del sector público 235
    8.1.2. Reformas del sector privado en Kerala .. 235

8.2. ¿Reformas de políticas verdaderas o simples
 cambios cosméticos?. 236
8.3. Teoría económica y experiencia de desarrollo
 de Kerala 237
8.4. ¿Cambio de paradigma o signos superficiales
 de la tendencia de crecimiento en Kerala?. . . 240

9. **El efecto del entorno y de las instituciones
 en la actividad empresarial** 247
9.1. Metodología 248
9.2. Limitaciones y fortalezas del modelo
 de encuesta en la industria 249
9.3. Entrevistas a empresas 251
 9.3.1. Poppy Umbrella 251
 *9.3.2. Grupo Birla: Kerala Spinners
 y Grasim Industries* 256
 9.3.3. V-Guard Industries 258
 9.3.4. Kitex Limited 262
 *9.3.5. Indian Aluminium Company Limited
 (Grupo Birla)* 266
 9.3.6. Paragon Footwear 268
 9.3.7. Eastern Curry Powder 273
 9.3.8. Fertilizers and Chemicals Limited . . . 274
9.4. Resultados agregados de la encuesta
 en la industria. 275
9.5. Lecciones que aprender 294
9.6. Implicaciones de los resultados
 de la investigación 296
 9.6.1. La empresa 297
 9.6.2. Trabajadores sindicados 297
 9.6.3. Partidos políticos 298
9.7. Conclusión del Estudio de Empresa 300

10. Conclusión 303

Anexo I. 311
Anexo II. Cuestionario. 323
Anexo III. 339

Bibliografía 387

1. INTRODUCCIÓN

La economía india ha estado creciendo a una tasa media anual de alrededor del 8% en los últimos 15 años (1991-2007), haciendo de ella la segunda economía de más rápido crecimiento en el mundo después de China. Estas impresionantes tasas de crecimiento del PIB han facilitado un aumento espectacular del número de habitantes de clase media, estimada en, aproximadamente, unos 300 millones de personas, de una población total de poco más de un billón de habitantes. Sin embargo, a pesar de las reformas económicas nacionales una gran parte de los sectores más pobres de la población no ha sido testigo de importantes mejoras, ni en sus niveles de bienestar ni en sus niveles de vida. Aunque se han obtenido impresionantes logros macroeconómicos durante los últimos diez años y medio, llevados a cabo, principalmente, por la política de liberalización económica iniciada en 1991, la India sigue siendo una economía en desarrollo, bajo cualquier criterio, en gran parte debido a que aún 600 millones de personas siguen viviendo de la agricultura. Si bien los niveles de pobreza son menores ahora que en 1993 (se estima que el 35% de la población vive con menos de un dólar al día), siguen siendo altos, puesto que, en 2005, unos 220 millones de personas vivían con menos de un dólar al día. Por otra parte, hay enormes diferencias en las etapas de desarrollo de la economía, la renta per cápita y los niveles de vida entre las diferentes regiones de toda la India (véase Sen y Dreze, 1997). En la región de Kerala, en el extremo Sur occidental de la India, se ha producido un desarrollo inusual durante los últimos 40 años. El objetivo de este trabajo es centrar la atención en los logros de esta región, en términos de desarrollo humano, además de poner en relieve los desafíos a los que la región se enfrenta debido a su crecimiento económico y a la mejora del bienestar de los sectores más pobres de la población en el contexto de una economía global. Otro de los objetivos de la investigación es extraer todas las lecciones valiosas posibles para que otras regiones en desarrollo, dentro y fuera del sub-continente, puedan sacar provecho al comprender la trayectoria de desarrollo de Kerala. A lo largo de las últimas cuatro décadas, economistas influyentes de varios países han seguido de cerca las políticas de desarrollo impulsados por distintos gobiernos de Kerala, principalmente por el elevado nivel de vida conseguido en este región poco industrializada.

La estructura gubernamental en la India es similar a los Estados Unidos, por su estatus semi-autonómico. Cada región de la India elige a un gobernador (Chief Minister). El gobierno central de la India proporciona a los gobiernos regionales la financiación suficiente en función de sus gastos anuales previstos. Los gobiernos regionales, no obstante, pueden optar por emplear esta financiación en recursos que crean más importantes para su región. El nivel de poder semi-autonómico, por tanto, puede explicar, en parte, las disparidades en los niveles de desarrollo entre las diferentes regiones de la India.

Si se tiene en cuenta el índice de Morris de calidad de vida física (PQLI por sus siglas en inglés) como una medida del nivel de vida,[1] o bien otros objetivos de desarrollo humano, como los diseñados por el Índice de Sen (1976), o en

---

1. El índice PQLI incluye factores como la esperanza de vida, la mortalidad infantil y las tasas de nacimiento y alfabetización adulta.

el Informe de Desarrollo Humano (United Nations Human Development Report, 1990). Kerala muestra claramente que ha alcanzado un alto nivel de vida comparado con cualquier otro estado de la India, e incluso más alto que otros países en desarrollo, incluyendo a China.[2]

Es extraordinario ver cómo a pesar de los altos índices de calidad de vida mostrados por Kerala, el peso de sus sectores productivos es muy bajo. La población de Kerala es de alrededor de 30 millones (datos de 2001), situada en un área de 38.863 kilómetros cuadrados, y su población representa el 3,43% del conjunto de la India.[3] Si se tuviese que ver Kerala como un país independiente, ocuparía la novena posición en los países más pobres del mundo. Aun así, sus logros sociales se pueden comparar con los de la mayor parte de países desarrollados con niveles de renta que son 10 o 20 veces superiores.

1.1. SECTOR SOCIAL EN KERALA

Como se ha indicado anteriormente, los logros sociales en el estado de Kerala han sido mejores que en otros estados de la India, hasta el punto de que la expectativa de vida de hombres y mujeres de Kerala es incluso mayor que la de la población afroamericana de Estados Unidos, y la tasa de alfabetización femenina es mayor que la registrada en todas las provincias de China.

---

2. D. Morris, 1979, *Measuring the Condition of the World's Poor: The Physical Quality of Life Index*; Véase también, D. Morris y M.B. McAlpin, 1982, *Measuring the Condition of India's Poor: The Physical Quality of Life Index*, Nueva Delhi: Promilla and Co.
3. B.A. Prakash, 1994, *Demographic Trends on Kerala, Kerala Economy*, pág. 43.

Tabla 1-1. Indicadores sociales y sus desviaciones estándar

Estados	Tasa de alfabetización			Tasa de alfabetización femenina			Tasa de mortalidad infantil			Tasa de nacimiento		
	1981	1991	2001	1981	1991	2001	1981	1991	2001	1981	1991	2002*
Maharashtra	53,5	64,9	66,7	34,8	43,0	58,3	79	59	48	29,8	25,2	20,3
Punjab	46,4	58,5	61,2	33,7	42,2	55,9	81	56	55	30,2	26,3	20,8
Haryana	41,7	55,9	58,0	22,3	32,7	47,8	101	75	62	35,9	30,9	26,6
Gujarat	49,9	61,3	57,4	32,3	40,6	48,2	116	67	49	34,2	28,0	24,7
Tamil Nadu	52,5	52,3	65,4	35,0	44,6	57,6	91	58	32	27,9	19,5	18,5
West Bengal	46,3	57,7	59,6	30,3	38,4	51,7	91	65	40	32	25,7	20,5
Karnataka	43,9	56	58,4	27,7	37,0	50,1	69	73	52	29,1	25,5	22,1
Kerala	**75,3**	**80,8**	**82,9**	**65,7**	**75,2**	**78,2**	**37**	**17**	**13**	**24,9**	**17,4**	**16,9**
Rajasthan	28,4	38,5	49,7	11,4	16,3	36,2	108	90	68	40,1	34,0	30,6
Andhra Pradesh	34,1	44,1	53,3	20,4	27,3	44,7	86	71	59	30,8	24,3	20,7
Madhya Pradesh	32,2	44,2	52,8	15,5	23,1	41,6	142	104	72	38,5	34,9	30,4
Uttar Pradesh	31,4	41,5	46,8	14,0	20,0	35,0	150	98	79	38,4	36,2	31,6
Orissa	38,8	49,1	54,6	21,1	28,8	43,9	135	115	76	34	27,2	23,2
Bihar	30,3	38,5	38,2	13,6	18,1	26,9	118	73	66	37,2	32,0	30,9
Desviación estándar	12,5	11,7	10,4	14,0	15,1	12,4	30,7	24,2	18,1	4,5	5,5	5,03

Fuentes:
Censo de la India.
Para mortalidad infantil, las estimaciones de IIPS 2001 se basan en datos de RCH.
* Ministerio de Sanidad y Bienestar para la Familia, Gobierno de la India.

1.2. Principales indicadores sociales

En comparación con otros estados de la India, Kerala ha alcanzado mejores tasas de alfabetización general y femenina; bajas tasas de mortalidad infantil y de nacimiento. Como se puede apreciar en la Tabla 1-1, es importante destacar las velocidades a las que las tasas de mortalidad infantil y de nacimiento han ido descendiendo cuando se comparan con las tasas de otros estados. También destaca la tasa de reducción del nivel de pobreza (véase la Tabla 1-2).

Desde el inicio del debate acerca del «modelo de Kerala», algunos investigadores se han mostrado escépticos en cuan-

Tabla 1-2. Porcentaje de población bajo el umbral de pobreza

Estados	1973-74	1977-78	1983	1987-88	1993-94	1999-00
Maharashtra	53,24	55,88	43,44	40,41	36,86	25,02
Punjab	28,15	19,27	16,18	13,2	11,77	6,16
Haryana	35,36	29,55	21,37	16,64	25,05	8,74
Gujarat	48,15	41,23	32,79	31,54	24,21	14,07
Tamil Nadu	54,94	54,79	51,66	43,39	35,03	21,12
West Bengal	63,43	60,52	54,85	44,72	35,66	27,02
Karnataka	54,47	48,78	38,24	37,53	33,16	20,04
Kerala	**58,79**	**52,22**	**40,42**	**31,79**	**25,43**	**12,72**
Rajasthan	46,14	37,42	34,46	35,15	27,41	15,28
Andhra Pradesh	48,86	39,31	28,91	25,86	22,19	15,77
Madhya Pradesh	61,78	61,78	49,78	43,07	42,52	37,43
Uttar Pradesh	57,07	49,05	47,07	41,46	40,85	31,15
Orissa	66,18	70,07	65,28	55,58	48,56	47,15
Bihar	61,91	61,55	62,22	52,13	54,96	42,6
Desviación estándar	10,8	14,0	14,5	12,1	11,4	12,6

Fuente: NSSO, en varias rondas quinquenales.

to al desarrollo del sector social en Kerala. Según Panicker y Soman (Panicker P.G.K. and Soman, C.R., 1975, *Health Status of Kerala, the paradox of economic backwardness and health development of Kerala*, CDS, Trivandrum), el sector de la Sanidad de Kerala muestra la paradoja de bajas tasas de mortalidad y altas tasas de morbosidad. Incluso actualmente, los académicos del tema (como Soman, C.R) que muestran posturas escépticas sobre el desarrollo de Kerala argumentan que el desarrollo social de Kerala no es tan elevado si se tienen en cuenta la cantidad de suicidios, muertes accidentales y altas tasas de pacientes con enfermedades mentales.

Desde el censo de 1901, la tasa de alfabetización en Kerala ha sido más elevada que en el conjunto de la India. En cambio, la diferencia entre la tasa de alfabetización masculina y femenina en Kerala ha cambiado desde 1951. Hasta 1951, la diferencia entre la tasa de alfabetización masculina y femenina era elevada comparada con el conjunto de la India. Los cambios más notables empezaron inmediatamente después de la formación del estado de Kerala en 1957. Por ejemplo, durante 1961 había una diferencia de 16 puntos entre la tasa de alfabetización masculina y la femenina (55% para hombres y 39% para mujeres), mientras que en el conjunto de la India la diferencia era de 21 puntos (34% para hombres y 13% para mujeres). Pero de acuerdo con los datos más recientes del censo de 2001, la diferencia entre la tasa de alfabetización masculina y la tasa de alfabetización femenina en la India es de 18 puntos, mientras que para Kerala es de sólo 5 puntos (véase la Tabla 1-3).

De todos modos, no es del todo exacto afirmar que los beneficios en la calidad de vida en Kerala se comparten de igual forma entre todos los miembros de la sociedad, independientemente de su género, casta, o residencia en zona rural o en zona urbana. Kurien (1994, *Kerala marine fishe-*

Tabla 1-3. Tasas generales de alfabetización: Kerala y la India (1901-2001)

Año del censo	Kerala (%)			La India (%)		
	Hombres	Mujeres	Población	Hombres	Mujeres	Población
1901	19,15	3,15	11,14	9,83	0,60	5,35
1911	22,25	4,43	13,31	10,56	1,05	5,92
1921	27,88	10,26	19,02	12,21	1,81	7,16
1931	30,89	11,99	21,34	15,59	2,93	9,50
1941	DN	DN	DN	24,90	7,30	16,10
1951	49,79	31,41	40,47	24,95	7,93	16,67
1961	54,97	38,90	46,85	34,44	12,95	24,02
1971	66,62	54,31	60,42	39,45	18,69	29,45
1981	75,26	65,73	70,42	46,62	24,73	36,03
1991	80,8	75,2	78,0	52,8	32,1	42,9
2001	82,86	78,24	80,49	63,98	45,75	55,18

DN: Datos no disponibles.
Fuente: Censo de la India.

ries development experience, en B.A. Prakask (ed.), *Kerala's Economy: performance, problems, prospects* págs. 195-214, Nueva Delhi, Sage) presenta la idea de que el modelo de desarrollo de Kerala es un «promedio», y que existen desviaciones importantes en dicho modelo. Kurien muestra el ejemplo de los pescadores de Kerala, que constituyen uno de los grupos marginados a los que se excluye de los beneficios del desarrollo de Kerala. Las castas y tribus suplementarias representan otro segmento de la población que, junto con los pescadores, son desviaciones del modelo de desarrollo. Las huelgas de hambre y tiroteos que han ocurrido en Muthanga, en el distrito de Wayanad (R. Krishnakumar, 2003, *The Muthanga misadventure, Frontline*, vol. 20, Issue 06, marzo 15-28), así como las manifestaciones por las tierras de cultivo por parte de la población de las tribus, son hechos a tener en cuenta al debatir el notable desarrollo social de Kerala.

Además, las recientes investigaciones acerca de los resultados del crecimiento económico o desarrollo humano de Kerala son menos optimistas en cuanto al éxito del desarrollo de la región. Aunque Kerala tiene un historial de mejora de la educación primaria y secundaria en los últimos 40 años, no ha habido mejoras sustantivas para el progreso de la educación terciaria (Achin, 2005; Tilak, 2001). Tilak (Tilak, J.B.G., [2001] Public Subsidies in Education Sector, presented at the Conference on India: fiscal policies to accelerate economic growth, accessed at www.fiscalconf.org/papers/tilak.pdf) muestra que Kerala dispone de 80 instituciones de educación terciaria por cada 100.000 habitantes, mucho menor que la media de la India, de 99 instituciones por cada 100.000 habitantes. Según Chakroborty (2005, pág. 546):

> «[…] El porcentaje de la población igual y mayor de siete años con un nivel de educación de maestría y superior es 4,56, ligeramente mayor que la media de la India, de 4,15%, según la 55ª edición del NSS. Según el censo de 1991, los porcentajes respectivos eran 3,15 y 3,00%, cosa que significa que en los 90 el crecimiento de graduados como porcentaje de la población igual y mayor de siete años en Kerala no ha sido mayor que en el resto de la India. Según estas cifras, Kerala se sitúa por debajo de cinco grandes estados –Maharashtra, Karnataka, Tamil Nadu, Gujarat y West Bengal–, aunque estos cinco estados muestran tasas inferiores de educación escolar. Es difícil creer que la educación terciaria no se ha expandido aunque ha habido demanda. Por este motivo, la única explicación plausible sería poca demanda. Un gran número de estudiantes es reacio a invertir tiempo y dinero en cursos convencionales de ciencias y humanidades. Por otro

lado, ha habido un gran crecimiento en los cursos autofinanciados, cosa que indica un aumento de la demanda de éstos».

Según Kannan (2005, «Kerala's Turnaround in Growth: Role of Social Development, Remittances and Reform», *Economic and Political Weekly*, febrero, 5), otro reto que existe en Kerala es la traducción de las altas tasas de desarrollo humano y relativo rápido crecimiento en resultados concretos para el empleo y participación equitativa de las mujeres en el mercado laboral.

1.3. La paradoja del modelo de crecimiento de Kerala

Los logros del desarrollo del sector social en Kerala sin la correspondiente mejora de las condiciones económicas son especialmente visibles cuando se tienen en cuenta las tasas de ingreso real per cápita en el estado, en comparación con otros estados. Kerala se halla en el sexto y séptimo lugar en el nivel de ingreso real per cápita, entre un total de 14 estados principales de la India (véase la Tabla 1-4). No obstante, en 2000-01 el ingreso real per cápita de Kerala fue un poco más elevado que la media de los 14 estados.

Durante el periodo 1990 a 2001, el ingreso real per cápita de Kerala evolucionó de forma similar, e incluso a veces fue más elevado que la media nacional (véase Figura 1-1). Según algunos investigadores, las altas tasas de crecimiento se empezaron a observar durante los años ochenta.[4] De acuerdo con el Informe de Desarrollo Humano de Naciones Unidas

---

4. *Subrahmanian y Azeez 2000; Ahluwalia 2002; Pushpangadan 2003; Jeromi 2003*. (Ahluwalia, M S (2000): «Economic Performance of States in the Post-Reforms Period», *Economic and Political Weekly*, vol. 35, n.º 19, mayo 6.

Tabla 1-4. Ingreso real per cápita en los 14 estados mayores de la India (Rs. Precios de 1993-1994)

	Ingreso per cápita						Tasa de crecimiento compuesta (%)		
	1980-81	Posición	1990-91	Posición	2000-01	Posición	1980-81 a 1990-91	1990-91 a 2000-01	1980-81 a 2000-01
Estados de renta alta	**7.397**		**9.870**		**13.499**		**2,9**	**3,2**	**6,2**
Punjab	8.442	1	11.776	1	15.071	1	3,4	2,5	6,0
Haryana	7.506	2	11.114	2	13.848	3	4,0	2,2	6,3
Karnataka	7.480	3	7.514	6	11.854	6	0,0	4,7	4,7
Mahrashtra	7.102	4	10.159	3	14.233	2	3,6	3,4	7,2
Gujarat	6.455	5	8.788	4	12.489	5	3,1	3,6	6,8
Estados de renta media	**5.126**		**6.793**		**10.179**		**2,9**	**4,1**	**7,1**
Kerala	**5.724**	**6**	**6.890**	**7**	**10.714**	**7**	**1,9**	**4,5**	**6,5**
Tamil Nadu	5.273	7	7.874	5	12.994	4	4,1	5,1	9,4
Madhya Pradesh	5.098	8	6.366	10	7.195	11	2,2	1,2	3,5
West Bangal	4.952	9	5.991	11	9.796	9	1,9	5,0	7,1
AP	4.585	10	6.845	8	10.195	8	4,1	4,1	8,3
Estados de renta baja	**3.784**		**4.966**		**5.783**		**2,8**	**1,5**	**4,3**
Rajasthan	4.254	11	6.760	9	8.175	10	4,7	1,9	6,8
Orissa	4.169	12	4.388	13	5.549	13	0,5	2,4	2,9
Uttar Pradesh	3.982	13	5.147	12	5.575	12	2,6	0,8	3,4
Bihar	2.733	14	3.568	14	3.831	14	2,7	0,7	3,4
Promedio de los 14 estados	**5.554**		**7.370**		**10.109**	**15**	**2,9**	**3,2**	**6,2**

Fuente: Cálculos basados en datos de la EPW Research Foundation.

1996, Kerala ha superado la fase de crecimiento desequilibrado. Chakroborty (2005) argumenta que el crecimiento económico en Kerala no se produce mediante la ruta de capital humano, sino que se produce mediante rutas indirectas. La excelente calidad de la educación básica en Kerala ofrece la oportunidad de que sus ciudadanos puedan buscar empleo fuera del país. La migración al extranjero se traduce en un gran aumento del ingreso privado (gran cantidad de remesas). La rápida disminución de la tasa de crecimiento de la población también puede verse como una de las razones por las que existe un aumento del ingreso per cápita del estado.

Figura 1-1. NSDP/NDP real per cápita a precios de 1993-1994: Kerala y la India

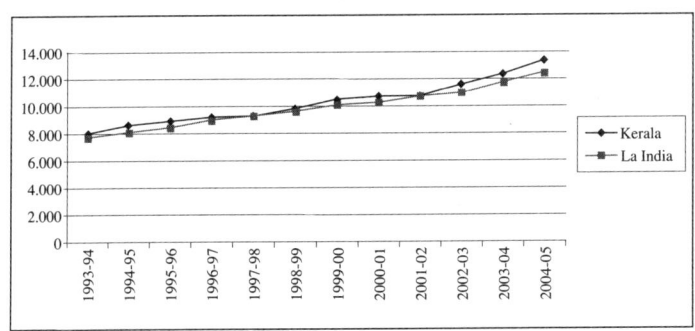

Fuentes
Datos para Kerala: Directorate of Economics and Statistics.
Datos para la India: CSO.

Jeromi, P D (2003): «What Ails Kerala's Economy: A Sectoral Exploration», Economic and Political Weekly, April 19
Pushpangadan, K (2003): «Remittances, Consumption and Economic Growth in Kerala: 1980-2000», Working Paper n.º 343, Centre for Development Studies, Trivandrum, la India.
Subrahmanian, K K and Azeez Abdul (2000): «Industrial Growth in Kerala: Trends and Explanations", Working Paper n.º 310, Centre for Development Studies, Trivandrum, la India)

No hay evidencia empírica que muestre que el mayor crecimiento del ingreso per cápita se deba al crecimiento en los sectores productivos de la economía de Kerala. La tasa de crecimiento del producto nacional interno neto del estado[5] PINE (NSDP por sus siglas en inglés) ha sido inferior que la tasa de crecimiento del producto interno neto de la India, PIN (NDP por sus siglas en inglés) para todos los subperiodos desde 1970-71 hasta 2003-04, excepto en los noventa, cuando la tasa de crecimiento de Kerala superó la de la India (véase la Tabla 1-5). Kannan (2005) lo califica como el giro en el comportamiento del crecimiento de Kerala.[6] Según Kannan, Kerala consiguió su giro en el crecimiento gracias a las reformas económicas y el gran número de remesas.[7] Pero los resultados económicos del estado se debilitan nuevamente comparados con la media nacional en términos de tasa de crecimiento del producto interior. Así, el modelo de desarrollo de Kerala es visto como una paradoja por distintos académicos a causa del nivel de vida relativamente alto alcanzado a bajos niveles de producto interior del estado per cápita, algo que normalmente se asocia a regiones con rentas más altas.

Otras razones por las que el proceso de desarrollo de Kerala es visto como una paradoja se deben a su alta tasa de ahorro, que potencialmente podría utilizarse para invertir en

---

5. En este estudio se utilizará invariablemente estado o región para referirse a Kerala, mientras que nacional, central o federal se refiere al conjunto de la India. *(Nota del Traductor.)*
6. No obstante, nótese que la división de los periodos de Kannan es distinta a la usada en este estudio. Su periodo de análisis 1970-71 hasta 1986-87, y 1987-88 hasta 2002-03, explica el giro en el crecimiento de Kerala del segundo periodo por las reformas y remesas.
7. El resultado de las reformas económicas, según Kannan, fue la discontinuidad del sistema de tipos de cambio fijo a favor de un tipo de cambio determinado por el mercado, lo que contribuyó al fortalecimiento del papel de las remesas.

recursos, una alta dotación de capital humano y un consumo per cápita elevado. Todos estos ingredientes normalmente se traducen en mayores posibilidades para establecer mercados y la promoción de actividades manufactureras. Pero como analizaremos más adelante, el rendimiento del sector manufacturero es relativamente bajo.[8]

Tabla 1-5. Tasas de crecimiento anual del producto interior neto

	Kerala	La India*
1970-71 a 1979-80	1,97	2,41
1980-81 a 1989-90	2,87	5,60
1990-91 a 1999-00	6,12	5,67
2000-01 a 2003-04	5,81*	6,26

Fuente: Cálculos basados en datos de la EPW Research Foundation a precios de 1980-81.
* A precios de 1993-94.

El débil comportamiento de la economía de Kerala ha sido debido, mayoritariamente, a la baja contribución de los sectores de producción material. La tasa de crecimiento del sector agrícola de Kerala ha sido menor que la de otros sectores, e incluso ha sido negativa durante el periodo 2000-01 a 2003-04. La tasa de crecimiento del sector industrial también es débil si la comparamos con el promedio del conjunto de la India. El único sector que muestra una sólida actividad es el sector terciario a partir de principios de los ochenta (véase la Tabla 1-6). La mayor tasa de crecimiento del sector industrial de Kerala durante los noventa, comparada con la tasa media de la India, se debe principalmente a la tasa de crecimiento del sector de la construcción.[9]

---

8. K.K. Subrahmanian, 1990, pág. 2.053.
9. P. Mohanan Pillai y N. Shanta, 2005, «Long Term Trends in the Growth and

Tabla 1-6. Tasas de crecimiento anual del producto interior neto por actividad económica

	Kerala*			La India		
	Agricultura y actividades relacionadas	Industria	Servicios	Agricultura y actividades relacionadas	Industria	Servicios
1970-71 a 1979-80	0,14	4,25	3,01	0,53	3,72	4,43
1980-81 a 1989-90	1,28	3,62	4,11	3,66	6,92	7,03
1990-91 a 1999-00	2,17	6,53	8,75	3,03	5,14	7,97
2000-01 a 2003-04*	-0,25	3,10	8,67	3,09	5,78	8,13

Fuente: Cálculos basados en datos de la EPW Research Foundation a precios de 1980-81.
* A precios de 1993-94.

Tabla 1-7. Tasa de crecimiento anual del producto interior neto

	Kerala	Karnataka	Tamil Nadu
1970-71 a 1979- 80	1,97	3,77	3,51
1980-81 a 1989-90	2,87	5,57	5,42
1990-91 a 1999-00	6,12	7,95	6,50
2000-01 a 2003-04*	5,81	3,60	0,97

Fuente: Cálculos basados en datos de la EPW Research Foundation a precios de 1980-81.
* A precios de 1993-94.

Los resultados económicos de Kerala se podrían entender mejor si se comparase la tasa de crecimiento del producto interior neto del estado con la de estados vecinos, como Karnataka y Tamil Nadu. Como se muestra en la Tabla 1-7, la tasa de crecimiento del producto interior neto del estado de Kerala ha sido menor en las décadas desde 1970-71 hasta 1999-2000. Pero existen indicadores claros que muestran un mayor crecimiento en el producto interior neto de Kerala que en los otros dos estados durante el periodo 2000-01 a 2003-04.

Tabla 1-8. Tasas de crecimiento anual del producto interior neto en el sector manufacturero

	Kerala	Karnataka	Tamil Nadu	La India
1970-71 a 1979-80	3,9	8,0	8,0	4,5
1980-81 a 1989-90	5,3	8,1	4,1	8,1
1990-91 a 1999-00	5,5	5,5	3,9	5,2
2000-01 a 2003-04*	**-4,45**	**13,02**	**-3,34**	**5,89**

Fuente: Cálculos basados en datos de la EPW Research Foundation a precios de 1980-81.
* A precios de 1993-94.

Structure of the State Domestic Product in Kerala», Working Paper, n.º 376, págs. 1-51, Centre for Development Studies, Trivandrum, Kerala, la India.

Tabla 1-9. Cambios porcentuales anuales en producto interior por manufactura (a precios de 1993-94)

	Kerala			La India		
	Manufactura Total	Manufactura Registrada	Manufactura Sin registrar[10]	Manufactura Total	Manufactura Registrada	Manufactura Sin registrar
1994-95	20,8	14,7	26,9	11,9	15,1	6,4
1995-96	8,5	12,5	4,9	14,3	14,2	14,6
1996-97	-3,7	-3,8	-3,7	8,4	9,0	7,4
1997-98	-3,4	2	-8,7	-1,1	-5,1	6,6
1998-99	6,5	12,5	0	0,5	-1,1	3,4
1999-00	5,5	8,1	2,3	6,4	7,2	5,2
2000-01	-4,5	-0,8	-9,2	8,5	8,8	8,0
2001-02	-11,6	-11,9	-11,2	2,2	4,6	-1,9
2002-03	-1,1	2	-5,4	7,7	8,9	5,6
2003-04	-0,7	2	-4,7	7,7	8,4	6,4
Promedio	**1,6**	**3,7**	**-0,9**	**6,7**	**7,0**	**6,2**

Fuente: Cálculos basados en datos de la EPW Research Foundation a precios de 1980-81.

10. La manufactura sin registrar se refiere a la que opera en el sector informal de la economía. (*Nota del Traductor*)

La actividad de la economía de Kerala en el sector manufacturero comparada con los estados vecinos puede verse en la Tabla 1-8. Aunque la tasa media de crecimiento anual del sector manufacturero de Kerala es más o menos igual, o un poco mayor, que la de los estados vecinos y el promedio de la India durante los noventa, la tasa durante el periodo 2000-01 a 2001-02 es negativa.

La tasa anual de crecimiento del sector manufacturero durante la última década es débil comparada con el promedio de la India (véase la Tabla 1-9). Así, podemos argumentar que durante las últimas cinco décadas en Kerala, los sectores de producción material, especialmente el sector manufacturero, registran tasas de crecimiento muy bajas comparadas con las de los estados vecinos y el promedio del conjunto de la India.

El debate sobre la debilidad del sector manufacturero se sostiene incluso cuando se examina la contribución de este sector en el producto interior neto del estado. Esta contribución es muy baja cuando la comparamos con los estados vecinos y la media nacional (véase la Tabla 1-10).[11]

Tabla 1-10. Contribución del sector manufacturero en el producto interior neto

	Kerala	Karnataka	Tamil Nadu	La India*
1970-71 a 1979-80	13,3	11,7	21,3	12,6
1980-81 a 1989-90	14,9	15,0	26,1	14,4
1990-91 a 1999-00	15,2	16,8	20,9	15,4
2000-01 a 2003-04*	8,9	15,4	20,2	14,9

Fuente: Cálculos basados en datos de la EPW Research Foundation a precios de 1980-81.
* A precios de 1993-94.

11. Véase K.K. Subrahmanian, 1994, «Some Facets of the Manufacturing Industry in Kerala», en B.A. Prakash (ed.), *Kerala Economy: Performance, Problems, Prospects*, págs. 239-240.

1.4. EVALUACIÓN DE POSIBLES CONFLICTOS ENTRE EL LOGRO DE OBJETIVOS DE DESARROLLO HUMANO Y EL DESARROLLO ECONÓMICO

¿Qué abstracciones teóricas y estrategias de aplicación práctica pueden derivarse de la evaluación de posibles conflictos entre el logro de objetivos de desarrollo humano a través de políticas que se centran en la sanidad, la educación y la nutrición, y el desarrollo económico en Kerala, la India?

Un análisis crítico de la experiencia de desarrollo de Kerala puede proporcionar lecciones acerca de la capacidad de las economías agrarias de bajo ingreso de conseguir altos niveles de calidad de vida. Además, también puede ofrecer algunas respuestas sobre la sostenibilidad del modelo de desarrollo social que se ha conseguido en Kerala, y facilitar a economistas de desarrollo la comprensión de la necesidad de crear modelos de desarrollo equilibrados en los que las instituciones para servicios sociales, así como los sectores productivos de la economía, funcionen de forma eficaz.

Uno de los principales objetivos de este estudio es analizar la cuestión del débil comportamiento económico en comparación con los logros conseguidos en materia social. Los economistas neoclásicos, por ejemplo, considerarían el alto gasto social como una de las causas principales del débil comportamiento de los sectores productivos de la economía.[12] Podría darse la misma explicación para explicar el alto grado de desarrollo social de Kerala.

Desde un punto de vista neoclásico, una economía poco avanzada industrialmente como la de Kerala, que presenta

---

12. Véase el capítulo «Neoclassical Strategies for Industralization» en John Weiss, *Industry in Developing Countries*, 1990.

una seria escasez de recursos de capital, tendería a proveer bajos niveles de protección del bienestar social, así como bajas inversiones en iniciativas del sector público que generan pérdidas. Según los seguidores de este pensamiento económico, las contradicciones que existen en el patrón de desarrollo de Kerala se pueden reducir a través de una disminución del nivel de intervención del Gobierno en la planificación económica, la participación en la producción y actividades relacionadas con el intercambio de bienes y servicios. Se argumenta que un mercado libre de interferencias del Gobierno ofrece la mejor alternativa para la modernización de la industria, generando crecimiento en los sectores más productivos de la economía y una mejora del nivel de vida para la mayor parte de la población. Desde la perspectiva de esta escuela de pensamiento económico predominante, un punto de partida a la hora de adaptar remedios eficaces consistiría en la privatización de la mayoría de iniciativas públicas y la provisión de mejores incentivos financieros (como la inversión en capital, subvenciones para impuestos) destinados a empresarios locales y extranjeros.

Este cambio radical de política requeriría una disminución del gasto público en necesidades básicas y, potencialmente, podría causar una deterioración de la calidad de vida en las capas de la población menos privilegiadas. ¿Es necesario que exista este compromiso entre tasas de crecimiento elevadas de la economía de Kerala, o bien la deterioración de las tasas de crecimiento ha sido determinada por otros factores no relacionados con el gasto del Gobierno en bienestar social?

El objetivo principal de este estudio es identificar las causas principales del débil crecimiento en el sector de manufacturas y agrícola en la economía de Kerala, así como determinar si las políticas de necesidades básicas llevadas a cabo por el Gobierno en las últimas tres décadas han contribuido significativamente a una debilitación de las tasas de crecimiento de los sectores productivos de la economía. La visión general es que las políticas excesivas de bienestar pueden afectar de manera negativa al crecimiento de la región. Sin embargo, esta posición no se ha demostrado empíricamente.

1.5. HIPÓTESIS

Este estudio cuestiona si el enfoque de necesidades básicas y desarrollo humano adoptado por los sucesivos Gobiernos de Kerala tras la formación del estado en 1957 ha desempeñado un papel importante en la debilitación de las tasas de crecimiento de la economía. A largo plazo, las estrategias de necesidades básicas y desarrollo humano han mejorado las perspectivas de sostener tasas de crecimiento económico estables. Además, este estudio propone que a pesar de los bajos niveles de renta per cápita, el enfoque de necesidades básicas ha mejorado significativamente la calidad de vida de la mayor parte de la población de Kerala. Las causas del continuo declive de las tasas de crecimiento se pueden entender mejor si se examinan los procesos históricos de industrialización, la relación entre el Gobierno central de la India y el regional de Kerala, y el análisis del impacto de la escasez de energía que ha plagado la región desde los ochenta.

2. EL ENFOQUE DE LAS NECESIDADES BÁSICAS AL DESARROLLO

2.1. Orígenes del enfoque de las necesidades básicas en la literatura de desarrollo económico

El enfoque de las necesidades básicas fue introducido formalmente por la Organización Internacional del Trabajo (OIT) en 1976 y adoptado posteriormente por el Banco Mundial como respuesta al aumento constante de los niveles de pobreza en los países en desarrollo. Esta tendencia era muy grave, ya que el aumento de los niveles de pobreza se observó en países del Tercer Mundo cuyo crecimiento económico había sido especialmente elevado durante las dos décadas posteriores a la II Guerra Mundial. Los especialistas que trabajaban en la OIT y el Banco Mundial interpretaron estos resultados como un fracaso de las políticas de desarrollo aplicadas. Estas políticas se centraban en la expansión del producto interior bruto (PIB) como principal mecanismo para promover el crecimiento y crear mejoras en el nivel de calidad de vida de los miembros de una sociedad. Por tanto, el PIB fue destronado como el mecanismo más eficiente a la hora de conseguir crecimiento económico y promover estabilidad social.

La OIT reemplazó el PIB con una estrategia de desarrollo basada en la creación de empleo. Se creía que las políticas de promoción de empleo permitirían que la población tuviese ingresos, con los que podrían comprar bienes esenciales para reducir los niveles de pobreza. Pero la realidad demostró ser distinta. El desarrollo en Brasil desde 1940 hasta 1980 ilustró cómo el aumento del nivel de ingresos no se traducía en la adquisición de bienes de necesidad básica por parte de los pobres. A pesar de un aumento de los ingresos mayor del necesario para cubrir las necesidades básicas, un gran número de segmentos de la población continuaron sufriendo altas tasas de malnutrición. Los especialistas de desarrollo empezaron a aceptar que la provisión de los bienes esenciales y los servicios públicos necesarios tienen que realizarse directamente en los grupos de población más desfavorecidos a fin de conseguir que las tasas de pobreza disminuyan. El Nuevo Orden Económico Internacional (NIEO por sus siglas en inglés) también apoyó estas políticas como solución para reducir la brecha entre los países ricos y pobres.

2.2. Componentes estructurales del enfoque de las necesidades básicas

2.2.1. Definición de las necesidades básicas

Desde una perspectiva rudimentaria, el enfoque de las necesidades básicas al desarrollo es aquel que asigna una prioridad elevada al alcance de las necesidades básicas o esenciales para todos los miembros de la sociedad. A diferencia del enfoque anterior, que se basaba en dar prioridad a los mecanismos de desarrollo, el enfoque de las necesidades básicas da preferencia a conseguir un objetivo concreto de desarrollo sin la construcción de un modelo cuantitativo para asegurar que se alcanzan los objetivos fijados, o bien que los planificadores de cualquier país del Tercer Mundo se adhieran al modelo a fin de conseguir los objetivos.

Algunos economistas de desarrollo han calificado, erróneamente, el enfoque de las necesidades básicas como una estrategia. Según Stewart (1985), esta descripción es incorrecta porque el enfoque de las necesidades básicas se basa en una amplia base de estrategias para conseguir el desarrollo, dependiendo de las circunstancias. Por ejemplo, una agricultura pequeña de base agrícola con pocos recursos naturales requiere otro tipo de medidas de ajuste que un país grande con progresos en el sector manufacturero, que dispone de una estructura política estable, con una gran cantidad de trabajadores altamente cualificados y abundantes recursos naturales. En algunos casos, por ejemplo el de un país muy pobre de África subsahariana como Malí, el enfoque de las necesidades básicas daría una prioridad más elevada a la planificación e implementación de las políticas de crecimiento que a la formación de políticas para una distribución equitativa de la riqueza. La justificación de la toma de esta decisión sería bastante obvia. Malí no dispone de riqueza suficiente, ni de base económica estable para generar crecimiento. Por tanto, no se pueden empezar a considerar estrategias destinadas a una distribución más equitativa de la riqueza cuando no hay nada para distribuir. En otros países en desarrollo como Brasil, donde existen signos de crecimiento agregado y una estructura industrial relativamente moderna, pero donde existen altos niveles de pobreza que tienden a persistir, se tendría que dar más prioridad a la consecución de políticas que mejoren la distribución de la riqueza.

2.2.2. Distinción entre el enfoque de las necesidades básicas y otros enfoques de desarrollo

Hay dos características del enfoque de las necesidades básicas que lo distinguen de otros enfoques de desarrollo, como los que se centran en la expansión del producto interior bruto (PIB) y los niveles de renta per cápita a través de crecimiento impulsado por exportaciones, y la promoción de políticas de industrialización a diferencia de la promoción agrícola, unas aproximaciones predominantes en el periodo posterior a la II Guerra Mundial hasta principios de los setenta.

En primer lugar, el enfoque de las necesidades básicas es distinto porque evalúa el consumo desde una perspectiva desagregada y microeconómica, y también en los hogares. En segundo lugar, es destacable asimismo su énfasis en el papel de los bienes públicos como fuente de promoción del desarrollo nacional. Los bienes públicos pueden definirse como inversiones realizadas por el Gobierno de cara a promover el crecimiento económico y los niveles de consumo para la población general, o en algunos casos para llegar a grupos de población, mediante el establecimiento y el fácil acceso a las instalaciones sanitarias y educativas, saneamiento y agua potable.[13] Streeten (1981, *First Things First: Meeting Human Needs in Developing Countries*. Oxford: Oxford University Press), sin embargo, puntualiza que las propuestas de política microeconómica que usan solamente un enfoque de las necesidades básicas no tendrían que verse como políticas capaces de reducir los niveles de pobreza y cubrir las necesidades básicas de toda la población. Según Streeten, las políticas con un enfoque de las necesidades básicas deberían

---

13. Van Weigel, 1989, *A Unified Theory of Global Development*, págs. 8-9.

verse como un complemento a las estrategias que ya existen de desarrollo. Un enfoque de las necesidades básicas debería complementar, o ser complementado, por sólidas políticas macroeconómicas y políticas de gestión de la oferta que mejorarían las perspectivas globales para cubrir las necesidades básicas (por ejemplo, la formación de capital, el crecimiento económico, la inflación, la balanza de pagos y el empleo).[14]

El análisis desagregado utilizado por el enfoque de las necesidades básicas fue particularmente bien recibido cuando se presentó en los años setenta, ya que era capaz de exponer algunas de las causas, que existían tras las disparidades en el bienestar dentro de las sociedades y permitir que los académicos del tema investigaran las razones de la persistencia de la pobreza en países con altas tasas de crecimiento. Sin embargo, el hecho de que el enfoque de las necesidades básicas se caracterizase por presentar distintos retos conceptuales, como la incapacidad de demostrar en un marco operacional que las necesidades humanas son universales y no específicas para cada cultura, especialmente cuando se compara con el paradigma neoclásico, provocó que diversos economistas pertenecientes a la corriente neoclásica dominante y planificadores en países de desarrollo la considerasen poco intuitiva.[15]

Una revisión completa de la literatura de las necesidades básicas revela que existen dos interpretaciones sobre el enfoque de las necesidades básicas al desarrollo. Estas diferencias en percepciones crean confusión, especialmente cuando se construyen medidas de política para la reducción de los niveles de pobreza. La disparidad de recomendaciones a la hora

---

14. Streeten, P. *et al.*, *First Things First*, págs. 42-45 y 58-60.
15. Van Weigel, *ibíd.*, pág. 9.

de combatir la pobreza realizadas por miembros de las dos escuelas de pensamiento divergente de las necesidades básicas debilita su credibilidad ante las autoridades responsables de formular políticas, tanto en países en desarrollo como en países desarrollados. Aparte de esto, existen numerosas barreras que impiden considerar seriamente, y a mayor escala para todos los países en desarrollo, el enfoque de las necesidades básicas. Aunque los académicos del tema están de acuerdo acerca de lo que se pretende conseguir mediante dicho enfoque, hay grandes diferencias a la hora de determinar qué se debe incluir en un mínimo de necesidades.

Los seguidores del primero de los enfoques de las necesidades básicas afirman que todos los seres humanos necesitan una cantidad mínima de ciertos bienes esenciales para conseguir niveles de calidad de vida aceptables. Así, proponen un enfoque al desarrollo que dé prioridad a garantizar una cantidad mínima, bien definida, de bienes y servicios para todos los miembros de la sociedad. Desde un punto de vista de implementación de política, el aspecto cuantitativamente gestionable de esta definición hace que sea política y conceptualmente más atractivo. Sin embargo, ¿cómo se pueden identificar, seleccionar y priorizar estos requerimientos mínimos de bienes y servicios? Una manera de seleccionar los bienes esenciales para este conjunto mínimo, que ha sido utilizada en el pasado por líderes políticos, consiste en la asignación del mismo nivel de valor para los líderes políticos que para la mayoría de la población. Este enfoque derivaría en la planificación de políticas de necesidades básicas específicas a cada cultura o sociedad.

Si el principal objetivo del enfoque de las necesidades básicas es erradicar la pobreza, este método podría no ser el más eficaz. Un porcentaje elevado de la población de países en desarrollo vive en condiciones de pobreza extrema. Estas condiciones tienden a imposibilitar que puedan entender todas las opciones disponibles para mejorar sus condiciones de vida y escoger las opciones que les lleven a este fin. Por ejemplo, en algunos países del Tercer Mundo la construcción de estadios de fútbol en cada núcleo de población de más de 1.000 habitantes puede ser de gran prioridad para la mayoría de la población, incluso más que la construcción de carreteras o canalizaciones de agua. Aunque un estadio de fútbol pueda ser una necesidad perfectamente válida, incluso el uso del orden de Maslow de la jerarquía de necesidades puede mostrar que es una necesidad con una prioridad baja.

Encontrarse en un estado de pobreza puede impedir que gran parte de la población reconozca los elementos necesarios para evitar una mortalidad prematura o llevar vidas sanas y productivas. Por ejemplo, la inclusión de la educación primaria en el conjunto de bienes esenciales puede permitir la mejora de los hábitos de saneamiento (ofrecerles conocimiento, como la necesidad de hervir el agua contaminada antes de beberla cuando no se dispone de agua potable, y poner freno a la contaminación de ríos y lagos con aguas residuales de los hogares) y evitar enfermedades que puedan impedir la absorción de alimentos y causar la muerte. Aunque un nivel básico de educación puede expandir las capacidades de los individuos de ser o hacer aquello que quieran, la mayoría de las personas pobres no lo considerarían como factores esenciales. Las personas cuya experiencia es solamente la pobreza absoluta tienden a disponer de poco tiempo y energía para contemplar estos temas. Sus preocupaciones normalmente giran alrededor de cómo encontrar remedios rápidos para enfrentarse a su pésima situación. Por desgracia, estas soluciones rápidas con las que cubrir sus necesidades a veces significan la destrucción de recursos no renovables (la tala de bosques para sus necesidades energéticas). Las clases medias y altas por lo general son las que tienen el privilegio de buscar soluciones a largo plazo para erradicar la pobreza. Sin embargo, si la decisión de crear un mínimo de bienes esenciales se deja en manos de individuos de clases altas, sus decisiones no necesariamente reflejarán las necesidades o intereses de los pobres, que en la mayor parte de los casos constituyen la gran mayoría de la población en los países en desarrollo. De este modo, se puede afirmar que los que tienen el poder en el estado, independientemente de la forma de Gobierno, junto con la asistencia de los burócratas tecnócratas (planificadores económicos), y las contribuciones de las organizaciones no gubernamentales, se encuentran en una mejor posición para construir un modelo básico de necesidades que podría servir a los intereses de la sociedad en general.

El segundo enfoque, que es la visión adoptada por este estudio, define los objetivos de las necesidades básicas como los que se centran en la creación de mejoras en la calidad de vida. Los contenidos del conjunto de bienes de necesidades básicas se escogen basándose en la contribución que pueden realizar para lograr el objetivo de mejora de calidad de vida. Stewart se refiere a este objetivo como el «objetivo de vida plena»,[16] y puede definirse mínima o ampliamente. La definición mínima incluiría la provisión de elementos como la sanidad y educación básicas. Una definición amplia incluiría lo relacionado desde el entretenimiento hasta la participación en el proceso político. Sin embargo, para construir un modelo macroeconómico que cubra las necesidades básicas se ha de recurrir a una definición amplia que incluya características materiales, sociales, culturales y políticas, cosa

---

16. Frances Stewart, 1985, *Planning to Meet Basic Needs*, pág. 3.

que complica enormemente el análisis, ya que sería necesario que los planificadores de políticas mostrasen de forma clara la relación entre el consumo de bienes y servicios con cada una de las condiciones mencionadas para vivir una vida plena.[17] La complejidad de esta tarea no implica que los individuos, o la sociedad en general, tengan que omitir estos elementos para conseguir una vida plena. Sencillamente significa que no pueden calcularse de forma precisa en el modelo de planificación. Aunque el enfoque de vida plena de las necesidades básicas es conceptualmente amorfo y operacionalmente vago, debido a las dificultades en la determinación de qué características se tendrían que incluir en el objetivo, sus seguidores[18] defienden que al menos la selección de bienes y servicios que se han de incluir en el conjunto de necesidades básicas se determinan firmemente en un contexto de bienestar humano.

Al menos, en principio, se pueden cubrir las necesidades básicas de los segmentos más pobres de la población en países en desarrollo mediante la provisión de acceso a la sanidad y a la educación, los dos elementos mencionados en la definición mínima. Aunque es verdad que el alcance del objetivo de vida plena tras la reducción de la lista de necesidades básicas a estas dos características, sanidad y educación, se puede percibir como sin significado, como mínimo para propósitos de planificación de necesidades básicas, esta visión estrecha y simple parece ser la opción más racional.

Usando una lógica similar a la utilizada por Amartya Sen («Food, Economics and Entitlements», en Jean Dreze y Amartya Sen [eds.] [1991], págs. 34-52) cuando se refie-

---

17. Frances Stewart, *ibíd.*, págs. 3-4.
18. Streeten, 1981; Stewart, 1985; Lal, 1986, y muchos más.

re a los derechos para controlar la propagación de las hambrunas (definidas, de forma amplia, como de qué manera garantizar un conjunto de requerimientos para obtener comida, agua y otros elementos esenciales, ya sea mediante el acceso a los medios de producción, o mediante sueldos que permitan la compra de bienes y servicios esenciales, o bien a través de intercambios en el sector informal), Stewart apunta que sin satisfacer las necesidades sanitarias y educativas no se puede obtener ninguno de los ingredientes necesarios que contribuyen a una vida plena. En otras palabras, si un individuo está tan mal nutrido y debilitado física y mentalmente como resultado de la falta de agua, sin el conocimiento acerca de enfermedades que ponen en peligro su vida, y sin acceso a medicamentos, y que no puede ni tan sólo salir de la cama, es bastante probable que no pueda vivir una vida plena, cosa que podría incluir distintas formas de entretenimiento. Además, más allá de las necesidades fisiológicas parece que existe una manera lógica de asignar posiciones en una lista de necesidades y priorizarlas en el modelo de planificación. Por tanto, para conseguir un enfoque de las necesidades básicas de vida plena es de vital importancia identificar y crear un mapa de la relación que existe entre el consumo de ciertos bienes y servicios básicos, y la consecución del objetivo de vida plena. Esta relación, que es esencial para la planificación de un modelo de necesidades básicas, se denomina la «función de metaproducción».[19] La función de metaproducción describe cómo los insumos de necesidades básicas (salud y educación) se transforman en bienestar. Aunque la naturaleza de la relación entre estas características y el bienestar puede variar dependiendo de la región, cultura, grupo ét-

---

19. *Ibíd.*, pág. 5.

nico o país, la metaproducción es capaz de identificar los enlaces causales. No se puede decir lo mismo de un análisis estándar de bienestar económico y planificación basado en el ingreso, en el que no se realiza ningún esfuerzo que muestre cómo el ingreso está directamente relacionado con el bienestar.[20] Incluso si se pretende simplificar el análisis de objetivo de vida plena y se seleccionan solamente la educación y la salud, aún existen obstáculos que dificultan la planificación y construcción de un enfoque de desarrollo coherente basado en las necesidades básicas. Estas dificultades se derivan de la medición y asignación de pesos a los siguientes tres componentes: distribución, tiempo y exclusividad.

2.3. Obstáculos en la planificación de un modelo de necesidades básicas para el desarrollo

Aparecen diversas complicaciones de distribución al tratar de determinar cuánto peso o énfasis se ha de asignar para garantizar las necesidades educativas y sanitarias a los distintos grupos sociales. Aunque el principal impulso del enfoque de las necesidades básicas consiste en tratar de mejorar las condiciones de vida de los segmentos más pobres de la población, sus oponentes afirman que no está claro si debería asignarse algún peso a la mejora de las condiciones de los menos afortunados, o incluso a los grupos que presentan tasas elevadas de bienestar (por ejemplo, la expansión de laboratorios de investigación en universidades públicas, o la mejora de las instalaciones lúdicas públicas). Si la respuesta es «sí», los

---

20. *Ibíd.*, pág. 5.

planificadores deberían determinar la cantidad de prioridad y el peso que deberían asignarse a cada grupo, y decidir si se deben tener límites concretos o cantidades bien especificadas para ampliar la satisfacción de las necesidades básicas. Como regla general, los responsables de tomar decisiones en muchos países se basan en un conjunto particular de indicadores agregados (por ejemplo, la renta per cápita, el consumo diario de calorías) con el fin de definir un punto que les permita identificar los grupos a los que proporcionar asistencia pública. Normalmente este punto se denomina el umbral de pobreza.

Este método de identificación de grupos que requieren asistencia pública tiene defectos, ya que es incapaz de capturar las condiciones sociales de los grupos situados justo encima o debajo el umbral de pobreza, o los situados en la pobreza extrema. Por tanto, la asignación de gasto público para las necesidades básicas se realiza de forma imprecisa, a menudo ineficaz e injustamente. Por ejemplo, al analizar los esfuerzos del Gobierno de la India a la hora de reducir los niveles de pobreza se pueden ver las dificultades alrededor de la utilización de índices compuestos para la asignación de bienes y servicios públicos.

Durante las últimas tres décadas se han realizado diversas estimaciones destinadas a calcular el umbral de pobreza en la India e identificar el porcentaje de la población que vive bajo este umbral. Varios estudios han utilizado una metodología similar con el objetivo de tratar de identificar los requerimientos nutricionales mínimos de una persona promedio, estimando el coste de satisfacción de estas necesidades y, luego, combinándolo con el coste de bienes no alimentarios. Los resultados de estos estudios han ofrecido resultados dispares.

Por ejemplo, un estudio pionero realizado por la Comisión de Planificación de la India (Sinha, R., Peter Pearson, Gopal Kadekodi y Mary Gregory [1979]), para medir los requerimientos mínimos de renta estima que de media (precios de 1960-61) el coste de subsistencia mensual es de 20 rupias (esta cifra excluye gastos en educación y sanidad).[21] P.K. Bardhan estima que estos costes son de 15 rupias en zonas rurales y 18 en zonas urbanas.[22] Dandekar V.M y N. Rath llegan a la misma cifra, en el caso de requerimientos de renta en zonas rurales, que Bardhan, pero estiman que la renta mínima necesaria entre los habitantes de áreas urbanas es de 22 rupias para el mismo periodo.[23] Basándose en estas estimaciones distintas entre sí, los académicos del tema llegan a diferentes conclusiones y, por tanto, ofrecen distintas recomendaciones de política en la asignación de bienes y servicios a grupos que perciben como pobres. Existen diferentes errores en el enfoque de «requerimiento de ingreso mínimo» para cubrir las necesidades básicas.

En primer lugar, si un individuo que dispone de un nivel de renta justo por encima del mínimo requerido contrae una enfermedad crónica, las probabilidades de que absorba los alimentos serán bajas. Por tanto, necesitaría consumir más calorías (y gastar más dinero en alimentos) que una persona con menos ingresos cuyo estado de salud le permita absorber la comida de forma más eficaz.

En segundo lugar, un nivel de ingreso bien calculado destinado a adquirir bienes y servicios básicos para la subsistencia no se gasta siempre en necesidades fisiológicas esenciales.

---

21. R. Sinha *et al.*, 1979, Income Distribution, Growth and Basic Needs in India, pág. 27.
22. *The Pattern of Income Distribution in India: A Review,* en Srinivasan y Bardhan (eds.), 1974, págs. 120-121.
23. Dandekar, V.M. y N. Roth, *Poverty in India*, Indian School of Political Economy, Pune, 1971.

En tercer lugar, los gastos de un individuo en ciertas necesidades básicas como alimentos pueden variar en el tiempo. Una madre en periodo de lactancia necesita consumir más calorías y, por consiguiente, gastar más dinero en alimentos durante este periodo. Aquí se trata de sugerir que centrarse solamente en los ingresos es un método insuficiente para lograr las necesidades básicas. Para que un enfoque de las necesidades básicas alcance el éxito, estas estrategias, como el establecimiento de un nivel de ingreso mínimo, tienen que combinarse directamente con la provisión de ciertos bienes y servicios a los grupos más necesitados. Esta tarea no debería ser asignada solamente al Gobierno.

Aunque la consecución de las necesidades básicas normalmente se percibe como un objetivo inmediato (5 o 10 años), se pueden establecer distintos periodos de tiempo para alcanzar objetivos de necesidades básicas concretos. Dependiendo de las circunstancias (la estructura del sistema político y el estado de desarrollo económico) de cada individuo y de la disponibilidad de recursos (humano, capital y natural), se pueden anexar prioridades a fin de conseguir ciertos objetivos de necesidades básicas inmediatos en un periodo de tiempo corto, y posponer otros objetivos a periodos de tiempo más largos. Estos factores se tendrían que calcular en la planificación de modelos de necesidades básicas individuales. Por tanto, no es necesario sacrificar el crecimiento económico a largo plazo por tratar de alcanzar los objetivos inmediatos de necesidades básicas.

El cuarto elemento que tiende a debilitar y desacreditar el enfoque de las necesidades básicas tiene que ver con la exclusividad. Esto surge a raíz de la falta de claridad acerca de los objetivos de política de un programa de desarrollo amplio. Por ejemplo: ¿debería el desarrollo consistir estrictamente en objetivos de necesidades básicas? Si la respuesta es "sí", el gasto en bienes que realizan los individuos, independientemente de su clase social, que no sean necesidades básicas debería ponderarse como cero. También existe el dilema sobre el énfasis excesivo del enfoque de necesidades básicas en la protección, por ejemplo, de la salud y la educación. ¿De qué manera se pueden ponderar otros objetivos socialmente valiosos como la protección de la cultura, la libertad política y la amenaza militar de potencias externas? Se ha afirmado anteriormente que estos elementos se pueden incluir como parte de un mayor objetivo de desarrollo en el modelo de planificación. Sin embargo, es muy probable que la precisión en la medición se vea afectada a medida que aumenta el número de características que forman parte del objetivo de vida plena.

Finalmente, se plantea un problema sobre si se deberían anexar pesos al consumo de bienes no incluidos en las necesidades básicas por parte de individuos que viven bajo el umbral de pobreza. Stewart apunta que ninguna sociedad da importancia cero a la consecución de objetivos fuera de las necesidades básicas. Otros elementos que deben permanecer fuera de los modelos de planificación de las necesidades básicas y dentro de modelos de desarrollo más amplios son aquellos que no constituyen bienes y servicios de necesidad básica, como barras de pintalabios, dulces y licores, además de los incluidos en la definición mínima, pero que se perciben como importantes.

Los actores políticos, y no los economistas, normalmente asignan el orden de posicionamiento o pesos a otras condiciones de vida plena, con lo que no pueden incorporarse al marco general de planificación de las necesidades básicas.

El enfoque de las necesidades básicas recomienda, de modo impreciso y arbitrario, la selección de ciertas características para alcanzar una vida plena, lo que provoca que los académicos de desarrollo muestren un fuerte escepticismo y criticismo ante este enfoque. El enfoque de las necesidades básicas también parece operacionalmente imposible de definir en un modelo de desarrollo fiable si se incluyen condiciones que vayan más allá de las expuestas en la definición mínima.

Stewart responde a las dudas sobre las capacidades del enfoque de las necesidades básicas apuntando que las decisiones en el mundo real se realizan en muchos casos, de forma ilógica y desordenada. Mientras se trabaja en la consecución de objetivos de desarrollo más amplios que contribuyen a una vida plena, no se debe perder de vista el objetivo principal, cubrir las necesidades básicas de los más desfavorecidos. De este modo, el enfoque de las necesidades básicas ofrece un mecanismo útil para la planificación macroeconómica.

2.3.1. Argumentos a favor del enfoque de las necesidades básicas

Los defensores del enfoque de las necesidades básicas en el desarrollo afirman que una educación mejor y, más específicamente, la alfabetización femenina, así como el acceso a la atención sanitaria, desempeñan un papel importante en la reducción de la fertilidad, el aumento de la productividad laboral, la mejor adaptación de los individuos y la creación de un entorno político-social estable de cara a un desarrollo con éxito y duradero.[24]

El enfoque de las necesidades básicas fomenta la redistribución de la renta, lo que aporta distintos beneficios. En primer lugar reduce la demanda de las importaciones. Una re-

---

24. Streeten, *ibíd.*, pág. 4.

ducción de las importaciones puede servir como una fuente de alivio a los déficits de la balanza de pagos. En segundo lugar, un aumento de los niveles de renta para los pobres implica un aumento de su gasto debido a su limitada capacidad de ahorro, y un aumento consecuente de la demanda de bienes de consumo y capital. Este ejemplo ilustra cómo la consecución de las necesidades básicas es capaz de promover el crecimiento de forma significativa.

La salud y la educación ocupan posiciones prioritarias en la lista del enfoque de las necesidades básicas. Las mejoras en salud (el consumo suficiente de los requerimientos nutritivos) a través de la provisión de mayores ingresos pueden crear aumentos considerables en la productividad laboral. Según Leibenstein, la relación de la productividad del salario «puede examinarse si se desglosa en dos partes: 1) la relación entre el ingreso (= salario) y la nutrición, y 2) la relación entre la nutrición y la productividad».[25] Lógicamente, esto cambiaría según el tipo de trabajo, tamaño corporal y peso de cada individuo. Pero se cree que el consumo de alimentos de altas calorías lleva a una mayor productividad y a un mayor ingreso. El Informe sobre el desarrollo mundial de 1990 publicado por el Banco Mundial apoya la visión de Leibenstein.

Por ejemplo, en Indonesia el nivel de producto aumentó de un 15 a un 25% para los trabajadores que consumen suplementos de hierro durante un periodo de dos meses. De forma similar, un aumento del consumo de calorías en Sierra Leona y una mejor nutrición de los agricultores de caña de azúcar

---

25. Harvey Leibenstein, «The Theory of Underdevelopment in Densely Populated Backward Areas», en G.A. Akerlof y J.L.Yellen (ed.), *Efficiency Wage Models of the Labour Market*, 1986, págs. 22-40.

en Guatemala también aumentaron la productividad en estos países. En Sri Lanka, el aumento de la ingestión de alimentos con un mayor valor energético se asoció asimismo con una mejora de los salarios reales.[26] La misma edición del Informe sobre el desarrollo mundial muestra que un año de educación (aunque no menciona si se trata de educación primaria o secundaria) puede llevar a un aumento del 3% del PIB.[27] En cuanto al papel positivo de la nutrición sobre la productividad, las mejoras en los niveles de educación primaria también pueden comportar una mejor calidad del trabajo. Estos factores de necesidades básicas combinados entre sí sugieren que existe el potencial para mejorar las tasas de crecimiento económico.

A menudo, las políticas que se encaminan hacia la cobertura de necesidades básicas tienden a producir cambios en la estructura política y la balanza de pagos. Aunque los cambios pueden variar entre países (por ejemplo, economías mixtas como Corea del Sur y Sri Lanka, y economías centralizadas como China y Cuba) existen características comunes en los cambios. Éstos incluyen una mayor equidad en la distribución de los activos físicos, especialmente las tierras, a través de reformas, y la transferencia de los poderes de decisión a las regiones y municipalidades con apoyo de las autoridades centrales. Incluso en economías centralizadas, las políticas de necesidades básicas producen condiciones que conducen a reformas democráticas regionales y locales.

La democracia es esencial para la estabilidad política. El éxito de las necesidades básicas y la duración del modelo socialista de desarrollo en Cuba tras la Guerra Fría podrían ex-

---

26. Informe sobre el desarrollo mundial 1990, Banco Mundial, págs. 80-81.
27. *Ibíd.*, págs. 80-81.

plicarse por estas condiciones democráticas. Aunque no es el objetivo de este estudio analizar las razones del cambio en las reformas institucionales en Cuba, se comentarán brevemente algunas de sus reformas. Tanto la comunidad internacional como los residentes en Cuba perciben a Fidel Castro como un líder déspota, aunque en 2008 renunció al poder, pero es importante destacar que desde mediados de los setenta se ha experimentado una descentralización del poder local (líderes democráticamente elegidos a nivel municipal, cooperativas y esquemas de desarrollo común). De este modo, la población local de Cuba puede opinar sobre temas relacionados con sus circunstancias materiales, y todo ello promovido desde los Órganos de Poder Popular (OPP), que fueron introducidos en 1976. La población de los distritos locales puede escoger a sus delegados para las Asambleas municipales mediante un voto secreto en elecciones con múltiples candidatos. Se requiere que los candidatos elegidos escuchen y hagan el esfuerzo de tratar de resolver los problemas que tienen sus constituyentes. Benglesdorf (1990) señala que: «contrariamente a lo que apuntan los críticos, estos problemas son raramente inconsecuentes: temas como el transporte, vivienda, la provisión de servicios, la calidad de la educación y reparaciones, que son importantes en las vidas diarias de todos los individuos».[28] Durante los últimos años de los setenta se realizaron reformas institucionales en el sistema judicial que resultaron en una reducción del poder de los cuerpos ejecutivos del estado y en la expansión y mejora de las prácticas legales por otras instituciones jurídicas con el objetivo de pro-

---

28. Véase el artículo de Carolle Benglesdorf «The Matter of Democracy in Cuba: Snapshots of Three Moments», en Halebsky y Kirk (eds.), *Transformation and Struggle: Cuba Faces the 1990's*, 1990, págs. 141-145; véase también Susan Eva's, *Back From the Future: Cuba under Castro*, 1994, pág. 27.

teger los derechos de los ciudadanos de Cuba.[29] No obstante, no se deberían sobreestimar estos logros. En los años noventa, incluso las formas embrionarias de democracia sufrieron amenazas ante la verticalización del poder y el centralismo de Cuba.[30]

En los sistemas políticos que han alcanzado con éxito las necesidades básicas se observa una mayor importancia del papel de la mujer en los procesos de desarrollo.[31] Kerala no es una excepción a esta regla. Las mujeres en Kerala ocupan posiciones importantes en diversos campos profesionales, desde el campo educativo hasta el sanitario. También mantienen puestos en sindicatos. No obstante, en el Gobierno las mujeres aún están poco representadas.

Economistas de desarrollo como Paul Streeten y Frances Stewart afirman que la necesidad más urgente para el 40% de la población más pobre que vive en países en desarrollo se puede cubrir con niveles muy bajos de renta per cápita sin comprometer las tasas de crecimiento de la economía. La experiencia de Sri Lanka es un testimonio de esta afirmación. Entre 1960 y 1977, Sri Lanka experimentó tasas de crecimiento del 2% anual. Sin embargo, aunque en 1977 la renta per cápita era de solamente 200 dólares US, la esperanza de vida era de 69 años. La tasa de crecimiento media de las otras seis economías asiáticas durante el mismo periodo fue solamente del 1,1%.[32] Pero Streeten y Stewart no mencionan

---

29. Véase el artículo de Debra Evenson's «The Changing Role of Law», en Halebsky y Kirk (eds.), *Transformation and Struggle*, 1990, págs. 58-65.
30. Véase el artículo de Richard Harris «Bureaucracy versus Democracy in Contemporary Cuba», en Halebsky y Kirk (eds.), *Cuba in Transition*, 1992, pág. 94.
31. Streeten, pág. 5.
32. Streeten, pág. 4.

que durante los años cuarenta y cincuenta ya se habían conseguido importantes mejoras en la esperanza de vida en Sri Lanka.[33] Diversos estudios han mostrado que las intervenciones en bienestar social en Sri Lanka son anteriores a su independencia en 1948. No obstante, esto no apoya la afirmación de que las mejoras de la esperanza de vida fueron el resultado de la fuerte intervención del Gobierno en cubrir las necesidades básicas de educación y salud, y mediante el control del número de vidas perdidas a causa del paludismo.[34]

Hugo Streeten mantiene que una de las razones por las que el enfoque de las necesidades básicas no ha sido considerado seriamente por algunos economistas, ha sido por la falta de resultados concluyentes y beneficios a corto plazo. En algunos casos, como en Sri Lanka, Kerala, China y Cuba, las políticas para cubrir las necesidades básicas de los pobres han presentado una alta correlación con mejoras de la calidad de vida (por ejemplo, la creación de altas tasas de alfabetización y la mejora de la esperanza de vida). Sin embargo, en otros casos no ha habido indicadores directos de relaciones causales entre niveles de gasto elevados en necesidades básicas y mejoras en el nivel de calidad de vida. Bhalla (Surjit Bhalla, 1988, «Is Sri Lanka and Exception? A comparative Study of Living Standards», en Srinivasan T.N. y P.K. Bardhan, *Rural Poverty in South Asia*, págs. 89-117) afirma que incluso las mejoras en la calidad de vida en Sri Lanka no pueden atribuirse a los altos niveles de gasto del Gobierno.

---

33. Amartya Sen, 1991, «Sri Lanka's Achievements: How and When», en Dreze y Sen, *The Political Economy of Hunger*, vol. III, *Endemic Hunger*, págs. 549-556.
34. Sudhir Anand y Ravi Kanbur, 1991, «Public Policy and Basic Needs Provisions: Intervention and Achievement in Sri Lanka», en Dreze y Sen, *The Political Economy of Hunger*, vol. III, *Endemic Hunger*, capítulo II, págs. 59-92.

Mediante un análisis econométrico de Sri Lanka para el periodo 1960-1970, Bhalla muestra que a pesar de un alto grado de gasto del Gobierno en necesidades básicas durante el periodo, las mejoras en la calidad de vida fueron proporcionalmente bajas en relación a los gastos incurridos en necesidades básicas.[35] No obstante, según Sen, la metodología empleada por Bhalla para llegar a esta conclusión tiene serios errores. Por tanto, sus resultados no son significativos.

En primer lugar, Bhalla se centra en un periodo de tiempo incorrecto para evaluar los cambios en las condiciones de vida (1960-1977, en lugar de 1940 hasta el final de los cincuenta). Es más, durante el periodo 1960-1970 los programas sociales disminuyeron.

En segundo lugar, su hipótesis se basa en examinar los cambios en los niveles de calidad de vida como resultado de gastos sociales y de bienestar elevados, y no en examinar el efecto de los programas de bienestar social en Sri Lanka sobre factores como la esperanza de vida. La mayor parte de estudios acerca de los logros de Sri Lanka respecto a las necesidades básicas exploran las diferencias en el gasto de bienestar entre países (estos países tienen tasas de PIB similares a Sri Lanka) y los niveles de esperanza de vida, mortalidad infantil, alfabetización e indicadores sociales. De este modo, según Sen, las conclusiones equivocadas de Bhalla tienen que ver con el enfoque «nivel nivel» y con el enfoque de «cambio nivel».[36]

---

35. Surjit Bhalla, 1988, «Is Sri Lanka and Exception? A comparative Study of Living Standards», en Srinivasan T.N. and P.K. Bardhan, *Rural Poverty in South Asia*, págs. 89-117.
36. Amartya Sen, 1991, «Sri Lanka's Achievements: How and When», en Dreze y Sen, *The Political Economy of Hunger*, vol. III, *Endemic Hunger*, págs. 549-556.

En tercer lugar, la crítica realizada por Sen acerca del enfoque de las necesidades básicas se centraba excesivamente en los bienes. Como alternativa, Sen ofrece el concepto de capacidades y funcionamiento para medir el desarrollo humano en términos operacionales. En realidad, estos dos conceptos sirven como una medida comodín, del mismo modo que el enfoque de las necesidades básicas medía el desarrollo humano.

El estudio comparativo de Dasgupta acerca del bienestar de los países en desarrollo que cubre 50 países de distintos continentes con ingresos menores de 1.000 dólares US a precios de 1981 para el periodo 1970-1980, también muestra que un aumento en las tasas de alfabetización no está relacionado significativamente con el nivel de ingreso per cápita o su crecimiento, ni con mejoras en la esperanza de vida o bajas tasas de mortalidad infantil. El Salvador es uno de los países de la lista que ha alcanzado altas tasas de alfabetización sin aumentos en la esperanza de vida.[37] En su análisis, Dasgupta pasó por alto la guerra civil en el Salvador, lo que tal vez haya desempeñado un papel en la disminución de las tasas de crecimiento. Los resultados derivados de este estudio muestran que las libertades civiles y políticas están positivamente correlacionadas con los aumentos en el crecimiento del ingreso per cápita, con reducciones en las tasas de mortalidad infantil y aumentos en la esperanza de vida.[38] ¿Se podría considerar China una excepción a esta regla porque tenía una renta per cápita superior a 1.000 dólares US en 1989?

---

37. Dasgupta P.S., «Well-Being and the Extent of its Realization in Developing Countries», Working paper presentado durante la conferencia Suntory-Toyota en LSE, 1989, pág. 39.
38. Dasgupta, P.S., *ibíd.*, pág. 39.

Otra razón por la que el enfoque de necesidades básicas es menos atractivo que otros modelos económicos de comportamiento, radica en que es conceptualmente resbaladizo y, por tanto, no se puede aplicar uniformemente a todas las sociedades. Aunque los principios generales del enfoque de necesidades básicas son relevantes en todos los países de desarrollo, la construcción de los modelos de necesidades básicas con el objetivo de planificación cambia según las experiencias particulares y la dotación de cada país individual. Según Streeten:

> «Por un lado, la actividad económica está condicionada por el contexto político y social, es irregular y malintencionada, y está sujeta a cambios históricos continuos (y abundantes discontinuos), de modo que ninguna simplificación –ningún modelo del sistema o de la motivación de sus miembros– es apropiada para entender, prever o gestionar la actividad económica».[39]

Parece que esta visión sugiere, correctamente, que los mejores economistas crean modelos a medida que los necesitan, en lugar de usar un modelo estático que no refleja la realidad de las condiciones que se presentan en ciertos países en desarrollo, como por ejemplo obstáculos institucionales y ventajas comparativas. El hecho de que el enfoque de las necesidades básicas se centre en la adquisición de bienes con el fin de mejorar los niveles de vida de los grupos vulnerables crea problemas a la hora de entender los fundamentos de este enfoque. Como apunta Sen,[40] «el valor de la calidad de vida se

---

39. Streeten, Hugh, 1986, *Theory and Reality in Development* en Sanjaya Lall y Frances Stewart.
40. Amartya Sen, 1985, *The Standard of Living*, pág. 25.

basa en vivir, y no en poseer bienes». Dasgupta afirma que tanto las libertades como los derechos positivos y negativos (el derecho a una fracción justa de los bienes materiales, a no ser coaccionado por el estado para tomar medicamentos si uno está enfermo, o a ser procesado por oponerse a políticas del Gobierno) de los individuos deberían considerarse necesidades básicas.[41]

Sin embargo, Seers afirma que para mejorar la calidad de vida, una vez se han alcanzado los requerimientos de alimentos y nutrición para los pobres, se debería dar una prioridad alta a un valor no palpable como la libertad política. La única excepción a esta regla sería si las libertadas políticas se usasen como medios para garantizar bienes esenciales.[42]

No obstante, desde un punto de vista de funcionamiento (logros) y capacidades (la habilidad de alcanzar), las necesidades básicas normalmente se construyen en términos de posesión de bienes en contraposición a los indicadores sociales, que en general tienen poco que ver con el funcionamiento y las capacidades del grupo en cuestión.[43] Aun así, es posible poner de relieve las necesidades básicas de distintas maneras, más allá de la posesión de bienes. El objetivo de una justificación más sólida para las necesidades básicas ofrecería, sin lugar a dudas, mayor sustancia y, por tanto, una mayor aceptación del enfoque de necesidades básicas. Pigou, por ejemplo, ya en el año 1952 empleó la utilidad como la princi-

---

41. Dasgupta P.S., 1989, «Well-Being and the Extent of its Realization in Developing Countries», Working paper presentado durante la conferencia Suntory-Toyota de LSE. Véase también Ronald Dworkin, 1978, *Taking Rights Seriously*, Londres: Duckworth, y Robert Nozick, 1974, *Anarchy State and Utopia*, Oxford y Basil Blackwell.
42. Dudley Seers, 1984, «The Meaning of Development» en Pradip K. Ghosh (ed.), *Economic Policy and Planning in Third World Development*, pág. 12.
43. Amartya Sen, 1986, *The Standard of Living*, págs. 24-36.

pal justificación para defender mejoras en la calidad de vida. Propuso la creación de un estándar nacional de renta mínima mediante el cual todos los miembros de la sociedad puedan pagarse necesidades mínimas como el alojamiento, alimentos, atención sanitaria y educación.[44]

2.3.2. *Argumentos en contra del enfoque de necesidades básicas al desarrollo*

Algunos economistas sostienen que los diversos objetivos de la política de un enfoque de necesidades básicas entran en conflicto con la promoción del desarrollo. Singh, por ejemplo, afirma que los defensores del enfoque de las necesidades básicas no ponen suficiente énfasis en la industrialización. Cita las ganancias conseguidas en China para demostrar los beneficios de combinar una buena política industrial con la participación pública en el proceso de desarrollo.[45] Sin embargo, la posición de Singh ante la industrialización maoísta es más bien una visión poco actual del reciente desarrollo en China. Es posible argumentar, por ejemplo, que las altas tasas de crecimiento conseguidas en China durante los años noventa muestran que si China hubiese escogido una política industrial más bien capitalista mucho antes, su economía sería más moderna y competitiva hoy en día. En otras palabras, esta visión implica que durante muchos años China sacrificó altas tasas de crecimiento como resultado del seguimiento del modelo maoísta de industrialización. Singh, además de la falta de énfasis en la industrialización, también apunta

---

44. Amartya Sen, 1986, *ibíd.*, págs. 24-25 (véase, también, Cooter, Robert y Peter Rappaport, 1984, «Were the ordinals wrong about Welfare Economics?», *Journal of Economic Literature*, 22, págs. 507-530).
45. Singh, 1979, págs. 1-73.

a que muchos ciudadanos de países en vías de desarrollo ven el enfoque de las necesidades básicas como un esfuerzo calculado por parte de los Gobiernos de los países desarrollados para minar los objetivos de la Carta de fundación del Nuevo Orden Económico Internacional.

Los escépticos del enfoque de necesidades básicas generalmente alegan que éste reduce las perspectivas de ahorro porque pone demasiado énfasis en políticas de redistribución de renta. Los programas redistributivos, que pueden traducirse en impuestos elevados, pueden tener efectos negativos sobre los incentivos. Por ejemplo, los impuestos elevados pueden tener un efecto disuasorio sobre la realización de inversiones, tanto por parte de empresarios nacionales como de multinacionales extranjeras.

Otra objeción común contra el enfoque de necesidades básicas está en el hecho de que éstas sean un concepto instrumental. Sin embargo, Ajit Dasgupta sostiene que aunque esta afirmación podría ser verdad, otros enfoques no tienen por qué ser más legítimos.

Srinivasan también duda de los beneficios de un enfoque de necesidades básicas. Mantiene que la única estrategia de desarrollo con sentido para erradicar la pobreza en países en desarrollo consiste en continuar con el énfasis sobre el aumento de las tasas de crecimiento. Srinivasan está a favor de complementar, en lugar de suplantar, la estrategia de crecimiento con una distribución más equitativa de las ganancias económicas y buscar otros mecanismos alternativos a la provisión de servicios públicos esenciales a los pobres, como los alimentos, la educación, la asistencia sanitaria, el acceso a agua potable y saneamiento.[46]

---

46. Srinivasan, T.N. (1984), «Development, Poverty and Basic Human Needs»,

Según Srinivasan, cualquier enfoque de necesidades básicas que desatienda el crecimiento está condenado a fracasar a largo plazo. Cita los ejemplos de Sri Lanka y Tanzania para dar apoyo a su afirmación.[47] Los dos países tuvieron éxito en cubrir las necesidades básicas de sus poblaciones a corto plazo. Sin embargo, la falta de crecimiento en estos países puso el enfoque de necesidades básicas en peligro. El Gobierno de Sri Lanka redujo el gasto público en bienestar social y canalizó inversiones hacia los sectores productivos de la economía con el fin de generar crecimiento. Los resultados preliminares fueron positivos. Pero un estudio llevado a cabo por Burton (1992) revela que estos beneficios se han conseguido a costa de privaciones de bienes y servicios esenciales a los grupos de la población más necesitados.[48]

Srinivasan también apunta que no tiene demasiado sentido formular una estrategia universal y aplicable de necesidades básicas. La creación de modelos de necesidades básicas es un esfuerzo inútil debido a las enormes dificultades en su medición. Afirma que es más urgente que los Gobiernos implementen buenas políticas de desarrollo capaces de generar crecimiento y se esfuercen para que la distribución de las tasas de crecimiento sea más equitativa, en lugar de esperar a los resultados tras medir los costes globales de cubrir las necesidades básicas.[49]

Aunque Srinivasan parece estar frontalmente opuesto a un enfoque de necesidades básicas para la reducción de la po-

---

pág. 23, en Pradip K. Ghosh (ed.), *Economic Policy and Planning in Third World Development*, pág. 12.
47. *Ibíd.*, pág. 17.
48. Henry J. Burton, 1992, *The Political Economy of Poverty, Equity and Growth: Sri Lanka and Malaysia*, Oxford: Oxford University Press, págs. 148-171.
49. Srinivasan, *ibíd.*, pág. 17.

breza en países en vías de desarrollo, reconoce que el aprovisionamiento de cualquiera de los elementos esenciales para cubrir las necesidades básicas, como el acceso a una mejor nutrición, agua potable, o a servicios sanitarios, sería insuficiente, escogidos de forma individual, para reducir las altas tasas de mortalidad entre los grupos más desfavorecidos. El efecto puede ser significativo solamente cuando se consigue combinar estos ingredientes.[50]

Los defensores del crecimiento de la renta tienden a rechazar las afirmaciones avanzadas por los defensores del enfoque de necesidades básicas como Streeten, Stewar, Haq y Burki, que argumentan que si se pone el énfasis en una mejor nutrición, atención sanitaria, educación, y otros, se conseguirán resultados favorables en la fertilidad, la mortalidad infantil y la productividad laboral. Estas ganancias, según Srinivasan, también pueden alcanzarse mediante la implantación de políticas de crecimiento que generen rentas más altas para los grupos más pobres de la población. Afirma que la mejor manera de minimizar la pobreza es asegurar que el poder adquisitivo de los pobres sea el adecuado para que les permita cubrir las necesidades básicas. Chenery defiende asimismo un enfoque similar.[51] Mientras, los seguidores del enfoque de necesidades básicas favorecen la provisión de bienes y servicios esenciales para los grupos de población más necesitados mediante sistemas de gestión de oferta y entrega eficiente. Los defensores de este último grupo ven la generación de ingresos y las transferencias como menos útiles debido a una serie de razones que comentamos seguidamente.

---

50. *Ibíd.*, pág. 16.
51. Hollis Chenery, 1974, *Redistribution with Growth*, Londres: Oxford University Press.

Por ejemplo, un estudio llevado a cabo por Streeten (1981) muestra que los consumidores no siempre gastan su dinero de forma acertada, especialmente en temas de salud y nutrición, y aún menos cuando cambian su trabajo de agricultores a asalariados. En lugar de utilizar el ingreso adicional para comprar alimentos, servicios sanitarios, u otros productos esenciales, a menudo se gasta en la compra de bienes no esenciales o alimentos con poco valor nutricional (por ejemplo, arroz blanco refinado como sustituto del trigo).[52]

Además, la perspectiva de contar con ingresos adicionales puede tener un efecto negativo sobre la nutrición porque instiga a más empleo femenino. La consecuencia negativa de este escenario puede recaer en la nutrición de los niños lactantes, pues la madre ha de sacrificar la leche materna. La ironía de todo esto está en que aunque los ingresos de la madre aumentasen, es probable que su poder adquisitivo no aumentase proporcionalmente porque se reemplazarían cultivos baratos como el panizo, que se cultivan en casa, por cultivos más caros cuya finalidad son los mercados de exportación.

Académicos como Chenery y Srinivasan avisan a los defensores de las políticas de desarrollo justas que no se dejen engañar pensando que los cuellos de botella que anteriormente impedían que los beneficios del crecimiento alcanzasen a los pobres se puedan eliminar si se reemplaza una política de crecimiento por una de necesidades básicas. Sugieren que la mejor solución para reducir los niveles de pobreza incluye poner un fuerte énfasis en el crecimiento y «complementar en lugar de sustituir la estrategia de crecimiento» con los objetivos de una política de necesidades básicas de provisión de

---

52. Paul Streeten, 1981, *First Things First*, capítulo 7.

alimentos, educación, asistencia sanitaria, agua y saneamiento dirigidos directamente a los pobres.[53]

La crítica general que se realiza a los que se oponen al enfoque de necesidades básicas se centra en la eliminación de los ahorros y la inversión productiva para satisfacer las necesidades presentes de consumo y bienestar, poniendo en peligro el crecimiento económico y condenando a las generaciones futuras a un nivel de calidad de vida menor. Streeten rechaza este punto de vista citando ejemplos de países que han alcanzado las necesidades básicas sin sacrificar el crecimiento. Además, algunos de los países que cita estaban situados en las 12 primeras posiciones en cuanto a tasas de crecimiento económico en la década de los setenta.

2.4. ¿ES FACTIBLE LA IMPLANTACIÓN DE UN ENFOQUE DE NECESIDADES BÁSICAS?

En algunos casos, la optimización de la gestión de los recursos puede utilizarse para crear mejoras en el bienestar de los grupos más necesitados en los países en desarrollo. La reasignación de los recursos que ya existen puede, a menudo, ayudar a cubrir las necesidades básicas de forma relativamente rápida. La reasignación se debe extender más allá del dominio del sector público, desde defensa hasta educación. También deben realizarse cambios similares en el sector privado, especialmente en referencia a los alimentos.[54] En otros casos, sobre todo en países donde los recursos naturales y humanos son escasos, se requiere asistencia exter-

---

53. Srinivasan, *ibíd.*, pág. 23.
54. Streeten, *ibíd.*, págs. 5-7.

na procedente de agencias multilaterales y donantes para asegurar que se alcanzan las necesidades básicas de los más pobres.

Aunque en este estudio se ha propuesto que el acceso a ciertas necesidades básicas, como los alimentos, la asistencia sanitaria, la educación, el agua y el saneamiento, da lugar a mejoras notables de la calidad de vida de los grupos más pobres de un país, y por tanto mejora las perspectivas de crecimiento económico en el futuro, es importante enfatizar que pruebas parciales destinadas a eliminar las deficiencias en los sectores mencionados tienden a producir pocos o ningún cambio para los pobres. A fin de conseguir que las políticas de necesidades básicas alcancen el éxito deben tomarse de forma conjunta las complejas cadenas que conectan los distintos componentes sectoriales. Usando los términos popularizados por Albert Hirschman,[55] Streeten afirma que los «enlaces y complementariedades» entre una gama amplia de sectores demuestran que para que las intervenciones sean eficaces y financieramente racionales deben ser simultáneas a distintos niveles. Pueden verse los enlaces de la siguiente manera:

> «Por ejemplo, la educación acerca de las necesidades básicas mejora el efecto de los servicios de asistencia sanitarios, y una mejor salud permite que los niños puedan beneficiarse de la educación. El efecto de la inversión en instalaciones de saneamiento en la salud de los individuos depende de la educación en higiene personal. De forma similar, los servi-

---

55. Véase Hirschman (1958), *The Strategy for Economic Development*; véase también el ensayo de Hirschman «Interregional and International Transmission of Economic Growth», *Regional Economics: Theory and Practice* (1970), editado por Mckee y otros.

cios médicos no son demasiado efectivos si el paciente padece de malnutrición crónica, utiliza agua contaminada con gérmenes, no dispone de equipamientos de saneamiento, y sigue unas prácticas poco saludables. La provisión de alimentos a los malnutridos puede ser poco efectiva si la persona sufre de alguna enfermedad que le impide la absorción de los alimentos».[56]

2.4.1. *Mecanismos de implantación del enfoque de las necesidades básicas*

A estas alturas debería haber quedado claro que no existe una manera uniforme de implantar el enfoque de las necesidades básicas en todos los países en desarrollo. Las diferencias en las barreras estructurales al desarrollo entre países en distintos aspectos, como el histórico, económico, social, cultural, geográfico y político, pueden impedir la consideración de un único modelo para todas las sociedades. Los Gobiernos pueden adoptar distintos enfoques a la hora de cubrir las necesidades básicas de los pobres. Streeten muestra en cinco ejemplos que se pueden establecer mecanismos como la fijación de periodos de tiempo y la ponderación de la pobreza.

En primer lugar, se puede poner sobre la mesa una «función de bienestar social» de manera que el bienestar se vea desde el punto de vista del nivel y la asignación de consumo privado y público. El objetivo de bienestar social debería perseguirse y expandirse vigorosamente, pero con la condición de que primero se cubran las necesidades básicas de todos los miembros de la sociedad.

---

56. Streeten, *ibíd.*, pág. 5.

En segundo lugar, una manera tal vez radical e insensible de que el Gobierno reduzca el periodo de tiempo para cubrir las necesidades básicas sería mediante la implantación de medidas de austeridad severa incluso entre los más pobres, con el objetivo de reducir el gasto público y redistribuirlo de forma que se puedan cubrir las necesidades más mínimas de todos.

En tercer lugar, los Gobiernos pueden combatir la pobreza estableciendo una fecha en la que un porcentaje fijo de la población, normalmente bajo el umbral de pobreza, alcance las necesidades básicas. Esta estrategia presenta el problema de que no tiene en cuenta la deterioración de las condiciones de vida, en parte como resultado de las políticas del Gobierno, de aquellos que se encuentran bajo el punto de corte. Una solución para este dilema consistiría en, primeramente, poner el énfasis en el aumento del nivel de consumo de los grupos justo debajo de la barrera de pobreza, y luego ir hacia abajo hasta que se hayan cubierto las necesidades básicas de los más pobres.[57]

En cuarto lugar, una vez se ha formado el paquete de necesidades básicas, con sus coeficientes entre los componentes, los planificadores del Gobierno pueden aumentar el número de paquetes para una fecha determinada. El problema que surge con este enfoque es que no se tiene en cuenta el acceso, la entrega y los compromisos que ya existen entre los distintos elementos de las necesidades básicas.

En quinto lugar, los Gobiernos pueden continuar siguiendo una función de utilidad estándar, pero asignar mayor énfasis, mediante inversiones, al alcance de las necesidades básicas para los grupos más pobres de la población en un periodo de tiempo determinado.

---

57. Streeten, *First Things First*, pág. 53.

2.4.2. Barreras estructurales en el alcance de las necesidades básicas para los pobres

En varios países en vías de desarrollo existen fuertes sesgos institucionales a favor de las clases urbanas medias y altas, con lo que privan a los pobres de zonas rurales del acceso a servicios tales como las escuelas, los hospitales, el transporte, créditos para invertir, y demás. En sociedades en las que predominan las desigualdades a distintos niveles (ingreso, poder y activos), tanto los bienes y servicios públicos como los privados tienden a canalizarse hacia los gustos y demandas de los privilegiados, en lugar de cubrir las necesidades de los grupos más pobres. Una razón obvia de este desequilibrio se deriva de la poca coordinación y capacidad organizativa de los grupos menos favorecidos para influir en las políticas del Gobierno. En muchos países pobres, las inversiones, ya sean públicas o privadas, tienden a destinarse a áreas o grupos con mayores rendimientos y de los que se espera el apoyo político al Gobierno. De forma similar, el sistema de captación de impuestos, en aquellos casos en los que existe, se realiza con un sesgo en contra de las clases bajas y medias. Estos sesgos deben eliminarse si se considera seriamente un enfoque de necesidades básicas.

Las autoridades responsables de formular políticas en países en desarrollo en los que los niveles de pobreza y desigualdad son particularmente elevados tendrán que explorar estrategias alternativas para asegurar que los servicios públicos alcanzan a los grupos más vulnerables. De forma similar, hasta que se consiga que todos los miembros de la sociedad tengan las necesidades básicas cubiertas se debe considerar seriamente la introducción o la reforma del sistema de captación de impuestos con un sistema a favor de los pobres.[58]

2.5. El enfoque de las necesidades básicas en la práctica

Los datos presentados en esta sección puedan parecer obsoletos. Sin embargo, este estudio sostiene que estos casos podrían servir como punto de referencia útil. El Gobierno de Lula, en Brasil, por ejemplo, ha hecho considerables mejoras con programas como Bolsa Escola y Bolsa Familia, pero graves desigualdades sigue persistiendo en Brasil.

2.5.1. Indicadores de la ineficacia del enfoque de las necesidades básicas

2.5.1.1. El fracaso de las economías socialistas

El ejemplo más obvio de la ineficacia del enfoque de necesidades básicas es el fracaso de las economías socialistas en Europa oriental. Aunque es verdad que varios países del bloque oriental siguieron, en algún momento, un enfoque de necesidades básicas al desarrollo, no existe evidencia de que su colapso sea debido a las políticas redistributivas e igualitarias que llevaron a cabo los Gobiernos de estos países. Un poder central excesivo, la corrupción del Gobierno, la represión política y un gasto excesivo en armamento durante la Guerra Fría tal vez sean explicaciones más acertadas del declive de las economías socialistas. En cualquier caso, es

---

58. Streeten, *First Things First*, págs. 47-48.

cuestionable la medida en la que la experiencia de las economías industrializadas de los países avanzados en Europa oriental pueda servir para entender las complejidades de la planificación socioeconómica de los países en vías de desarrollo.

2.5.1.2. ¿Fracaso de Sri Lanka?

Bajo un contexto de países en vías de desarrollo, el estudio de Sri Lanka realizado por Anand y Kanbur (1991) mostró cómo las reducciones en el gasto de bienestar por el Gobierno elegido en 1977 resultaron en altas tasas de crecimiento en la economía. Por ejemplo, se eliminaron las políticas de subsidios de los alimentos basadas en tarjetas de racionamiento existentes desde 1948 y se reemplazaron por vales de comida en 1979. En 1980 también se eliminaron los subsidios a los precios de harina, arroz y azúcar. En resumen, el Gobierno elegido en 1977 introdujo un nuevo programa basado en medidas de liberalización y ajuste. Sin embargo, el cambio en la estrategia de desarrollo no debería confundirse con el enfoque de las necesidades básicas en Sri Lanka, un enfoque que ha dado resultados impresionantes en la esfera social en Kerala. Todo ello parece indicar que anteriormente hubo un cierto grado de malgasto en el Gobierno (por ejemplo, la provisión de beneficios sociales tanto a los ricos como a los pobres). Anand y Kanbur insisten en el hecho de que sus resultados no deberían llevar a la conclusión de que el enfoque de necesidades básicas ha sido perjudicial para el crecimiento en Sri Lanka. En cambio proponen que sus resultados deberían desviar la atención del debate, sobre si la intervención del Gobierno desempeña un papel importante en asegurar las necesidades básicas, hacia cuál deberían ser las mejores maneras de emplear los gastos en bienestar social para conseguir el mayor efecto en las necesidades básicas.[59] Aunque se han alcanzado tasas de crecimiento más elevadas tras la disminución del gasto en bienestar social, Burton indica que la reducción de los subsidios a los alimentos ha recaído de forma desproporcionada sobre los pobres.[60] Se cree que el programa de vales para comida, así como los cortes en los servicios sanitarios y educativos en el periodo 1977-1985, «han añadido penalizaciones por ser pobre en Sri Lanka».

2.5.2. *Experiencias de países en la consecución de las necesidades básicas*

Streeten recomienda el método de empleo de la esperanza de vida como un único indicador para identificar los países que han tenido éxito en la consecución de las necesidades básicas y crear una línea entre la renta per cápita y la esperanza de vida para un grupo mayor de economías. Una vez se han reunido los datos en una matriz, el investigador debe proceder a valorar qué países muestran una mayor esperanza de vida que la prevista a partir de una relación promedio.[61] Mediante el empleo del método propuesto por Streeten más abajo se presentan ejemplos de países que han alcanzado con éxito las necesidades básicas, y otros que no.

---

59. S. Anand y R. Kanbur, 1991, «Public Policy and Basic Needs Provisions: Intervention and Achievement in Sri Lanka», en Sen y Dreze (eds.), *The Political Economy of Hunger*, pág. 90.
60. Henry J. Burton and Associates, 1992, *The Political Economy of Poverty Equity and Growth*, capítulo 9.
61. Paul Streeten, 1981, *First Things First*, pág. 116.

2.5.2.1. *Casos de éxito*
2.5.2.1.1. *Taiwán*

El éxito de la consecución de las necesidades básicas en Taiwán se atribuye a una serie de estrategias intervencionistas. En primer lugar, contrariamente a lo ocurrido en muchos países en desarrollo, la industrialización de Taiwán que sucedió entre los años sesenta y setenta fue altamente intensiva en mano de obra. Esto no solamente aumentó las tasas de productividad globales, sino que también fomentó aumentos en los niveles de renta de los segmentos más pobres de la población. Al mismo tiempo, los niveles más altos de renta permitieron que los pobres comprasen bienes y servicios esenciales, cosa que contribuyó a la mejora de su calidad de vida. La esperanza de vida en Taiwán, un país con una renta per cápita de 1.400 dólares US en 1978, era de 72 años. La tasa de alfabetización durante 1975 también era excepcionalmente elevada, 82%.

De este modo puede afirmarse que el crecimiento económico de Taiwán tuvo un componente igualitario. Además del componente igualitario del crecimiento, las reformas de la propiedad de tierras contribuyeron al alcance de las necesidades básicas. La reforma de la propiedad de tierras produjo un aumento en el ratio de cultivos por propietarios del 56% en 1948 hasta el 86% en 1960. Estas políticas también coincidieron con un notable ingreso del gasto del Gobierno en servicios sociales entre 1960 y 1978 (sanidad, educación y saneamiento).[62] Todos estos factores han hecho de Taiwán un modelo positivo de alcance de necesidades básicas y crecimiento para un país en vías de desarrollo.

---

62. Frances Stewart, 1985, *Planning to Meet Basic Needs*, págs. 75-76.

2.5.2.1.2. Cuba

Ante el declive de la popularidad del socialismo centralizado, Cuba puede parecer un mal ejemplo de un país en vías de desarrollo que ha conseguido con éxito cubrir las necesidades básicas a unos niveles de renta per cápita muy bajos. Cuba ilustra cómo se puede implementar un enfoque de necesidades básicas, en una economía socialista planificada, tan fácilmente como podría hacerse en una economía de bienestar mixta. Aunque es muy probable que muchos de los éxitos de Cuba a la hora de cubrir las necesidades estén actualmente en declive como resultado de las bajas tasas de crecimiento de la economía, las causas del bajo crecimiento son demasiado amplias y complicadas como para elaborarlas en este estudio. Sin embargo, el gasto en servicios sociales es una de las últimas causas de las malas condiciones económicas durante los noventa. El rasgo principal del éxito de Cuba es su esperanza de vida de 72 años en 1979, y, asimismo una alfabetización casi universal.[63] El ingreso per cápita de Cuba en 1979 de 1.410 dólares US era más bajo que en países como Corea del Sur y Brasil. Aun así, la esperanza de vida en Cuba era más elevada que en estos dos países, ambos la situaban en 63 años. Tras la revolución de 1958, el régimen de Castro en Cuba dedicó un alto porcentaje de su renta nacional (el 12% del PNB) en la mejora del acceso a la asistencia sanitaria, educación, alimentos y vivienda para la mayoría de la población.[64] De forma similar a Taiwán, Cuba también ejecutó reformas de la propiedad de tierras y políticas de redistribución de la renta con el fin de cubrir las necesidades básicas de los segmentos más pobres de la pobla-

---

63. Paul Streeten, 1981, *First Things First*, pág. 116.
64. Frances Stewart, 1985, *Planning to Meet Basic Needs*, págs. 74-75.

ción. Las mejoras en la calidad de vida pueden verse en el hecho de que en 1980 había 1,59 médicos por 1.000 habitantes y 2,74, respectivamente, enfermeras, comparados con 0,93 y 0,74 en 1958.[65]

2.5.2.2. Casos sin éxito
2.5.2.2.1. Brasil

Un estudio realizado por Sachs (Ignacy Sachs, 1991, «Growth and Poverty: Some Lessons from Brazil», en Dreze y Sen (eds.), 1991, *Political Economy of Hunger*, III, págs. 93-118) muestra como a pesar de alcanzar altas tasas de crecimiento sostenidas del 7% en el periodo 1940-1980, Brasil es el ejemplo más extremo de un país en el que la modernización ha sucedido de forma paralela a niveles extremos de pobreza endémica, pobreza y malnutrición. Maddison (1992) también apunta que mientras que el crecimiento del PIB per cápita aumentó un 5,2% anual entre 1964 y 1980, el salario mínimo real disminuyó un 1% anualmente.[66] La esperanza de vida en Brasil en 1979 era de sólo 63 años. Los indicadores sociales muestran claramente que la riqueza en Brasil no se ha extendido a las diversas capas de la sociedad. Sachs describe la estrategia de Brasil como una estrategia basada en «crecimiento perverso y desigualdad social». El patrón de desarrollo que ha contribuido a unos niveles elevados de pobreza incluye un crecimiento basado en el aumento de las exportaciones, un sesgo hacia las zonas urbanas en detrimento de las áreas rurales, un dualismo en la estructura agrícola (caracterizada por una estructura latifundista/minifundista), así

---

65. Frances Stewart, 1985, *ibíd.*, pág. 74.
66. Angus Maddison and Associates, 1992, *The Political Economy of Poverty, Equity and Growth*: Brasil, págs. 79-110.

como una producción de bienes básicos y vivienda inadecuadas para los grupos de población de renta baja.[67]

El estudio de Scheper-Hugues para la región Noroeste de Brasil revela unos resultados sociales deplorables como resultado de un «crecimiento perverso». Por ejemplo, el 47,2% de la población de esta región, que tiene una población de 40 millones, es analfabeta. El Noroeste de Brasil también representa 5 de cada 20 casos de mortalidad infantil en América Latina, donde enfermedades como la fiebre tifoidea, el paludismo y la tuberculosis son comunes. La pobreza, y no las condiciones climáticas y geográficas adversas, se identifica como la causa principal de las altas tasas de las enfermedades mencionadas. Estas condiciones son particularmente escandalosas en un país que consiguió unos altos niveles de crecimiento industrial durante los años sesenta y setenta, y que llegó a ser la octava economía en el mundo occidental.[68]

2.5.2.2.2. Costa de Marfil

Costa de Marfil es otro ejemplo de un país que ha conseguido un crecimiento económico sostenible entre 1960 y 1979, pero que no tuvo éxito en la propagación de los beneficios para mejorar el acceso a las necesidades básicas de la mayoría de su población. Aunque diversos académicos del tema consideran que se trata de una historia de éxito por haber conseguido un crecimiento de la renta per cápita del 2,4% anual mediante políticas de desarrollo capitalistas durante el periodo mencionado, la esperanza de vida en 1979 era de sólo 47 años. Únicamente el 19% de la población tenía acceso a agua pota-

---

67. Ignacy Sachs, 1991, «Growth and Poverty: Some Lessons from Brazil», en Dreze y Sen (eds.), 1991, *Political Economy of Hunger*, III, págs. 93-118.
68. Scheper-Hughes N., 1992, *Death Without Weeping, The Violence of Everyday Life in Brazil*, Berkeley: University of California Press, Berkeley págs. 31-32.

ble. El acceso a la asistencia sanitaria pública y los niveles de educación eran inferiores en Costa de Marfil que en países de renta media y baja. Stewart atribuye las pésimas condiciones de vida de la mayoría de la población a las deficiencias en el gasto público de bienes y servicios de necesidades básicas.[69]

A pesar de que aún queda un gran camino por recorrer para llegar a una precisión operacional, los rigurosos esfuerzos intelectuales que han realizado expertos como Streetan, 1981, Stewart, 1985, Lall, 1986, y Hicks, 1980, para combatir la pobreza muestran que el alcance de la promoción del desarrollo humano garantizando el crecimiento y manteniendo estabilidad económica en economías industriales menos avanzadas es mayor cuando se combinan las estrategias de necesidades básicas con otros enfoques de desarrollo. Además, estos autores muestran que las necesidades básicas de los más pobres (los más pobres del 40% de la población de países de desarrollo) se pueden cubrir a niveles bajos de inversión de capital y reasignación de recursos sin poner en peligro la calidad de vida de las capas bien estantes de la sociedad.

En la próxima sección se discuten algunas metodologías que se aplican en Kerala con el objetivo de determinar si garantizar las necesidades básicas ha puesto en peligro las tasas de crecimiento en el periodo tras la formación del estado.

2.6. METODOLOGÍAS

En este estudio se utilizan distintos métodos empíricos y teóricos para determinar hasta qué punto existe un compromiso entre cubrir las necesidades básicas, el desarrollo huma-

---

69. Frances Stewart, 1985, *Planning to Meet Basic Needs*, págs. 84-85.

no y el crecimiento en Kerala, la India. El primer método es el enfoque de necesidades básicas que se ha discutido extensamente en las secciones anteriores. La aplicación de las teorías de salarios eficientes y la dotación de recursos apoyan la utilización del enfoque de necesidades básicas para medir los logros sociales de Kerala. Estas dos teorías deberían proporcionar un marco útil con el que identificar el potencial de las causas del débil comportamiento económico de los sectores productivos en Kerala. También se realizan comparaciones del rendimiento de los indicadores económicos de Kerala con los de los estados vecinos de Tamil Nadu y Karnataka. Además, se presenta un análisis de series temporales del crecimiento económico de estas tres regiones, desde justo antes de la formación del estado de Kerala, en 1957, así como durante los cincuenta años tras su formación.

Las principales fuentes de datos utilizadas incluyen los salarios y la productividad laboral en el sector manufacturero y de pequeñas industrias (SSI por sus siglas en inglés) publicadas por la Encuesta anual de industrias (ASI por sus siglas en inglés). Las estimaciones del producto doméstico del estado (SDP por sus siglas en inglés) desde 1960-61 a 1980-82 se publican a través de la Organización de estadísticas centrales (CSO por sus siglas en inglés). Este estudio también tiene en cuenta otros indicadores que ejercen un efecto sobre el rendimiento económico, como la proporción de transferencias financieras realizadas por el Gobierno central al Gobierno regional para determinar si los efectos regionales desempeñan un papel importante en minar las tasas de crecimiento de Kerala.

3. ENFOQUE GENERAL DE LOS LOGROS DE KERALA

3.1. El efecto de las reformas agrarias en las necesidades básicas

No ha habido ningún esfuerzo por parte del Gobierno central de la India, excepto en la teoría, por incorporar las reformas agrarias como parte de objetivos más amplios para la campaña contra la pobreza. En cambio, algunos académicos del tema consideran la legislación de la reforma agraria de 1969 realizada en Kerala como una de las reformas agrarias más igualitarias de Asia meridional.[70]

El Acta de Reforma Agraria de Kerala (KRLA por sus siglas en inglés) de 1969 eliminó completamente a los terratenientes de la región y permitió que los agricultores arrendatarios pudiesen convertirse en dueños de las tierras agrícolas. Se estima que alrededor de 1,5 millones de antiguos arrendatarios se convirtieron en propietarios como re-

---

70. Herring, J. Ronald, 1983, *Land to the Tiller: The Political Economy of Agrarian Reform in South Asia*, Oxford University Press, Delhi; Paulini, Thomas, 1978, *Agrarian Movements and Reform in India: The Case of Kerala*, tesis doctoral, Universidad de Stuttgart, Alemania; Oomen, M.A., 1979, «Land Reforms and Agrarian Change in Kerala since Independence», en Oommen (ed.), *Kerala Economy since Independence*, Oxford and IBH, Nueva Delhi; Nossiter, T.J., 1988, *Marxist State Governments in India*, Printer Publishers, Londres.

sultado de la KRLA. Franke y Chasin apuntan que: «normalmente la tierra es la fuente de la mitad de las necesidades de alimentos para los arrendatarios que recibieron tierras para cultivos de arroz».[71]

Las mejoras en la calidad de vida de los pobres desde la formación del estado de Kerala también pueden apreciarse en el hecho de que solamente un 7,8% de los hogares agrícolas no disponía de tierras en 1983-84, en contraste con el 30% de 1963-64.[72] Sin embargo, una debilidad de la reforma fue permitir que una gran parte de la población no agricultora dispusiese de tierra cultivable; esto fue posible al permitir que antiguos supervisores de tierras fueran clasificados como campesinos. Esta laguna jurídica trajo consigo el caso de agricultores ausentes de sus tierras. La KRLA tampoco produjo mejoras sustantivas en la vida de una determinada población del estado, unas 260.000 personas, que practican el barbecho en las regiones montañosas. No obstante, la reforma agraria posterior de 1974 garantizó los derechos de los trabajadores agrarios en cuanto a condiciones laborales justas, un salario mínimo y pensiones para los trabajadores mayores.[73] Independientemente de los defectos mencionados, los logros de Kerala superan claramente los del resto de la India en muchas áreas.[74]

---

71. Franke y Chasin, 1992, págs. 58.
72. Oomen M.A., «Land Reforms and Economic Change», en Prakash B.A. (ed.), 1994, *Kerala Economy*, pág. 122.
73. *Ibíd.*, pág. 120.
74. *Ibíd.*, pág. 122.

3.2. Las estrategias de distribución de alimentos: las políticas de distribución de alimentos en instituciones educacionales

El Gobierno de Kerala promovió la distribución de comida caliente en las escuelas de educación primaria y guarderías como medida para asegurar que el 30-40% de los más pobres de la población tuviesen las necesidades básicas nutricionales cubiertas. Aunque este programa se inició en los años cuarenta en los distritos de Travancore y Cochin, desde 1961 se extendió significativamente al resto del estado. La expansión de los programas de alimentación escolar en el estado se logró mediante el apoyo de Cooperative for American Relief Everywhere (CARE). Actualmente, el Gobierno de Kerala provee el financiamiento para la totalidad del programa.[75]

La implantación del programa de alimentación escolar en Kerala se realizó de la siguiente manera: Desde 1961 hasta 1987 el Gobierno regional expandió el programa de distribución de alimentos mediante la provisión de comida caliente a los niños entre los grados uno y cuatro escolares. A principios de los años setenta, aproximadamente el 75% de la población infantil en esta categoría se alimentaba a través de este programa. En 1987, más de 2 millones de niños recibían comida a través de los programas de alimentación escolar. La comida caliente aportaba alrededor de 410 calorías y 15 gramos de proteínas, y en ese mismo año se aumentó la cobertura del programa hasta el séptimo grado escolar. Esta estra-

---

75. Franke y Chasin, 1992, *Kerala: Development through Radical Reform*, Nueva Delhi: Promilla Publishing Co, pág. 28.

tegia aumentó el número de beneficiados hasta 3 millones de habitantes.[76]

La tasa de éxito conseguido por el programa animó al Gobierno a expandir los servicios y a diseñar provisiones para garantizar que las madres y los bebés recibieran un plato de comida gratis al día en las guarderías públicas de los pueblos, tradicionalmente gestionadas por las asociaciones de mujeres. Mediante la implantación de las *Anganawadis* y *Balawadis*,[77] el programa de distribución de alimentos gratuitos se expandió a los niños preescolares. El programa cuenta con una gran cobertura en el estado de Kerala. Existen 25.393 centros Anganawadi que sirven a alrededor de 1 millón de beneficiarios, incluyendo a más de 800.000 niños.[78] «En 1988, 9.227 centros de alimentación servían a 265.000 mujeres y bebés.»[79]

3.3. La distribución de alimentos a los pobres mediante las tiendas de precio justo

La expansión de tiendas de precios racionados o justos fue uno de los mecanismos más efectivos del Gobierno de Kerala para cubrir las necesidades básicas de nutrición de los pobres. Aunque estas tiendas aparecieron durante la II Guerra Mundial, fue después de 1964 cuando empezaron a proveer comida a precios subvencionados a un gran número de población de la región. Hasta 1988 se habían emitido alrededor

---

76. *Ibíd.*, págs. 28-29.
77. Se establecen con la cooperación de las asociaciones locales de mujeres, conocidas como *Mahila samajams*.
78. «Economic Review», Government of Kerala 2003.
79. *Ibíd.*, pág. 29.

de 4,8 millones tarjetas de racionamiento familiares para la compra de ciertos bienes a precios controlados. Las tiendas de precio justo permitieron proporcionar al 30% más pobre de la población bienes básicos como trigo, aceite de palma y queroseno para las lámparas. Normalmente se restringe la distribución de queroseno a familias que no disponen de conexiones eléctricas. Además, se determina el acceso al arroz subvencionado según la cantidad de tierra cultivable (arrozales) de que dispone cada familia. Se acostumbra a dar una porción entera para las familias que disponen de menos de media acre de tierra (1 hectárea = 2,47 acres); un tercio de una ración a aquéllos que disponen entre medio acre y dos acres; y no se asigna ninguna ración de comida a los que disponen de más de dos acres. Estas políticas distributivas muestran claramente que las tiendas de racionamiento tienen como objetivo alcanzar a los grupos más pobres de la población.

En 1971-72, el 30% más pobre de la población recibía dos tercios de sus provisiones de trigo y arroz de las tiendas de precio justo.[80] Las tiendas de racionamiento representaban el 15 ó 16% de la ingestión total de proteínas,[81] y se pueden encontrar fácilmente incluso en las zonas rurales. Normalmente hay una tienda de racionamiento cada 2 kilómetros que sirve a un promedio de 360 hogares. A excepción de algunas cooperativas, la mayoría de las tiendas de racionamiento son de propiedad privada y reciben un beneficio fijo procedente de sus operaciones. El gran número de tiendas de precio justo en Kerala hace que estén entre las de mayor alcance y sean las más efectivas de toda la India.[82]

---

80. *Ibíd.*, pág. 30-31.
81. *Ibíd.*, pág. 30.
82. *Ibíd.*, pág. 30.

Tabla 3-1. Sistema de distribución pública en Kerala

	Tarjetas de racionamiento (en cien mil unidades)	Distribución de			
		Arroz (miles de t/m)	Maíz (miles de t/m)	Azúcar (miles de t/m)	Queroseno (miles de kl)
1975	36,16	531	490	97	107
1985	43,73	1.412	110	142	235
1995	56,54	1.130	423	150	360
1996	57,75	1.401	492	148	380
1998	61,09	1.639	458	154	372
1999	61,53	1.358	271	152	384
2000	62,62	656	64	148	393
2001	63,44	461	78	73	359
2002	63,83	423	140	45	315

Fuente: Kannan, K.P. (2000), «Food Security in Regional Perspective: A view from food deficit Kerala», Working Paper n.º 304, Centre for Development Studies, Trivandrum, la India; *Economic Review* (2003), Gobierno de Kerala.
t/m = toneladas métricas; kl = kilolitros

Se puede evaluar la efectividad de las políticas gubernamentales de distribución de alimentos mediante la comparación de la ingestión de alimentos de la población de Kerala con el resto de la población de la India. Existen distintos métodos para medir la ingestión de alimentos; uno de los más populares consiste en contar el número de calorías ingeridas. La mínima nacional recomendada es de un promedio de 2.400 calorías al día por persona. Cuando se aplicó esta técnica a Kerala, en el periodo anterior a los años setenta, los resultados mostraron una clara deficiencia. De media, los individuos sólo consumían un promedio de 1.600 calorías al día. Sin embargo, un estudio promovido por las Naciones Unidas[83] y rea-

---

83. Véase el capítulo 2 de UN Document ST/ESA/29, titulado «Poverty, Unemploy-

lizado por el Centro de Estudios de Desarrollo de Trivandrum en Kerala cuestionó estos resultados apuntando que si realmente el número de calorías ingeridas fuese tan bajo, las tasas de esperanza de vida y las de mortalidad infantil serían peores. Posteriormente se realizaron modificaciones en las investigaciones que mostraron que el coco y la mandioca, dos de los alimentos más consumidos en Kerala, no se habían incluido en las encuestas nacionales de estudios previos. Cuando se incluyeron estos elementos, la ingestión media de calorías diarias subió a 2.300. Esto mostró que los habitantes de Kerala casi cumplían los requisitos mínimos de ingestión de calorías.[84]

Los estudios de nutrición realizados a principios de los ochenta revelaron que, de media, los habitantes de Kerala ingerían 2.203 calorías por persona y día, y la media era de 2.243 en el conjunto de la India. Se mostró que las deficiencias en proteínas y hierro en Kerala eran menores que en otros estados de la India como Andhra Pradesh y Uttar Pradesh. Estos resultados sugirieron que la nutrición de Kerala era equivalente o superior a la de los otros estados de la India, a pesar de tener una renta per cápita muy baja.[85]

El Consejo de Investigaciones Médicas de la India (ICMR por sus siglas en inglés) utilizó otro método para determinar si en Kerala se cubrían los requerimientos básicos de nutrición, mediante la medición de los patrones de crecimiento de los niños (por ejemplo, altura y peso) entre las edades de uno y diez años, y luego comparándolos con las tasas de la

---

ment and Development Policy: A case study of selected issues with reference to Kerala» (1975). United Nations Department of Economic and Social Affairs.
84. Véase Franke y Chasin, 1992, para una discusión acerca de la discrepancia en las cifras por el consumo de alcohol en Kerala.
85. Franke y Chasin, 1992:33.

India.[86] Aunque existen complejidades metodológicas en este enfoque, del mismo modo que existen complejidades en el enfoque que se basa en contar calorías (como, por ejemplo, a qué indicadores de medida debería darse más peso para identificar altos niveles de malnutrición), el método del ICMR proporcionó indicadores útiles de ingestión de alimentos que los estudios calóricos no capturaron.

Durante los años setenta, la Agencia de seguimiento nacional de la nutrición realizó estudios que mostraron que Kerala presentaba una de las deficiencias nutricionales más elevadas del país. Una razón de la discrepancia con estudios anteriores se derivaría del hecho de que tal vez la población encuestada en Kerala no proporcionó datos correctos por temor a perder los beneficios proporcionados por el Gobierno. Así, es posible que su ingestión de alimentos fuera más elevada que la manifestada en las encuestas. Otra razón de la discrepancia podría darse porque la población de Kerala, al tener mejores condiciones de salud, contaba con más capacidad de absorber los alimentos en comparación con la población de otros estados que consumen más calorías al día pero padecen más enfermedades.

Los datos de altura y peso de los niños de Kerala no parecían sugerir que las mejoras en la nutrición general de la población fuesen el resultado de los programas de distribución de alimentos del Gobierno. Los niños de Kerala entre las edades de uno y cinco años mostraron mejores indicadores que la media nacional, pero estos indicadores empeoraron ligeramente entre los cinco y diez años. Un estudio llevado a cabo

---

86. Para una discusión de los resultados, véase el estudio del Consejo de Investigaciones Médicas de la India, 1972, titulado «Growth and development of Indian infants and children».

por la Agencia de seguimiento nacional de la nutrición durante los años ochenta apoyó los datos de altura y peso del ICMR, que mostró que Kerala y West Bengal eran los únicos estados de la India en los que se habían alcanzado reducciones significativas de las tasas de malnutrición.[87]

Los últimos datos disponibles de nutrición infantil muestran que las tasas de malnutrición en Kerala continúan bajando; mientras que los datos de altura por edad, peso por altura y peso por edad siguen siendo buenos para Kerala, que presenta unos porcentajes reducidos de niños con indicadores por debajo de la media (Demographic and Health Surveys, India. Chapter 10, Nutrition and Anemia. http://www.measuredhs.com/pubs/pdf/FRIND3/10Chapter10.pdf).

Sin embargo, según un estudio reciente de Deaton y Dreze (Nutrition in India: Facts and Interpretations by Angus Deaton and Jean Dreze. April 2008. Princeton University, http://weblamp.princeton.edu/chw/papers/deaton_dreze_india_nutrition.pdf), muestra la paradoja entre aumentos de la tasa de crecimiento económico en la India y la reducción de consumo de calorías per cápita, sobretodo en las capas de población con una renta per cápita más elevada, aunque la India permanece como uno de los países con unas tasas de malnutrición más elevadas del mundo. Los autores creen que tal vez la reducción del consumo de calorías entre los grupos de población con rentas per cápita más elevadas se deba a una reducción de la actividad física y mejoras en la sanidad.

En el caso de Kerala, según los datos de la National Sample Surveys (NSS) presentados por Deaton y Dreze, el porcentaje de hogares que carecen de suficientes alimentos se redujo del 17,5% en 1983 hasta el 2,5% en 2004-05. Aunque la re-

---

87. *Ibíd.*, pág. 35.

ducción es significativa, aún es elevada comparada con otros estados de la India. Por otro lado, el número de calorías consumidas en la población rural de Kerala ha aumentado de 1.559 calorías en 1972-73 hasta 2.014 en 2004-05, y en la población urbana de Kerala ha aumentado de 1.723 en 1972-73 hasta 1.996 en 2004-05. Estas cifras son menores que para el promedio de la India (véase Nutritional Intake in India, 2004-05. National Sample Survey Oganization. http://mospi.nic.in/rept%20_%20pubn/ftest.asp?rept_id=513&type=NSSO).

3.4. Servicios públicos

3.4.1. Vivienda

La provisión de vivienda pública asequible es una medida importante que se introdujo en Kerala en 1957 para cubrir las necesidades del 40% más pobre de la población. El «Esquema de casas a 100.000 rupias» llevado a cabo por el Gobierno de la región durante la década de los setenta supuso la construcción de 57.000 hogares para los pobres. Además de la construcción de nuevos hogares, se realizaron mejoras en viviendas ya existentes.[88]

Un estudio reciente llevado a cabo en Kerala Sastra Sahitya Parishad (2006),[89] muestra que al menos el 95% de los hogares de Kerala pertenece a los residentes en ellos. Alrededor del 69% de las viviendas disponen de suelos con baldosas o cemento; sólo el 9,3% tiene un techo de paja; el 92% dispone de baños, y más del 84% de las viviendas tienen electricidad.

---

88. Franke y Chasin,1992, pág. 38.
89. Kerala Patanam, Kerala Sastra Sahitya Parishad, 2006 (KSSP).

3.4.2. Educación

Se dice que Kerala muestra una de las tasas de alfabetización más elevadas del país. Una manera de averiguar si las elevadas tasas de alfabetización, sobre todo entre las mujeres, se asocian con las políticas del Gobierno consiste en comparar los niveles de alfabetización antes y después de la formación del estado de Kerala en 1957. Este método debería proporcionar indicaciones de cualquier relación entre las políticas del Gobierno y los avances en la educación.

Por ejemplo, el estudio de Kuttikrishnan muestra que a comienzos del siglo XX Travancore y Cochin tenían una población alfabeta de 133 y 124 personas por cada 1.000 habitantes, respectivamente.[90] Estas tasas eran las dos más altas comparadas con otros estados y provincias de la India. Las tasas de alfabetización de Malabar, la tercera provincia de Kerala, también eran más elevadas que la tasa nacional durante el mismo periodo. Este resultado sugiere que se dio una gran prioridad a la educación en Kerala durante al menos medio siglo antes de la elección del Gobierno marxista en 1957. Aunque el nivel de desarrollo educativo de Kerala a principios del siglo XX era alto en relación al promedio nacional de la India, los avances en educación tras la formación del estado fueron aún más impresionantes. La principal razón de la mejora fue un aumento del gasto público en educación.

Las Tablas 3-2 y 3-3 muestran que ha habido una subida significativa en las tasas de alfabetización femeninas desde la formación del estado de Kerala. Pero como se comen-

---

90. Kuttikrishnan, 1994, «Educational Development in Kerala» en Prakash B.A., 1994, «Demographic Trends in Kerala», *Kerala Economy: Performance, Problems, Prospects*, pág. 350.

Tabla 3-2. Tasas generales de alfabetización: Kerala y la India (1901-2001)

Año del censo	Kerala (%)			La India (%)		
	Hombres	Mujeres	Población	Hombres	Mujeres	Población
1901	19,15	3,15	11,14	9,83	0,60	5,35
1911	22,25	4,43	13,31	10,56	1,05	5,92
1921	27,88	10,26	19,02	12,21	1,81	7,16
1931	30,89	11,99	21,34	15,59	2,93	9,50
1941	DN	DN	DN	24,90	7,30	16,10
1951	49,79	31,41	40,47	24,95	7,93	16,67
1961	54,97	38,90	46,85	34,44	12,95	24,02
1971	66,62	54,31	60,42	39,45	18,69	29,45
1981	75,26	65,73	70,42	46,62	24,73	36,03
1991	80,8	75,2	78,0	52,8	32,1	42,9
2001	82,86	78,24	80,49	63,98	45,75	55,18

DN: Datos no disponibles
Fuentes:
Censo de la India, 1981, Series 10 of Kerala, Paper 3 of 1981, citado en Prakash B.A., 1994, «Demographic Trends in Kerala», en Prakash B.A., 1994, *Kerala Economy: Performance, Problems*, Prospects.
Censo de la India, «Series-1, Final Population Tables: Brief Analysis of Primary census Abstract, 1961-1991».

Tabla 3-3. Tasas de alfabetización efectiva de Kerala (%)

Año del censo	Hombres	Mujeres	Población
1951	58,35	36,43	47,19
1961	64,89	45,56	55,08
1971	77,13	62,53	69,75
1981	87,74	75,65	81,56
1991	94,45	86,93	90,59
2001	94,20	87,86	90,92

Nota: Las tasas de alfabetización efectivas para 1951, 1961 y 1971 tienen que ver con la población igual y mayor de cinco años. Las tasas para 1981 y 1991 tienen que ver con la población igual y mayor de siete años. Las tasas para 2001 tienen que ver con la población igual y mayor de seis años.
Fuente: Censo de la India.

tará más adelante, estos aumentos en la esfera social han ido acompañados de declives en los patrones de los sectores productivos de la economía.

Tabla 3-4. Indicadores de calidad de vida física

	Kerala		
	Tasa de nacimiento	Tasa de mortalidad	Tasa de mortalidad infantil
1980	26,8	7,0	40,0
1985	23,3	6,5	31,0
1990	19,6	6,0	17,0
1991	18,3	6,0	16,0
1992	17,7	6,3	17,0
1993	17,4	6,0	13,0
1994	17,4	6,0	16,0
1995	18,0	6,0	15,0
1996	17,8	6,2	14,0
1997	17,9	6,2	12,0
1998	18,3	6,4	16,0
1999	18,0	6,4	14,0
2000	17,9	6,4	14,0
2001	17,3	6,6	11,0
2002	16,9	6,4	10,0

Fuente: SRS, Registro General de la India.

Incluso en zonas rurales de Kerala, la esperanza de vida al nacer es elevada. Según el Ministerio de Sanidad y Bienestar para la Familia del Gobierno de la India, Kerala tiene las tasas menores de nacimiento, mortalidad y mortalidad infantil, así como la esperanza de vida mayor de todos los estados de la India.

Tabla 3-5. Indicadores de calidad de vida física: esperanza de vida al nacer en Kerala, ámbito rural

	Hombres	Mujeres	Población
1979-81	64,7	69	66,8
1981-83	66,0	71,8	68,8
1983-85	65,7	72,5	68,9
1985-87	67,1	73,1	70,1
1987-89	67,6	73,9	70,6
1988-90	67,9	74,7	71,1
1989-91	68,1	74,7	71,3
1990-92	67,9	74,8	71,2
1991-93	68,3	75,2	71,6
1992-94	63,4	75,2	67,5
1993-95	70,2	76,6	73,3
1995-96	70,4	76,8	73,5
1996-97	70,2	77,5	73,6
1997-98	69,1	76,7	72,7
1998-99	69,0	76,4	72,5
1999-00	69,3	75,8	72,4

Fuente: Informes anuales, Directorate of Economics and Statistics.

Tabla 3-6. Indicadores de calidad de vida física

Indicadores	Año	Hombres	Mujeres	Población
Tasa de nacimiento	2002*	-	-	16,9
Tasa de mortalidad	200*	-	-	6,4
Tasa de mortalidad infantil	2002	9	12	10
Esperanza de vida al nacer	2001-06	71,67	75,00	-

* Datos provisionales
Fuente: Ministerio de Sanidad y Bienestar para la Familia, Gobierno de la India.

Algunos académicos del tema sostienen que el modelo de desarrollo de Kerala es conceptualmente débil porque sólo tiene en cuenta un conjunto reducido de indicadores demográficos para medir la calidad de vida (véanse las Tablas 3-4 hasta 3-6). Según Prakash, si se tuviesen en cuenta factores como las tasas de paro y la magnitud de la pobreza en la región para calcular la calidad de vida, el modelo de desarrollo de Kerala se consideraría un modelo de desarrollo negativo.[91] «Una actividad económica con un deterioro constante de los sectores productivos no puede considerarse como un signo positivo de desarrollo.»[92] Por eso es esencial identificar los cambios estructurales en los sectores productivos para determinar si un aumento de los gastos en necesidades básicas ha contribuido significativamente a las bajas tasas de crecimiento desde 1957. En los próximos capítulos se examinarán estos cambios estructurales.

3.5. EL IMPACTO DE LAS REFORMAS SOCIOECONÓMICAS EN LA VIDA DE LOS MUY POBRES

En esta investigación, a realización de encuestas en los hogares sobre los compromisos entre necesidades básicas y crecimiento económico permite averiguar hasta qué punto se han cubierto las necesidades básicas de los grupos más pobres de la población a través de programas públicos del Gobierno de Kerala. Los alcances en el desarrollo social de

---

91. Prakash B.A., 1994, «Kerala's Economy: An Overview», en Prakash B.A., 1994, *Kerala Economy: Performance, Problems, Prospects*, pág. 29.
92. *Ibíd.*, pág. 29.

Kerala han sido el foco de atención de múltiples investigaciones de Sen y Dreze (véanse sus comparaciones entre el desarrollo social de Kerala con el de los estados de la India y China), Chase y Frankin, Robin Jeffrey, y otros. Por este motivo parece de extremada importancia desagregar los datos y determinar si los segmentos más pobres de la población han notado mejoras en sus vidas desde la formación del estado en 1957 como resultado de los programas sociales de los sucesivos Gobiernos progresistas de Kerala. Como defienden Streeten y otros, un enfoque de necesidades básicas exitoso requiere que los servicios públicos alcancen a los grupos más vulnerables. Aunque no existe una guía universal para alcanzar este objetivo, al menos las autoridades responsables de formular políticas deberían asignarle una prioridad alta. Existen distintas opciones de política con las que alcanzar este objetivo según las especificaciones individuales de cada país y condiciones únicas (véase el capítulo anterior acerca de los mecanismos para implantar un enfoque de necesidades básicas).

Los especialistas de desarrollo de Kerala reconocen que las comunidades de pescadores, las tribus y las castas suplementarias son los grupos más necesitados de la región. Se estima que estos grupos poco privilegiados forman alrededor del 6-9% de la población total de Kerala, que en 2007 se situaba en unos 40 millones de habitantes. Incluso si estas estimaciones fueran exageradas y los datos reales de los grupos más pobres fuesen del 4% de la población, se podría cuestionar el éxito del programa de desarrollo con 4 millones de habitantes viviendo en condiciones sociales inaceptables comparadas con los estándares de la India.

Una de las complejidades para llevar a cabo la encuesta de hogares según lo mencionado anteriormente consistió en poder aislar las políticas directas del Gobierno de otros factores causales que pudiesen contribuir a empeorar o cubrir las necesidades básicas de los grupos más marginados. Por tanto, fue necesario identificar una política del Gobierno que especificase como objetivo el cubrir las necesidades a través de la participación democrática. En este sentido, una de las iniciativas más progresistas realizadas por el Gobierno de Kerala como parte de las Campañas Populares del Noveno Plan en 1995 consistió en la creación del programa de descentralización democrática de la administración económica y política. La idea principal del Plan popular fue promover un enfoque de base a la participación en la discusión del Noveno Plan en el que las unidades administrativas de los pueblos, conocidas como *panchayats*, implementarían programas de desarrollo a través de instituciones locales de Gobierno, conocidas como *Grama Sabhas*. Con esto se perseguía proporcionar voz a los segmentos más pobres de la población. Además de la descentralización política, el Gobierno también se comprometió a traspasar el 35% de los gastos planificados en los *panchayats* a los pueblos. Aunque parezca que cinco años puede ser poco tiempo para notar cambios importantes en indicadores como los de PQLI de Morris, ciertamente en éstos se puede ver si la democracia participativa está en marcha, y si se cubren las necesidades básicas de los más pobres en los pueblos. De este modo, en el año 2000-01 se realizó una encuesta sobre una muestra de cinco pueblos de Kerala. El primer conjunto de encuestas se realizó con las comunidades más marginales, junto con una encuesta de seguimiento realizada en los mismos pueblos en el año 2008. En los próximos capítulos se presentarán los resultados de las encuestas, empezando, en primer lugar, por la discusión del criterio utilizado para seleccionar los pueblos.

3.6. DISTRIBUCIÓN DE LOS BENEFICIOS PARA EL DESARROLLO DE LOS POBRES

La sostenibilidad del modelo de Kerala ha sido cuestionada tanto desde el punto de vista económico, debido al lento crecimiento económico, como desde el medioambiental, debido a la producción medioambientalmente insana causada por el alto nivel de emisiones permitidas. Otra visión, propuesta por P.K. Michael Tharakan ((2007) «Kerala Model Revisited» en A. Vaidyanathan y K.L. Krishna (eds.), *Institutions and Markets in India's Development* págs. 345-359, Oxford University Press), consiste en considerar la distribución de los beneficios en función del desarrollo de los pobres.

El activismo y demandas públicas, que derivaron de los movimientos de conciencia, desempeñaron un papel importante en los primeros accesos a los servicios básicos por parte de grupos marginados. Tharakan (1998, «Socio-Religious Reform Movements, The Process of Democratization and Human Development: The case of Kerala, South-West India», en Lars Rudebeck *et al.* (eds.), *Democratization in the Third World, Concrete Cases in Comparative and Theoretical Perspective*, MacMillan, Londres, págs. 144-172), Dreze y Sen (1993, *Hunger and Public Action*, Oxford University Press, Nueva Delhi) también señalan la posibilidad de que, incluso aquellos con un bajo nivel de ingresos, pueden dar lugar a cambios a través de un amplio apoyo público centrado en la prestación de servicios básicos.

A pesar de los importantes éxitos y la reducción general del porcentaje de pobres en la población, los grupos más desfavorecidos no se benefician de estos movimientos y las diferencias entre las clases sociales están aumentando más que disminuyendo, y no sólo en términos económicos. Tharakan plantea la cuestión de cómo estos grupos pueden terciar la política a su favor. Asimismo señala que los primeros modelos de desarrollo y política, como son la repartición de las tierras entre los arrendatarios, tuvieron mayores beneficios para la clase media que para los pobres. Estos grupos, además, solicitaron representación en los órganos decisorios, bloqueando así el acceso a los representantes de los pobres. Y aunque los pobres organizaban grupos, éstos no eran tan eficaces y, provisionalmente, se alejaron de su propósito original. Los grupos de clase media dominaron con eficacia los procesos de toma de decisiones en los movimientos políticos, sindicatos, organizaciones de sociedades civiles y organismos públicos (Tharakan, 2007, pág. 350).

La fuerte tradición democrática de Kerala, sin querer, dio lugar a una situación en la que diferentes grupos de interés competían entre sí para la distribución de los recursos. (O. Tornquist y P.K.M. Tharakan, 1996, «Democratization and Attempts to Renew the Radical Political Development Project: The case of Kerala», *Economic and Political Weekly*, vol. 31, n.º 28-31, págs. 1.847-58, 1.953-73, 2.041-5). La sociedad civil de Kerala está ahora más dividida de lo que en un principio fue; Tharakan afirma que el patrón de desarrollo de Kerala ha conducido a una polarización entre las clases (las castas), que hace imposible la acción pública (pág. 355). Atribuye el éxito de Kerala al desarrollo humano distribuido en toda la población debido a las organizaciones de la sociedad civil. Sin embargo, si los grupos menos privilegiados no pueden crear esas organizaciones, no tienen manera de dar voz a sus necesidades, lo que podría dar lugar a la creación de políticas no favorables a ellos.

En el siguiente apartado, esta investigación tratará de probar empíricamente la hipótesis de Tharakan, que demuestra que hay una ausencia total de organizaciones cívicas que representen al segmento más pobre de la población de Kerala.

3.7. Metodología

El marco conceptual utilizado para evaluar la validez de si los pobres en Kerala tienen voz política o no en el proceso de desarrollo se realiza a través del análisis de los resultados obtenidos mediante una determinada política gubernamental aplicada en 1996, bajo el título de Campaña Popular para el Noveno Plan Quinquenal. El objetivo declarado de la Campaña Popular es descentralizar la política, de manera que el poder de tomar decisiones financieras pase del estado y la Administración burocrática del Distrito, a la Unidad Administrativa del pueblo, con el objetivo específico de que, cada vez más, haya una mayor participación de los grupos marginados. La investigación mediante la encuesta en hogares se basa en un estructurado cuestionario que se usa con el fin de evaluar la efectividad de la descentralización democrática, a través de la Campaña Popular para aumentar la participación y mitigar la pobreza de los sectores más pobres de la población de Kerala.

Existen 991 *Grama Panchayats*, 152 *Block Panchayats*, 14 distritos de *Panchayats*, 15 municipios y 5 (*corporations*) empresas en el estado de Kerala. A partir de este complejo y burocrático marco administrativo, ¿cómo puede uno para llevar a cabo una encuesta en los hogares? Una de las formas de determinar si se han producido cambios sustancialmente notables en la vida del grupo de los más pobres es a través de la realización de una encuesta por muestreo de 503 hogares de cuatro comunidades muy pobres, ubicadas geográficamente cerca de los principales centros urbanos, de una población total de 1.000 hogares (aldea de tamaño medio). Por tanto, un total de 300 encuestas de hogares se llevaron a cabo en las aldeas más cercanas a grandes centros urbanos. Las tres comunidades más marginales de pescadores, que se seleccionaron basándose en este criterio, procedentes de diferentes regiones del estado son Muttathura (Trivandrum Corporation), Alappuzha, también denominado Alleppy West (Alappuzha Municipality) y Kasaba (Kozhikode Corporation). Además de estas comunidades más periféricas situadas cerca de grandes centros urbanos, otras dos aldeas, Kaniyampatta y Muttil, del distrito de Wayanad, se incluyeron en el estudio (un total de 203 encuestas) para evaluar las reformas del sistema de la aldea de *panchayat*. Merece la pena mencionar que en el distrito de Wayanad es donde se encuentran las tribus y la población organizada en castas (las más bajas). Otro criterio utilizado, a la hora de seleccionar las aldeas donde llevar a cabo encuestas en los hogares, tuvo en cuenta la orientación religiosa y la afiliación a algún partido político. Muttathura es una comunidad cristiana, Alappuzha es, predominantemente, hindú, y Kasaba en Kohzikode Corporation es una comunidad musulmana. En la sede de asambleas celebrada en 1996, en cada una de las tres comunidades mencionadas, en su respectivo orden, los partidos fueron el Kerala Congress (uno de los partidos políticos líderes del estado), el Indian National Congress y el Communist Party of India Marxist. En conjunto, un total de 503 encuestas en diferentes hogares se llevaron a cabo durante un periodo de 6 meses a partir de octubre de 2000 hasta marzo de 2001. Conviene subrayar también que la encuesta se llevó a cabo en las mismas aldeas y los mismos hogares de febrero a mayo de 2008. Un total de 12 asistentes trabajaron para realizar estas encuestas durante un periodo y otro, de manera que fuera posible el impacto de la descentralización democrática y la campaña de la gente de cara al Noveno Plan destinado a satisfacer las necesidades básicas de las comunidades marginadas y mejorar su nivel de vida. Tres asistentes trabajaron en cada uno de los cuatro principales territorios cubiertos. Todos los asistentes del sondeo fueron instruidos durante una semana con el fin de que fuesen capaces de ayudar al entrevistado con el cuestionario. El cuestionario se redactó inicialmente en inglés, seguido por el modelo general empleado por James Manor en el estado de Karnataka. Más tarde, el cuestionario fue ampliado con otros indicadores económicos para poner a prueba las mejoras en los niveles de vida y, a continuación, traducido al malayalam, la lengua local de Kerala. El proceso de selección de los asistentes en el sondeo se basó en los siguientes criterios: Todos los asistentes tenían que haber completado la escuela secundaria y hablar, con fluidez, el idioma local, el malayalam. De los 12 asistentes de investigación, todos eran mujeres a excepción de un varón. Las asistentes mujeres se seleccionaron para llevar a cabo la encuesta en los hogares, puesto que se percibirían como menos amenazantes para el entrevistado. Todos los asistentes procedían de las comunidades en las que las encuestas se llevaron a cabo. Esto aumentaba claramente el nivel de familiaridad y confianza entre el entrevistador y el entrevistado. El único varón asistente fue elegido con el fin de llevar a cabo encuestas en los hogares de las comunidades tribales, dada su sólida reputación entre este grupo y el conocimiento de la cultura local.

3.8. Teoría de Descentralización

Existe la ingenua creencia, entre la población en general, de que la descentralización política y económica del poder desde el central al estado, y desde el estado a las unidades burocráticas de las aldeas, va a dar lugar, de manera inequívoca, a la mejora de los servicios públicos y a una mayor participación de los miembros de una sociedad determinada en la decisión de elaborar métodos. La hipótesis es que la burocracia en las aldeas es, probablemente, más conocida que en la capital del país o estado, que es donde se ha de construir un nuevo hospital, la escuela secundaria, un puente, un canal de riego o carreteras. Lo cierto es que si todas las aldeas decidieran aplicar ideas políticas de acuerdo con sus propios intereses, sin coordinación con el distrito o el estado, muchas carreteras no necesarias serían construidas, causando mayores retrasos.

Crook y Manor afirman que el éxito o el fracaso de la descentralización democrática a menudo se reduce a la descentralización financiera, además de la descentralización política del estado desde un nivel gubernamental hasta una aldea *panchayat*. Por otra parte, afirman que incluso si se cumpliera esta condición, no existirían garantías de que la devolución del poder desde el estado hasta las unidades administrativas de la aldea tendría como resultado una mayor participación de la población local en cuestiones relativas a socio-política y desarrollo económico en el ámbito de la aldea. En algunos casos, los grupos marginados empeoran por la descentralización, ya que el poder tiende a moverse por los grupos de élite local. En otros casos, el papel de las mujeres, en una aldea *panchayat*, sigue siendo el mismo o se deteriora como consecuencia de la descentralización. Además, el principal partido político de la aldea *panchayat* debería de movilizar el poder hacia un nivel gubernamental aldeano, excluyendo así a todos aquellos que estén asociados a otros partidos políticos más débiles, para convertirse, en un miembro del órgano político administrativo de la comunidad del pueblo.

El estudio de Crook y Manor es especialmente relevante en cuanto a la investigación de los esfuerzos sobre la descentralización democrática en Kerala, pues ya se han realizado estudios similares en el estado de Karnataka, en el Sur de la India, y también en West Bengal. Esta sección sobre la descentralización democrática en Kerala, por tanto, debería contribuir a ampliar los trabajos de investigación que estos dos estudiosos han puesto en marcha. Basadónos en sus estudios sobre los esfuerzos de la descentralización en la India, Bangladesh y África Occidental, las posibilidades de éxito en Kerala parecen fuertes sobre el papel, ya que la descentralización política ha ido acompañada de la descentralización financiera, desde el estado hasta la aldea.

Los resultados de la encuesta en los hogares 2000-01 realizada en Kerala en relación a los cambios que la descentralización originó, sin embargo, no son alentadores. El panorama general manifiesta que, o es muy pequeño, o no hay diferencia alguna en el nivel de participación de los ciudadanos de estas comunidades marginadas seleccionadas en el proceso de decisión política como resultado de la Peoples Camaign y del movimiento de Democratic Descentralization en Kerala. Por otra parte, la mayoría de las personas entrevistadas afirman que, económicamente, no están en mejor situación bajo el reformado régimen *panchayat*.

El breve análisis de algunas preguntas concretas incluidas en el cuestionario debería arrojar luz sobre el asunto y facilitar una mejor comprensión de los problemas a los que se enfrentan los grupos más desfavorecidos de la sociedad de Kerala.

La fuerte moral política y la conciencia de los derechos individuales, en Kerala, está ejemplificada en los patrones de votación del pueblo. La tasa de participación de votantes en las elecciones locales, basada en las encuestas en los hogares, en cuatro de las cinco aldeas se situó por encima del 75-80%. La gran mayoría, en las cinco aldeas, también afirmó que las elecciones en el pueblo *panchayat* se llevaron a cabo de manera justa (véase la pregunta 12 del cuestionario anexo). Sin embargo, el nivel de participación activa en temas del pueblo en un sentido más formal (mediante la celebración o la asistencia a reuniones del consejo de manera regular, firmar peticiones del consejo local en protesta por la celebración de manifestaciones, o sobre una cuestión que afecta la comunidad o asociación), en las cinco aldeas fue decepcionantemente bajo. ¿Podría esto tener que ver con reducir las aspiraciones de las personas, o mejor con las barreras institucionales, incluso bajo el sistema descentralizado de gobierno iniciado por el People's Plan para el Noveno Plan? El resultado de las encuestas en los hogares pone el punto final a esta última cuestión. Los datos globales (véase la pregunta 28 del cuestionario anexo) de la encuesta sobre la descentralización indican que el soborno y la corrupción han aumentado bajo el nuevo sistema de gobernación *panchayat*, 5-6 años después de que la People's Camaign entrara en vigor. 249 hogares afirmaron que la corrupción había aumentado, mientras que sólo 122 manifestaron que el soborno había disminuido. Los aumentos se registraron en Muttathura (86 de 100 hogares), Allapuzha West (62) y Kanyambatta (58). De las cinco aldeas encuestadas, Kasaba fue la única que advirtió una disminución de la corrupción en el marco del nuevo régimen (56 de cada 100). ¿Por qué? Kasaba es desde siempre un pueblo políticamente muy activo, y la historia reciente de la aldea se ha caracterizado por conflictos entre los partidos políticos. Es posible que el nuevo gobierno *panchayat* haya realizado un considerable esfuerzo para afrontar las necesidades de todos los ciudadanos de la aldea, al menos sobre el papel, con el fin de evitar ser presionados antes de que el término de cuatro años se completase.

En la primera serie de encuestas realizadas en 2000-01, cuando se les preguntó si sabían algo sobre el propósito de la nueva *Grama Panchayat* (véase la pregunta 24), 397 de 503 hogares manifestaron que no tenían ni idea. Se trata de un importante hallazgo, ya que sugiere que existe una clara ausencia del verdadero sentido de una democracia participativa, puesto que una gran mayoría de la población no son conscientes o no están informados acerca de los objetivos de sus representantes en los gobiernos locales (sobre todo en una sociedad altamente politizada como la de Kerala).

Gráfico 2,1. P-27. ¿El soborno está aumentando o disminuyendo?

Formando parte de la misma pregunta, cuando se les interrogó sobre si sus necesidades básicas (es decir, agua potable, electricidad, educación) estaban siendo tenidas en cuenta como parte del Plan del gobierno local, sólo el 22% de los 503 hogares respondió que sí. Más significativamente, 336 familias alegaron que sus propias preocupaciones no fueron tenidas en cuenta por el gobierno local del pueblo (véase la pregunta 26). A nivel más concreto, el único pueblo que afirmó positivamente sobre si la cuestión de las preocupaciones de la población en general se estaba incorporando al plan local de la *panchayat* fue Alappuzha West (61 hogares dijeron que sí, mientras que 39 de los entrevistados respondieron no). Allupzha West es una comunidad de pescadores pobres con una historia de poca o nada emigración o inmigración, por consiguiente, todo el mundo en el pueblo se conoce muy bien. Es el único pueblo de los cinco encuestados en el que en los 100 hogares manifestaron haber nacido en el mismo distrito donde residían en ese momento.

Gráfico 2,2. P-24. ¿Cuáles son los objetivos de la nueva *Grama Panchayat*?

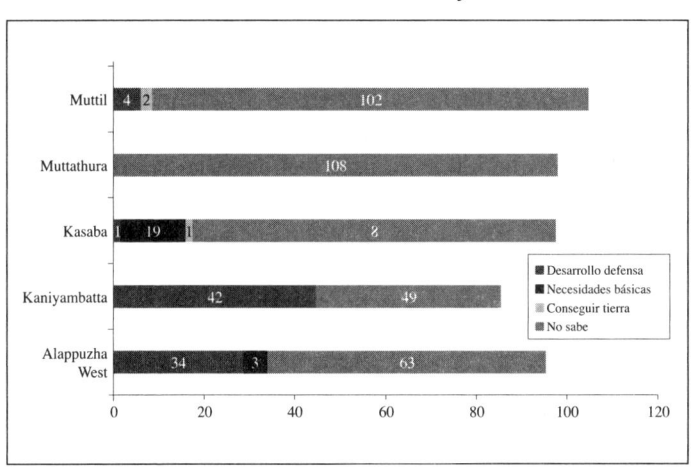

En un apunte ligeramente más optimista, cuando en los hogares se preguntó, a fin de determinar sus necesidades más importantes y responder acerca de, si a su juicio, la asamblea local era capaz de satisfacer estas necesidades, la respuesta mayoritaria, en cuatro de las cinco aldeas, con la excepción de Alappuzha West, fue "hasta cierto punto", en contraposición a "no a todos", o "mucho". Incluso en Alappuzha

West, el 37% de los hogares entrevistados respondió lo mismo (véase la pregunta 9).

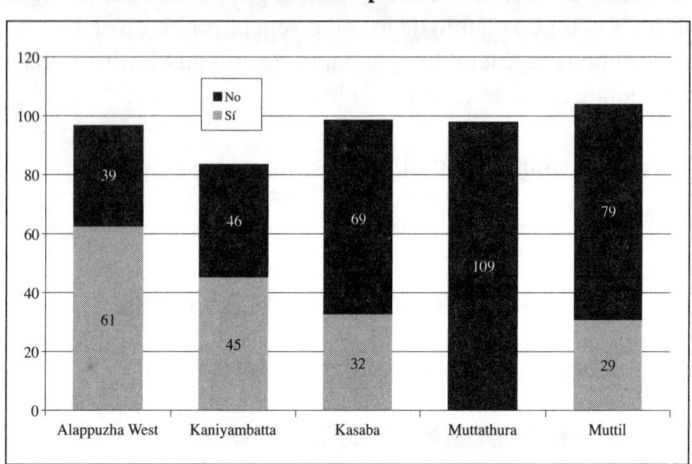

Gráfico 2,3. P-25. ¿Cree que están teniendo en cuenta sus valiosas opiniones?

En cuanto a la cuestión de las posibles mejoras en la calidad de los servicios públicos en el marco del nuevo régimen *panchayat* (Sección B, pregunta 5), a los entrevistados se les pidió que dijesen si habían notado algún cambio en la atención de los empleados en el consejo municipal (es decir, el personal de la clínica de salud, inspectores y recaudadores de impuestos), la mayoría, en los cinco pueblos donde se realizaron las encuestas, respondió que las condiciones habían permanecido en gran medida sin cambios (271 de 503 hogares), y 122 familias dijeron que no sabían si las cosas habían mejorado o no.

En tres de las cinco aldeas encuestadas (Alappuzha West [71], Kaniyambatta [33] y Kasaba [83]), la mayoría de los hogares manifestó que el antiguo distrito o *panchayat* realmente hizo un trabajo mejor que la actual asamblea municipal. Sin embargo, en Muttathura Village, en Trivandrum (o Thrivanthapuram) Corporation, y Muttil Panchayat Wynad District, los encuestados (72 y 86, respectivamente) afirmaron que hubo efectivamente una mejora en la asamblea municipal sobre el antiguo *panchayat*.

Gráfico 2,4. P-9 (sección B). ¿Es la asamblea del pueblo capaz de satisfacer cualquiera de estas necesidades con sus proyectos o servicios?

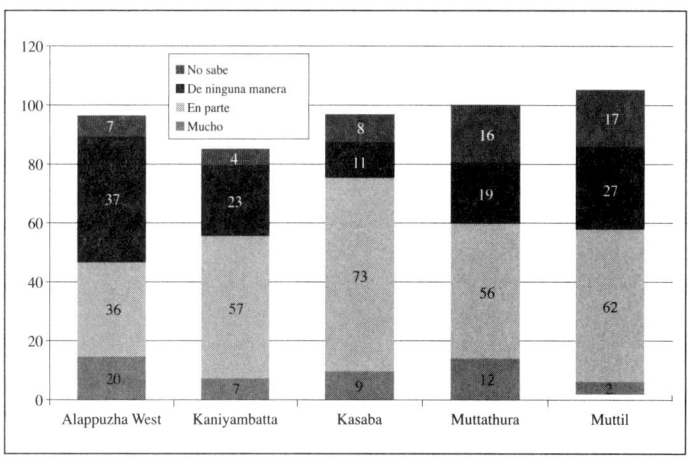

Tratando de superar las limitaciones ocurridas en otros estudios debidas a la falta de comparación regional, D. Narayana compara Madhya Pradesh, Tamil Nadu y Kerala. El aspecto comparativo es, sin duda, uno de los principales puntos fuertes del estudio.

Estos estados fueron seleccionados para representar, cada uno de ellos, una de las tres primeras categorías señaladas por Narayana basadas en la relación entre la transferencia de funciones y recursos a los *panchayats* y el número de grupos de autoayuda. (Kerala: alto-alto; Madhaya Pradesh: alto-bajo, y Tamil Nadu: baja-alta.) A continuación, selecciona un distrito por estado, pero no explica los criterios de selección de cada distrito, lo que es una significativa limitación de su estudio. De cada distrito, los *panchayats* fueron seleccionados al azar. El primer hogar fue seleccionado al azar, y el resto de hogares posteriores fueron seleccionados a intervalos determinados. (Narayana, 2007, pág. 366.)

Gráfico 2,5. P-5. Desde la elección de la asamblea *panchayat*, ¿ha notado algún cambio en la atención de los empleados del Consejo municipal en su trabajo?

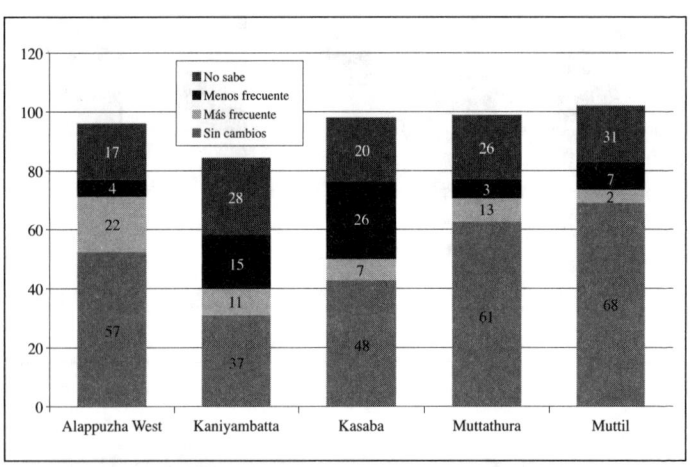

Incluso el título del estudio hace hincapié en los pobres. A diferencia del actual estudio, la selección de los hogares no garantiza que las regiones más pobres de los estados vayan a ser incluidas en el estudio. Además, sólo el 1% de la población de cada *panchayat* fue entrevistado (*ibíd.*, pág. 366), mientras que en este estudio se ha tratado con el 10%.

3.9. Resultados

Con respecto al actual estudio, las conclusiones de Narayana son especialmente interesantes, debido a las diferencias altamente significativas entre Kerala y los otros dos estados, indicando de nuevo la singularidad del modelo de Kerala.

En primer lugar, la participación de las mujeres en el Gobierno fue menor que la de los hombres en los tres estados; pero la proporción entre la participación de hombres y mujeres era mucho menor en Kerala que en los otros estados (*ibíd.*, pág. 382).

En segundo lugar, en Kerala, la participación de SC (*scheduled castes*) fue muy superior a la de otros grupos. Sin embargo, en Tamil Nadu y Madhya Pradesh, la participación de los grupos socialmente desfavorecidos no difiere mucho de la del resto de la población (*ibíd.*, pág. 382).

Por último, la participación de los pobres en Kerala es muy alta en comparación con la de los ricos. En los otros dos estados, la participación de los pobres es menor (*ibíd.*, pág. 382).

3.10. Puntos clave

¿Qué es lo que hace única a Kerala? Narayana nos llama la atención sobre una serie de puntos clave.

En primer lugar, el Gobierno de Kerala está estructurado de tal manera que dota a la GP (Grama Panchayat) de mucho más poder y recursos que en los otros dos estados (*ibíd.*, pág.

383). Esto puede dar lugar a una mayor participación por parte de los pobres en Kerala, puesto que el Gobierno es percibido tal como realmente es y en la actualidad está elaborando y aplicando programas contra la pobreza. En los otros estados, el Gobierno no asume esta función (*ibíd.*, pág. 383).

En segundo lugar, la participación de las mujeres en el Gobierno de Kerala se debe probablemente a su mayor participación política y toma de conciencia. Las mujeres de Kerala y las mujeres de Tamil Nadu poseen tasas comparables de alfabetización, de lectoras de periódicos, de participación en partidos políticos y en grupos de autoayuda, mientras que las mujeres en Madhya Pradesh tienen mucho menor participación en todos estos ámbitos (*ibíd.*, pág. 383). La principal diferencia entre Kerala y Tamil Nadu, en este sentido, es el mayor nivel, en Kerala, de participación en partidos políticos y la inclusión de temas políticos en reuniones de auto-ayuda (*ibíd.*, pág. 386). La vibrante sociedad política de Kerala, en general, se considera como uno de los principales factores que conducen a la participación de la mujer (*ibíd.*, pág. 387). En general, se puede deducir que la alfabetización y la participación en grupos de autoayuda pueden conducir a una participación política, cuando los grupos de autoayuda tienen una orientación política clara y un miembro activo (*ibíd.*, pág. 387).

Una mayor participación en el Gobierno local, por parte de los socialmente desfavorecidos en Kerala, parece difícil de explicar, ya que son económicamente más pobres, tienen niveles más bajos de alfabetización y de lectores de periódicos, que en los otros estados (*ibíd.*, pág. 388). ¿Qué puede llevar a su mayor participación? Narayana explica que los mayores niveles de participación en los partidos políticos y grupos de autoayuda se deben a esta situación y, de nuevo, lo atribuye a la sociedad política de Kerala (*ibíd.*, pág. 389).

En Kerala hay mucha menos participación de los ricos, en grupos de autoayuda y en partidos políticos, que de los pobres. Entretanto, la situación se invierte en Madhya Pradesh y en Tamil Nadu, donde ambos grupos tienen similares niveles de participación (*ibíd.*, pág. 390). Mientras sólo el 20% de los ricos de Kerala son miembros de partidos políticos, casi el 40% de los pobres lo son (Narayana, pág. 390). Del mismo modo, en Kerala, sólo una pequeña parte de los ricos participan en grupos de autoayuda, mientras que los moderadamente ricos y los pobres tienen niveles similares (Narayana, pág. 390).

Atribuye esta mayor participación de los pobres a la movilización política en Kerala (Narayana, pág. 391). Sin embargo, no hace comentarios sobre las causas de la baja participación política de los ricos en Kerala.

En general, el estudio destaca la importancia de una sociedad civil activa que llega a participar políticamente (Narayana, pág. 392). Sin embargo, no aborda lo que podría dar lugar a una sociedad civil activa, y por tanto su argumento se convierte en algo circular. Decir, por ejemplo, que el que los pobres participen más en el Gobierno cuando más participan en partidos políticos, no responde a la pregunta sobre qué lleva a los pobres a la participación política, ya que no aborda lo que conduce a una mayor adhesión política.

Una escrupulosa revisión de los datos recogidos en los hogares de las cuatro aldeas, durante dos periodos separados (2000-2008), indica que las condiciones económicas solamente han mejorado, en realidad, en el distrito de Wayanad, pero con cambios casi inapreciables en la comunidad de pescadores. Lo que queda menos claro es lo que está detrás de las mejoras que se han llevado a cabo para las castas más bajas y no para la pesquería, en las otras tres aldeas. En otras palabras, ¿puede la mejora estar directamente relacionada con

Cuadro 1. Condiciones de vida

	Localidad							
	Allapuzha		Valiyathura		Wayanad		Kozhikode	
	2000	2008	2000	2008	2000	2008	2000	2008
Cazador	3	0	0	0	54	42	1	0
Barco	38	1	4	4	0	3	23	10
Redes de pesca	0	0	33	32	1	3	0	0
Catamarán	34	0	13	13	19	0	20	1
Maquinaria agrícola	0	0	0	0	7	2	0	1
Estufa de petróleo	34	1	49	49	16	20	46	72
Estufa de gas	2	16	2	2	18	39	5	32
Nevera	1	1	2	2	0	0	1	15
Calentador	0	0	0	0	0	1	1	0
Olla a presión	1	1	0	0	8	19	4	4
Horno	0	0	0	0	0	0	0	0
Microondas	0	0	0	0	0	0	1	0
Tostadora	0	0	0	0	0	0	4	0
Teléfono	1	1	0	0	2	21	1	22
Plancha	10	1	17	17	5	21	19	5
Radio	28	0	14	14	104	76	70	43
Estéreo	17	0	24	24	16	1	47	1
TV	23	48	26	25	10	41	34	44
Bicicleta	33	1	4	4	2	2	13	0
Motocicleta	1	1	0	0	1	1	1	3
Scooter	1	0	0	0	0	0	1	1
Furgoneta, camión	1	0	1	1	1	0	0	1
Coche	0	0	0	0	0	0	0	0

Cuadro 2. Comparación de resultados de diferentes proyectos: Allapuzha

	Finalizado		Parcialmente finalizado		Abandonado	
	2000	2008	2000	2008	2000	2008
Escuela	0	0	0	0	0	0
Centro de salud	0	0	0	0	0	0
Regadío	0	0	0	0	0	0
Salud	0	0	0	0	0	0
Pozos	0	0	0	0	0	0
Cañerías	0	2	0	0	0	2
Aseos	0	3	0	0	0	0
Programas sanitarios	0	0	0	0	0	1
Párking	0	0	0	0	0	0
Carreteras	0	6	0	0	0	11
Transporte público	0	0	0	0	0	0
Desarrollo agrícola	0	0	0	0	0	0
Otros programas	0	0	0	0	0	0

el programa de la Campaña Popular? y, si es así ¿por qué estos resultados positivos sólo se han producido en Wayanad? Una razón convincente para introducir mejoras en los niveles de vida y el bienestar en el distrito de Wayanad, podría ser que estos cambios estuvieran directamente relacionados con la liberalización económica a nivel nacional, lo que llevaría a una mayor creación de empleo para los pobres. Los quehaceres, en las aldeas pobres de Kerala, pueden ir desde tareas temporales, como es la construcción, hasta proyectos relacionados con el trabajo de montaje para fabricantes a pequeña escala. Esta explicación puede servir, en parte, para tener en cuenta las mejoras en los niveles de vida. Sin embargo, si la liberalización económica se acepta como un argumento vá-

Cuadro 3. Comparación de resultados de diferentes proyectos: Wayanad

	Finalizado		Parcialmente finalizado		Abandonado	
	2000	2008	2000	2008	2000	2008
Escuela	0	3	0	4	0	45
Centro de salud	0	21	0	1	0	32
Regadío	0	21	0	12	0	32
Salud	0	74	0	1	0	26
Pozos	0	23	0	3	0	4
Cañerías	0	32	0	4	0	39
Aseos	0	87	0	2	0	31
Programas sanitarios	0	41	0	4	0	39
Párking	0	0	0	1	0	5
Carreteras	0	23	0	4	0	48
Transporte público	0	12	0	3	0	42
Desarrollo agrícola	0	21	0	3	0	49
Otros programas	0	10	0	0	0	3

lido, ¿no deberíamos aspirar a una liberalización económica para que tuviera similares consecuencias positivas en todos los *panchayats* pobres? Por otra parte, en términos de participación popular en las aldeas, el distrito de Wayanad también parece haber mejorado ligeramente respecto a otros *panchayats* de comunidades pesqueras. Esto se pone de manifiesto al llevar a cabo, a escala de distrito, comparaciones de las respuestas al cuestionario del año 2000 y del 2008 (véase el anexo). En general, el estudio de campo sobre el impacto de la política de descentralización en la mejora de participación y condiciones económicas de los más pobres, indica que no hay cambios significativos en ninguna de las aldeas. Esos resultados lamentablemente deslucen los logros obtenidos en Kerala en cuestión de desarrollo.

Basándonos en el trabajo realizado sobre la investigación de campo llevada a cabo en los *panchayats*, en los años 2000 y 2008, en las mismas cinco aldeas y en las mismas 503 familias, la conclusión a la que se ha llegado es que el programa de descentralización no ha sido muy efectivo en cuanto a su objetivo de aumentar la participación popular en la toma de decisiones, ni a la hora de mejorar el bienestar general fuera de los grupos más pobres, ni tampoco ha aumentado la eficiencia administrativa.

Es evidente que existen una serie de limitaciones en la metodología empleada para extraer inferencias causales acerca de la relación entre la descentralización y la mejora de las condiciones de vida de los sectores más pobres de la población. Por ejemplo, si nos basamos en el cuestionario (opiniones) y en la memoria de aquellos individuos que fueron entrevistados, se da por sentado que ésta, la memoria de la gente, puede fallar. Los reportajes que se pueden ver en los diferentes medios de comunicación sobre la corrupción pueden falsear los resultados e indicar que la corrupción ha aumentado en las aldeas, cuando en realidad puede haber disminuido en el marco del nuevo sistema administrativo descentralizado. Sin embargo, el fracaso de la gran campaña publicitaria del programa de descentralización (más conocido bajo el epígrafe de Campaña Popular) puesto en marcha en Kerala para mejorar la vida de los grupos más pobres, plantea una serie de cuestiones problemáticas relativas a los logros alcanzados en el desarrollo de Kerala. En primer lugar, indica que a menos que exista una mayor vigilancia por parte del estado, el poder podría concentrarse en la élite local. Incluso si se acudiese a las autoridades estatales a fin de obtener financiación para proyectos de desarrollo local (en el que, cada vez más, un mayor número de mujeres del cuerpo administrativo del *panchayat* están más involucradas), las élites locales sólo podrían designar a sus esposas o sobrinas u otros miembros femeninos de sus familias. De ahí que una mayor responsabilidad, así como los informes de progreso, sean asimismo necesarios para garantizar que el aumento de la participación popular se está llevando a cabo, y que las necesidades de los grupos más pobres se están cumpliendo. Las organizaciones no gubernamentales también podrían verse implicadas, y seguir el proceso de desarrollo en una aldea *panchayat* a través de la financiación pública.

El Gobierno del estado de Kerala, en el siglo XXI, se está adaptando a la globalización, y volviéndose cada vez menos proteccionista en relación a sus políticas económicas y comerciales. Existen claros indicadores de que el Gobierno del estado fomenta iniciativas empresariales privadas en cada sector de la economía. En otras palabras: fomenta que los mercados y las empresas desempeñen papeles más importantes de cara a generar crecimiento, en lugar de basarse en un sistema económico de planificación y, en el sector público, en dominar todos los ámbitos de la actividad económica. Este planteamiento, por parte del estado, de disminución de su papel en la esfera económica es fundamental para aumentar el dinamismo, las libertades económicas y fomentar la iniciativa empresarial local. El estado debe, no obstante, no eximirse a sí mismo de sus responsabilidades frente a los grupos más pobres. Al hacerlo, se correría el riesgo de crear una sociedad con desigualdades y malestar social. La Campaña Popular, por tanto, debería ser reforzada, y no habría que abandonarla, según las sugerencias formuladas.

4. RENDIMIENTO DE LOS SECTORES PRODUCTIVOS DE LA ECONOMÍA

4.1. Evaluación de los cambios estructurales en la economía

4.1.1. Sector agrícola

Uno de los cambios más destacados que se ha producido en la estructura de la economía de Kerala durante las últimas tres décadas ha sido la reducción de la importancia del sector primario, hasta alcanzar un 17% en el periodo 2004-05. Este empeoramiento se observa tanto en precios constantes como en precios corrientes.

Este patrón de disminución ha venido acompañado de un aumento de las actividades del sector terciario. Sin embargo, el aumento del sector terciario no fue resultado de una expansión del sector secundario. Aunque la contribución del sector secundario aumentó durante las décadas de los años sesenta y setenta; en los años ochenta presentó un empeoramiento (véase la Tabla 4-1).[93]

---

93. Prakash B.A., 1994, «Kerala's Economy: An Overview», en Prakash B.A., 1994, *Kerala Economy: Performance, Problems, Prospects*, pág. 18.

Tabla 4-1. Distribución por sectores del producto interior neto (%)

	Primario	Secundario	Terciario	Total
I. A precios de 1960-61				
1960-61	56,0	15,2	28,8	100,0
1970-71	50,5	17,1	32,4	100,0
II. A precios de 1970-71				
1970-71	49,4	16,3	34,2	100,0
1980-81	40,3	20,6	39,2	100,0
III. A precios de 1980-81				
1980-81	39,2	24,3	36,5	100,0
1990-91	36,0	23,9	40,1	100,0
IV. A precios de 1993-94				
1993-94	32,2	20,3	47,5	100,0
2000-01	25,3	19,5	55,2	100,0
2001-02	19,9	19,85	60,24	100,0
2002-03	18,5	19,56	61,95	100,0
2003-04 (P)	17,7	20,16	62,14	100,0
2004-05 (Q)	16,6	18,69	64,71	100,0

Fuentes:
Hasta 2000-01: EPW Research Foundation.
Desde 2001-02: *Economic Review* 2005, Gobierno de Kerala.
P-Datos provisionales.
Q-Estimación rápida.

La reducción significativa de la contribución del sector primario puede atribuirse al estancamiento del desarrollo agrícola, que significa aproximadamente el 94% de este sector. Desde mediados de los setenta se ha presenciado una drástica disminución en el área de cultivos de cereales destinados a la alimentación. Por ejemplo, el área de cultivo para arrozales ha disminuido hasta alcanzar los niveles de 1961. En general, la tendencia durante mediados de los setenta consistió en reducir los cultivos de arroz, que representaban el 96% del total de la producción de cereales destinados a la alimenta-

Tabla 4-2. Porcentaje por sectores del producto interior neto a precios de factores (precios de 1993-94)

	Primario		Secundario		Terciario	
	Precios constantes	Precios corrientes	Precios constantes	Precios corrientes	Precios constantes	Precios corrientes
1993-94	32,2	32,2	20,3	20,3	47,5	47,5
1994-95	32,6	32,3	21,0	21,0	46,4	46,7
1995-96	30,9	32,3	21,2	21,2	47,9	46,5
1996-97	30,6	31,7	20,3	20,9	49,1	47,5
1997-98	28,3	28,5	20,5	21,6	51,3	49,9
1998-99	27,1	26,2	20,8	22,5	52,1	51,2
1999-00	26,0	26,2	19,5	20,7	54,5	53,1
2000-01	25,3	25,4	19,5	21,1	55,2	53,4
2001-02	19,9	20,03	19,85	21,64	60,24	58,33
2002-03	18,5	19,70	19,56	22,19	61,95	58,11
2003-04 (P)	17,7	18,83	20,16	21,17	62,14	60,00
2004-05 (Q)	16,6	16,84	18,69	22,18	64,71	60,98

Fuentes:
Hasta 2000-01: EPW Research Foundation.
Desde 2001-02: *Economic Review* 2005, Gobierno de Kerala.
P-Datos provisionales.
Q-Estimación rápida.

Tabla 4-3. Tasas de crecimiento por periodos de los mayores cultivos de Kerala

Cultivo	Periodo	Tasas de crecimiento		
		Área	Rendimiento	Cosecha
Arrozales	I	0,8	1	1,8
	II	-2,1	1,2	-0,9
	III	-3,9	0,24	-3,7
Tapioca	I	3,6	NS	3,6
	II	-4,9	NS	-4,9
	III	-2,3	0,84	-1,4
Plátano	I	NS	NS	NS
	II	NS	-2,3	-2,3
	III	6,2	-4,6	1,2
Coco	I	NS	-1,8	-1,8
	II	NS	-0,9	-0,9
	III	-0,9	1,17	0,2
Caucho	I	NS	7,4	7,4
	II	4,5	NS	4,5
	III	0,2	1,1	1,3
Anacardo	I	2,9	NS	2,9
	II	2,4	-6,3	-3,9
	III	-0,3	0,61	0,3
Pimienta	I	NS	NS	NS
	II	NS	NS	NS
	III	1,7	11,2	13,1
Café	I	6,1	NS	6,1
	II	4,9	NS	4,9
	III	-0,4	2,4	2,05
Cardamomo	I	3,7	NS	3,7
	II	NS	NS	NS
	III	-0,1	9,8	9,7
Nuez de areca	I	NS	NS	NS
	II	-4,1	NS	-4,1
	III	5,9	3,5	9,5

Notas:
Periodo I = 1962-63 hasta 1974-75;
Periodo II = 1975-76 hasta 1985-86;
Periodo III = 1986-87 hasta 1995-96.
NS: not stated [no indicado]
Fuentes:
Desde 1999-00 hasta 20002-03: Estadísticas para la planificación, DES, Gobierno de Kerala.

ción, y de tapioca, para centrarse en los cultivos no alimentarios como el caucho y el coco. Véase la Tabla 4-3 con cifras de tasas de crecimiento por cultivo según el área de cultivo, el rendimiento y la cosecha.

Con excepción de la nuez de areca, la pimienta, el caucho y los plátanos, el resto de cultivos registró una tasa de crecimiento negativa en área en el periodo III, aunque ésta fue muy pequeña para el caucho, de sólo el 0,2%. Sin embargo, el café experimentó un crecimiento positivo en área durante el periodo II, mientras que en el periodo III el crecimiento fue negativo.

La mayor caída en área de cultivo se observa en los cultivos arrozales, tal vez motivada por la poca disponibilidad de trabajadores agrícolas. Además, desde el año 2000 se observa la tendencia de convertir arrozales en otros usos (*paadam nikathal samaram*). El Gobierno de Kerala ha reaccionado ante esta tendencia con una legislación que pretende frenar las conversiones.

Se han expuesto numerosas hipótesis para tratar de explicar la disminución en área y producción de arrozales en Kerala. Según estas hipótesis, uno de los factores podría ser la inadecuada provisión de subvenciones e incentivos por parte del Gobierno, así como el estancamiento tecnológico, unas dotaciones naturales pobres, altos costes laborales, condiciones climáticas desfavorables y un alto coste de las nuevas variedades de semillas y otros insumos como los sistemas de drenaje y los fertilizantes. Sin embargo, a nivel general se cree que la disminución de los beneficios es la principal razón del declive en la producción y tasas de crecimiento de estos cultivos.

Aunque el área de cultivo de cocos y caucho aumentó en el periodo tras la formación del estado en 1957, entre 1974-75 y 1985-86 se apreció una reducción de los niveles de producción de estos cultivos. Parece que esta disminución estuvo causada por condiciones climatológicas adversas, altos costes de los materiales y precios de mercado poco favorables.[94] El aumento repentino de los precios de las tierras a principios de los ochenta, causado por un aumento de la demanda de vivienda por parte de los trabajadores que habían emigrado a los países del Golfo Pérsico, también puede verse como una causa importante del empeoramiento en el crecimiento de los cultivos no alimentarios. Como resultado del aumento de la vivienda en los ochenta, muchos agricultores decidieron trabajar en el sector de la construcción, en el que los sueldos eran considerablemente más elevados.

Mientras tanto, los empresarios agrícolas, tanto privados como públicos, trataron de compensar la disminución en el número de trabajadores durante los años ochenta mediante el aumento de los sueldos, cosa que propició que trabajadores de estados vecinos emigraran para trabajar en Kerala. El aumento de los costes laborales tal vez tuvo un papel importante en la reducción de beneficios y tasas de crecimiento observadas. Sin embargo, el aumento del precio de la tierra quizás fue una mayor fuerza disuasoria en cuanto a la expansión de la producción agrícola, tanto de cereales alimentarios como no alimentarios.

De este modo, los aumentos de productividad en la mayoría de cultivos se deben básicamente a una reducción del área cultivable, y no a un aumento de la producción. El mayor aumento en la producción y productividad se observa en los cultivos de pimienta y cardamomo durante el periodo II. Estos cultivos normalmente se encuentran en las zonas de altura de los distritos de Idukki, Wayanar y Kannur. No obstan-

---

94. Sivanandan P.K., 1994, «Performance of Agriculture in Kerala», en Prakash B.A., 1994, *Kerala Economy: Performance, Problems, Prospects*, págs. 141-157.

te, la mayor tasa de crecimiento de la producción de pimienta fue seguida por una sequía y casi completa destrucción de sus cultivos a principios del siglo actual,[95] un periodo que ha coincidido con un aumento de la tasa de suicidios de los agricultores de Kerala.

4.1.2. Sector industrial

La contribución del sector industrial al producto interior neto del estado permanece estable desde 1980, oscilando entre el 20 y el 22%. Sin embargo, en años anteriores este porcentaje era aún menor. El sector industrial de Kerala ha progresado poco, sobre todo si se compara con el resto de la India. Este sector permanece rezagado tecnológicamente. Las tasas de crecimiento por debajo de la media nacional se deberían, por tanto, a un problema estructural.

Se atribuyen varias razones para explicar la débil actuación del sector industrial en Kerala. K.K. Subrahmanian y E. Abdul Azeez (2000) sostienen que el crecimiento inadecuado de la inversión ha restringido el ritmo de modernización de unidades antiguas y el establecimiento de nuevas unidades basadas en tecnología moderna, necesarias para la supervivencia y crecimiento de la industria en un entorno global competitivo. Los resultados de su investigación sugieren que los factores responsables de la débil actuación del sector industrial en Kerala son la falta de un enfoque claro y pragmático del Gobierno, en su respuesta al proceso de reforma, y una actitud poco decidida en sus propias políticas de estímulo de inversiones privadas.

---

95. Este fenómeno es conocido como *durida vaattu* en malayalam, la lengua hablada en la mayor parte de Kerala.

Otro factor importante que se cita como razón para explicar el retraso de Kerala es su trayectoria dependiente de industrialización (Jayan Jose Thomas, 2005, págs. 763-783). Según Thomas, las decisiones políticas durante los años treinta dieron prioridad a inversiones en las industrias de base química y a la identificación de la hidroelectricidad como base para la industrialización de Kerala. Esta preferencia continúa hoy teniendo implicaciones en el crecimiento industrial. Así, la mayoría de unidades industriales que dependían de los proyectos de generación hidroeléctrica sufrieron considerablemente durante finales de los años setenta y ochenta como consecuencia de los apagones eléctricos. Además, la estructura industrial de Kerala se cerró en un patrón que ofrecía poco potencial para vínculos inter-industriales e intra-industriales, y para su crecimiento.

Otro factor que podría explicar la debilidad del sector industrial es el peso excesivo de industrias tradicionales como la fibra de coco, los anacardos, los telares y los cigarrillos *beedi*. Todas estas industrias utilizan máquinas tecnológicamente antiguas y proporcionan la mayor parte del empleo en el sector industrial. Solamente la industria de fibra de coco proporcionaba empleo a 430.000 personas a mediados de los ochenta (véase la Tabla 4-4 para indicadores de crecimiento de las tasas de desempleo entre 1965 y 1987). Varias industrias de fibra de coco y anacardos trasladaron su producción a estados vecinos como Tamil Nadu, donde los costes operativos y la inestabilidad política eran menores que en Kerala. Estos traslados tuvieron efectos negativos en las tasas de empleo de Kerala.[96]

---

96. Sankaranarayanan y Meera Bhai, 1994; Thampy, 1994.

Tabla 4-4. Crecimiento del desempleo en Kerala

Número	Año de la encuesta de desempleo/ Categoría de desempleo	Cantidad de desempleados (en 100.000 unidades)	Desempleados como porcentaje de la fuerza laboral
1	B.E.S. Survey 1965-66	5,47	9,1
2	D.E.S. Survey 1980	14,01	18
3	D.E.S. Survey 1987		
3,1	Desempleados declarados	27,81	25,8
3,2	Subempleados	15,28	14,2
3,3	Total desempleados	43,09	40

Nota: B.E.S. = Bureau of Economics and Statistics; D.E.S. = Department of Economics and Statistics; Desempleado declarado = persona que no ha trabajado un solo día en el año; Subempleado = persona que ha trabajado durante más de un día, pero menos de 183 días durante el año.
Fuente: Gobierno de Kerala, Estadísticas para la planificación, DES y BES

Las continuas pérdidas incurridas por el Gobierno como resultado de su apoyo a industrias tradicionales intensivas en mano de obra han tenido un efecto disuasorio sobre inversores privados, al no animarles a emprender industrias modernas a media y gran escala. Según Prakash, las causas del débil comportamiento del sector secundario pueden atribuirse a los altos costes de producción derivados de los aumentos de los precios de los insumos, el alto coste de la mano de obra en comparación con otros estados de la India, a los apagones eléctricos y a la excesiva militancia de los sindicatos de trabajadores.[97]

Sin embargo, el examen empírico de Thomas (2005) muestra que los problemas laborales no explican del todo el

---

97. *Ibíd.*, págs. 19-20.

lento crecimiento del sector industrial en Kerala. Thomas defiende que la organización de trabajadores del sector informal puede haber repercutido en la falta de competitividad de las industrias que se basan en mano de obra barata.

4.1.3. Sector terciario

Los principales subsectores que contribuyeron al crecimiento del sector terciario durante los años noventa son la banca, los seguros y el transporte.[98]

Varios académicos de la economía de Kerala mantienen que las remesas son las principales responsables del crecimiento del sector servicios. En 1987 se estimaba que había más de 300.000 trabajadores en los países del Golfo Pérsico procedentes de Kerala, y uno de cada 12 hogares tenía un miembro en la región.[99] Las remesas estimadas a la India y Kerala (en unidades de 100.000 rupias) procedentes de la región árabe entre 1975 y 1988 fueron de alrededor de 14.435 y 7.215, respectivamente.[100]

El mismo estudio mostró que la mayoría de hogares en los que había emigrantes gastaban la mayor parte de sus ingresos en la construcción y renovación de viviendas, la compra de bienes duraderos, normalmente producidos en otros estados de la India o en el extranjero, la compra de terrenos, en educación y en tratamientos médicos.[101]

---

98. Pillai, Mohanan y N. Shanta, 2005. «Long Term Trends in the Growth and Structure of the State Domestic Product in Kerala», Working Paper n.º 376, págs. 1-51, Centre for Development Studies. Trivandrum, la India.
99. Jeffrey R., 1992, *Politics, Women and Well-Being*, pág. 217.
100. Nair G., 1994, «Migration of Keralites to the Arab World», in Prakash B.A., 1994, *Kerala Economy: Performance, Problems, Prospects*, pág. 109.
101. *Ibíd.*, pp. 109-111.

Tabla 4-5. Remesas anuales en efectivo procedentes del extranjero, distrito de Kerala (1998)

	Remesas (millones de rupias)	Por hogar (rupias)	%	Por emigrante (rupias)	Per cápita
Thiravananthaparan	3.386	5.168	9,9	22.035	1.081
Kollam	2.864	5.119	7,6	25,11	1.154
Pathanavinthitta	2.328	7.848	7,1	23.694	1.922
Alappuzha	2.172	4.545	6,4	35.869	1.048
Kottayam	1.009	2.573	3,2	24.787	526
Idikki	38	151	0,1	7.111	35
Ernakulam	4.076	6.659	12,9	40.394	1.375
Thrissur	5.096	8.099	13,6	28.858	1.744
Pallakad	3.390	6.368	8	26.188	1.302
Malapparam	6.156	10.205	17	21.217	1.664
Korhikoda	2.181	4.133	6,6	17.916	759
Wayanad	60	381	0,2	11.583	81
Kannur	2.027	4.377	5,7	21.985	803
Kazargode	521	2.576	1,6	14.655	427
Kerala	35.304	5.459	100	24.809	1.105

Fuente: Dynamics of migration in Kerala: Dimensions, Differentials and on sequences. K.C. Zachariah, E.T. Mathew, S. Irudaya Rajan. Centre for Development Studies, Trivandrum, La India. INDO – Dutch programme on alternatives in Development. Octubre 2000, pág. 157.

Los cálculos del producto interior neto del estado de Kerala no incluyen las remesas. Kannan y Hari[102] estiman un ingreso modificado del estado mediante la inclusión de las remesas anuales recibidas. En la Tabla 4-6 se pueden ver las estimaciones.

Tabla 4-6. Remesas en efectivo procedentes del extranjero
(en 10 millones rupias)

Año	Remesas	Año	Remesas	Año	Remesas
1972-73	747	1980-81	29.240	1990-91	87.324
1973-74	940	1981-82	33.722	1991-92	242.822
1974-75	1.937	1982-83	43.167	1992-93	302.524
1975-76	3.742	1983-84	56.797	1993-94	388.230
1976-77	9.199	1984-85	78.036	1994-95	608.397
1977-78	13.644	1985-86	52.247	1995-96	706.876
1978-79	12.936	1986-87	86.111	1996-97	952.137
1979-80	17.957	1987-88	89.109	1997-98	1.076.073
		1988-89	82.398	1998-99	1.081.746
		1989-90	115.589	1999-00	1.365.214
Tasa promedio de crecimiento anual (%)	60,46		11,14		23,84

Fuente: Cálculos basados en Kannan, K.P., y Hari, K.S. (2002).

Se observan tasas de crecimiento de remesas muy elevadas durante los años setenta, época en la que empezaron las migraciones a gran escala. Las altas tasas durante los años noventa se pueden atribuir a una migración de profesionales de

---

102. K.P. Kannan y K.S. Hari. 2002, «Kerala's Gulf Connection Emigration, Remmitances and their Macroeconomic Impact (1972-2000)». Working Paper n.º 328, Centre for Development Studies, Trivandrum, la India.

alta cualificación (por datos más actuales de remesas, refiere a Anexo I).

Aunque la demanda en el sector de la construcción propiciada por las remesas creó nuevas oportunidades de trabajo, éstas fueron más bien oportunidades temporales, sin perspectivas de un trabajo estable a largo plazo. Por tanto, el efecto del ingreso procedente de remesas sobre la economía de Kerala ha sido poco significativo. Aparte de la expansión del crecimiento en la construcción de viviendas y edificios comerciales (hoteles, cines, hospitales y escuelas), no ha habido un efecto hacia otros sectores como el secundario. Los vínculos entre las actividades en estos dos sectores han sido prácticamente obsoletos. Por ejemplo, los materiales utilizados en la construcción se han importado de otros estados de la India en lugar de ser producidos en Kerala. Pocos habitantes de Kerala se han aventurado a invertir en negocios. Como se ha comentado anteriormente, parece que las causas que explican la baja inversión privada en el sector industrial recaen en la excesiva militancia de los sindicatos de trabajadores, los altos salarios y la falta de incentivos ofrecidos por el Gobierno para hacer negocios.

4.2. Valoración del crecimiento económico desde 1957

Tras el examen de los sectores productivos de la economía de Kerala desde la formación del estado (véanse las Tablas 4-7 a 4-9) se aprecia que las tasas de crecimiento son mucho menores que la media nacional, seguidas de desviaciones en tasas de crecimiento respecto al patrón nacional.

Además, se percibe que el aumento de la contribución del sector servicios en el producto interior neto de Kerala duran-

Tabla 4-7. Tasas de crecimiento anual del producto interior neto por actividad económica (%)

	Kerala			La India*		
	Agricultura y actividades relacionadas	Industria	Servicios	Agricultura y actividades relacionadas	Industria	Servicios
1970-71 a 1979-80	0,14	4,25	3,01	0,53	3,72	4,43
1980-81 a 1989-90	1,28	3,62	4,11	3,66	6,92	7,03
1990-91 a 1999-00	2,17	6,53	8,75	3,03	5,14	7,97
2000-01 a 2003-04*	-0,25	3,10	8,67	3,09	5,78	8,13

Fuente: Cálculos basados en datos de la EPW Research Foundation a precios de 1980-81.
* A precios de 1993-94.

te los años noventa se realiza en detrimento tanto del sector industrial como del agrícola.

Por ejemplo, en el caso de la agricultura, entre 1960-61 y 1982-83 la producción de todos los cultivos de Kerala aumentó a una tasa anual compuesta del 1,71%, mientras que durante en el mismo periodo la media nacional mostró un aumento del 2,48%.[103]

El patrón global de crecimiento industrial de Kerala también fue menor que la media nacional. Se puede apreciar esta tendencia examinando las tasas de crecimiento del sector manufacturero registrado en Kerala entre 1960 y 1986, y comparándolo con la media de otros estados, sobre todo con la de Tamil Nadu y Karnataka, y con el resto de la India entre 1981 y 1998.

Tabla 4-8. Contribuciones al crecimiento interior neto de Kerala por sector (%)

	Agricultura y actividades relacionadas	Industria	Servicios
1970-71 a 1979-80	5,34	43,74	50,92
1980-81 a 1989-90	17,10	35,98	46,92
1990-91 a 1999-00	10,73	27,10	62,17
1970-71 a 1999-00	13,01	32,85	54,13

Fuente: P. Mohanan Pillai y N. Shanta (2005), «Long-term Trends in the Growth and Structure of the NSDP in Kerala», Working Paper n.º 376, CDS, Trivandrum, la India, pág. 28.

Durante los años 2000-01 a 2003-04, el sector manufacturero no registrado fue el principal causante de las tasas de

---

103. Sivanandan P.K., 1994, «Performance of Agriculture in Kerala», en Prakash B.A., 1994, *Kerala Economy: Performance, Problems, Prospects*, pag. 146.

crecimiento negativas observadas en el sector manufacturero (véanse las Tablas 4-9 a 4-11). Tanto los sectores manufactureros registrados como los no registrados mostraron una tasa negativa de crecimiento. Pero en el sector no organizado se detectó la mayor bajada, de un 7,1%, respecto a una bajada del 2,6% en el sector organizado.

Tabla 4-9. Tasas de crecimiento anual del producto interior neto en el sector manufacturero (%)

	Kerala	Karnataka	Tamil Nadu	La India
1970-71 a 1979-80	3,9	8,0	8,0	4,5
1980-81 a 1989-90	5,3	8,1	4,1	8,1
1990-91 a 1999-00	5,5	5,5	3,9	5,2
2000-1 a 2003-04*	-4,45	13,02	-3,34	5,89

Fuente: Cálculos basados en datos de la EPW Research Foundation a precios de 1980-81.
* A precios de 1993-94

También es interesante mencionar que mientras que el sector no organizado presentó una tasa de crecimiento negativa en todos los años posteriores a 2000-01, la tasa de crecimiento negativa de las manufacturas fue debida al signo negativo de un solo periodo (desde 2000-01 a 2001-02).

Subrahmanian y Pillai compilaron una lista de los principales indicadores de débil crecimiento en los sectores industriales de Kerala desde la formación del estado como método para exponer algunas de las contradicciones del modelo de desarrollo de Kerala.[104] Cuando se compara con otros estados de la India, el patrón de desarrollo muestra que:

---

104. Subrahmanian K.K. y Mohanan Pillai, 1986, «Kerala's Industrial Backwardness: Exploration of an Alternative Hypothesis», *Economic and Political Weekly*, 14:5, págs. 572-592.

Tabla 4-10. Cambios porcentuales anuales en producto interior por manufactura (a precios de 1993-94)

	Kerala			La India		
	Manufactura Total	Manufactura registrada	Manufactura sin registrar	Manufactura total	Manufactura registrada	Manufactura sin registrar
1994-95	20,8	14,7	26,9	11,9	15,1	6,4
1995-96	8,5	12,5	4,9	14,3	14,2	14,6
1996-97	-3,7	-3,8	-3,7	8,4	9,0	7,4
1997-98	-3,4	2	-8,7	-1,1	-5,1	6,6
1998-99	6,5	12,5	0	0,5	-1,1	3,4
1999-00	5,5	8,1	2,3	6,4	7,2	5,2
2000-01	-4,5	-0,8	-9,2	8,5	8,8	8,0
2001-02	-11,6	-11,9	-11,2	2,2	4,6	-1,9
2002-03	-1,1	2	-5,4	7,7	8,9	5,6
2003-04	-0,7	2	-4,7	7,7	8,4	6,4
Promedio	**1,6**	**3,7**	**-0,9**	**6,7**	**7,0**	**6,2**

Fuente: Cálculos basados en datos de la EPW Research Foundation a precios de 1980-81.

1. El aumento del valor añadido en el sector manufacturero de Kerala ha sido menor que la media nacional, y el aumento en la proporción de trabajadores en este sector también ha sido marginal.
2. La tasa de crecimiento relativa ha sido asimismo bastante menor que la media nacional desde 1971.
3. Kerala representa el 3,4% del producto industrial nacional de fábricas, y ocupa la 10.ª posición entre los estados de la India. En términos de valor añadido, Kerala ocupa la misma posición.
4. En cuanto al empleo industrial, Kerala muestra una posición baja comparada con su base de población.
5. En cuanto al desarrollo industrial reflejado en el valor per cápita, Kerala permanecía bajo la media nacional en los años sesenta, y continúa igual en el presente.
6. El desarrollo industrial de Kerala ha sido distinto que el patrón observado por la India en distintos periodos de tiempo. El sector de manufacturas de Kerala tuvo unas tasas de crecimiento significativamente más altas entre 1965 y 1975, mientras en el resto de la India se sufría un periodo de recesión industrial. En cambio, cuando el crecimiento industrial de la India se recuperó, después de 1975, Kerala tuvo unas tasas de crecimiento menores que la media nacional. Además, la tasa de crecimiento del producto agregado sufrió una desaceleración en Kerala.

El panorama general ofrecido en esta sección revela que las tasas de crecimiento se han reducido desde la formación del estado en 1957. Sin embargo, aún no se han identificado los factores más importantes que contribuyen a esta desaceleración. ¿Es posible que el aumento en el gasto social durante las tres últimas décadas sea la principal causa de esta ten-

Tabla 4-11. Crecimiento anual del valor añadido
de las manufacturas (%)

	1981-82 a 1990-91	1991-92 a 1997-98	1998-99 a 2002-03
Kerala	5,77	5,39	-5,16
Karnataka	7,71	7,24	11,78
Tamil Nadu	7,94	7,08	5,15
La India	6,51	9,06	5,06

Fuente: Cálculos realizados a partir de distintas ediciones de la Encuesta anual de la industria.

dencia? Aunque el gasto en necesidades básicas ha desviado fondos del Gobierno que se hubiesen podido dedicar a inversiones en los sectores productivos, parece poco probable que un aumento en el gasto social haya sido la principal causa del bajo crecimiento. En las próximas secciones se explorarán las causas principales del débil crecimiento.

5. HIPÓTESIS DISPARES ACERCA DEL PROGRESO SOCIAL Y EL DÉBIL CRECIMIENTO DE KERALA

5.1. Relaciones causales entre el cambio social y las políticas reformistas

El principal objetivo de este estudio, tal y como sugiere su título, es tratar de determinar hasta qué punto ha habido un compromiso entre el crecimiento económico de Kerala y el enfoque de necesidades básicas adoptado por sucesivos Gobiernos tras la formación del estado. Aunque ningún estudio académico hasta ahora ha establecido evidencia de un vínculo causal directo entre un aumento del gasto social por parte del Gobierno y un crecimiento débil en Kerala, la mayoría de economistas neoclásicos sostendrían que las bajas tasas de crecimiento de Kerala están fuertemente asociadas a un excesivo gasto del Gobierno en necesidades básicas y, por tanto, recomendarían ajustes estructurales como tipo de mecanismo de política más apropiado para fomentar el crecimiento.[105]

---

105. Para una visión neoclásica del efecto de las estrategias orientadas en las necesidades básicas en la industrialización, véase John Weiss, *Industry in Developing Countries* (1990). Véase también Susan Georges, *A Fate Worse than Debt* (1988), para el efecto negativo de las medidas de ajuste estructural y la implementación del modelo neoclásico en países en desarrollo.

En efecto, existen varios indicadores que revelan un aumento repentino en el gasto en necesidades básicas desde 1957. Por consiguiente, ha habido una mejora considerable de la calidad de vida física para la mayor parte de la población. Esto se evidencia en el aumento de la esperanza de vida, el mayor en la India, las tasas de alfabetización y la reducción de la mortalidad infantil y de nacimientos en los últimos 30 años. ¿Se puede establecer algún vínculo entre las mejoras de la calidad de vida y las políticas de necesidades básicas implantadas por el Gobierno desde 1957? Como apunta Jeffrey, puede resultar relativamente simple identificar los elementos que la mayoría de observadores considerarían importantes (por ejemplo, la inversión del Gobierno en servicios sociales, el papel de la mujer en la educación, etcétera), pero aun así es mucho más complicado definir una conexión entre los distintos elementos.

También es igualmente complejo determinar el tiempo preciso en el que han ocurrido las mejoras sociales.[106] ¿Cómo se puede inferir si la disminución de las tasas de nacimiento se produjo antes o después de la expansión de las instalaciones sanitarias y los programas de planificación familiar? Panicker sostiene que la mortalidad empezó a disminuir incluso antes de la expansión de las instalaciones sanitarias. Desde este punto de vista,[107] las mejoras en la educación y los servicios de sanidad serían los principales factores que

---

106. R. Jeffrey, 1992, *Politics, Women and Well-Being: How Kerala Became a Model*, pág. 188.
107. Panicker P.G.K., 1975, «Fall in Fertility Rates in Kerala», *Economic and Political Weekly*, 22 noviembre, págs. 1811-18; Véase también Gopinathan Nair P.R., 1974, «Decline in Birth Rate in Kerala: A Hypothesis about the Interelationship between demographic variables, Health and Education», *Economic and Political Weekly*, 19, págs. 323-336.

contribuirían a una disminución de las tasas de mortalidad. Mientras, Mari y S. Irudaya Rajan sugieren que un mayor acceso a la educación por parte de las mujeres ha sido el factor más importante a la hora de reducir la fertilidad en Kerala. Estos autores creen que el resto de políticas reformistas tienen un impacto negativo en la reducción de las tasas de fertilidad.[108]

Sin embargo, académicos como Richard Franke y Barbara Chasin no están de acuerdo con las posiciones mencionadas. Proponen que los cambios demográficos en Kerala desde la formación del estado fueron resultado de reformas radicales realizadas por los sucesivos Gobiernos.[109] ¿Cuál de los puntos de vista ofrece una visión acertada de los cambios estructurales de Kerala? Puede ser de utilidad realizar un análisis de la historia social para dar sentido a estas interpretaciones. Por ejemplo, la revisión de Jeffrey de la historia médica de Kerala sugiere que las mejoras en la salud empezaron mucho antes de la llegada al poder del Gobierno comunista en 1957.

De forma similar, los esfuerzos en planificación familiar y programas de subvención de alimentos también parecen haber empezado mucho antes de 1957. Esto puede verse en decisiones como la tomada por el Gobierno de Travancore en 1948 para cancelar una pérdida de 23 millones de rupias de forma anual con el objetivo de subvencionar el precio del arroz en 1948.[110]

---

108. Mari P.N. y S. Irudaya Rajan, 1990, «Demographic Transition in Kerala Revisited», *Economic and Political Weekly*, septiembre 1-8, págs. 1.957-1.979.
109. Franke y Chasin, 1992, *Kerala: Development Through Radical Reform*, págs. 98-103.
110. Jeffrey, 1992, *Politics Women and Well-Being*, pág. 200.

¿Estas tendencias reformistas anteriores al 1957 sugieren de algún modo que las políticas de necesidades básicas y desarrollo humano realizadas por los Gobiernos tras la formación del estado no han sido responsables de gran parte de los logros sociales que se han producido en las últimas décadas?

Pocos académicos del tema negarían que los esfuerzos para garantizar el suministro de necesidades básicas no se hayan intensificado desde principios de los años sesenta. Sin embargo, no se puede dar por hecho que los cambios positivos en la calidad de vida en las últimas décadas hayan sido el resultado directo de políticas llevadas a cabo por el Gobierno con el objetivo de cubrir las necesidades básicas. El estudio de Mohandas muestra que la disminución considerable del nivel de pobreza durante 1977-78 no fue resultado de estrategias planificadas de redistribución de la renta por parte del Gobierno. Éstas fueron, según este autor, el resultado del aumento de remesas procedentes de los países del Golfo Pérsico. El aumento del ingreso durante este periodo acentuó la demanda de vivienda y, por tanto, creó oportunidades de empleo en el sector de la construcción en varias áreas rurales.[111] Continúan existiendo debates académicos acerca de si se debe asignar un peso elevado o bajo a las políticas del Gobierno para aumentar el bienestar social, y sobre qué políticas han producido los mayores beneficios, pero gran parte de los debates académicos se han realizado sin una perspectiva histórica.

---

111. Mohandas, 1994, «Poverty in Kerala» en Prakash B.A., 1994, *Kerala Economy: Performance, Problems*, Prospects, págs. 87-88.

5.2. LOS OBSTÁCULOS AL CRECIMIENTO DE LOS SECTORES PRODUCTIVOS DERIVADOS DE LAS REFORMAS POLÍTICAS

Los académicos y los planificadores del Gobierno han realizado distintos postulados acerca de las causas subyacentes por lo que a la débil actividad económica de Kerala se refiere.[112] El principal objetivo de esta sección es revisar la literatura que analiza las causas de las débiles tasas de crecimiento de Kerala y ofrecer hipótesis alternativas acerca del deterioro de los sectores productivos de la economía. Un análisis exhaustivo de la literatura acerca del estancamiento económico en Kerala también permite determinar si el enfoque de las necesidades básicas adoptado por los Gobiernos ha contribuido de forma significativa a reducir las tasas de crecimiento.

Utilizando una línea de razonamiento reduccionista similar a la empleada por algunos académicos para identificar las relaciones causales entre las políticas específicas del Gobierno y las mejoras en el bienestar, ¿es posible mostrar que las políticas de desarrollo intervencionistas llevadas a cabo por el Gobierno han sido el factor principal de la débil actuación de la mayoría de sectores económicos, desde la agricultura hasta la manufactura? En este estudio se propone que no es posible mostrar una asociación clara. Por ejemplo, los desarrollos en Kerala (anteriormente Travancore y Cochin) antes de la formación del estado en 1957 muestran que los Gobiernos han sido intervencionistas durante los úl-

---

112. Véase NCAER, 1962; B.A. Prakash, 1994; Eapen 1994; Subrahmanian y Pillai, 1986; Subrahmanian, 1990; K.K. George, 1994; K.P. Kannan, 1990; K.P. Kannan y Pushpangadan, y R. Jeffrey, 1992.

timos 200 años.[113] Por tanto, los cambios en las tasas de crecimiento, de altas a bajas tasas antes y después de la formación del estado, no se pueden asociar con cambios repentinos del marco institucional del Gobierno. Aunque distintos partidos políticos han ocupado el Gobierno desde los años cuarenta, tanto los Gobiernos comunistas como los conservadores han realizado pocos cambios políticos que se desvíen de la trayectoria de cubrir las necesidades básicas. Además, una inspección más cercana de la estructura de hogares matrilineales que domina la cultura de Kerala desde el siglo XIV hasta el siglo XIX muestra que operaban siguiendo un estilo similar al Gobierno intervencionista. Por ejemplo, la madre y sus hermanos gestionaban juntos el hogar familiar.[114] El padre no tenía ninguna responsabilidad sobre la educación de sus hijos, que realizaba la madre en su hogar familiar.

Incluso si se está de acuerdo con que el Gobierno intervencionista no es la causa del desarrollo desequilibrado de Kerala, una cosa es cierta: la economía de Kerala ha ido decayendo tras la formación del estado en 1957. Por tanto, es de vital importancia identificar las causas principales del problema. Quizás merece la pena destacar que este declive en el producto manufacturero per cápita en 1950 era más elevado que la media nacional. Subrahmanian afirma que Kerala disponía de una base industrial más diversificada que la media nacional antes de independizarse. Sin embargo, tras casi cuatro décadas de planificación gubernamental el sector industrial en Kerala se ha desplomado a niveles mucho menores que la media nacional y los estados vecinos de Karnataka y

---

113. Véase Robin Jeffrey, *Politics, Women and Well-being: How Kerala Became a Model*, 1992.
114. Véase Robin Jeffrey, 1976, *The Decline of Nayar Dominance*; Robin Jeffrey, 1992, *Politics, Women and Well-Being*.

Tamil Nadu.[115] Así pues, parece justificado culpar a las políticas del Gobierno del débil crecimiento.

Algunos académicos ven que las iniciativas en cuanto a las necesidades básicas llevadas a cabo por el Gobierno han servido para desviar los recursos limitados del Gobierno en detrimento de políticas de estímulo de crecimiento industrial en el sector privado. Por ejemplo, en el caso de las radicales reformas agrarias se puede afirmar que impidieron la explotación de economías de escala en la agricultura. De forma similar, la protección de los trabajadores mediante la legislación, como el Decreto de reforma de tierras de 1974, aumentó los niveles de salario por encima de la media nacional y dio más poder a los sindicatos. El Decreto de 1974 establecía que los patrones proporcionasen un fondo para los pagos por defunciones, y una junta de arbitraje para resolver disputas entre los trabajadores y los patrones que fijó las horas de trabajo, un salario mínimo y seguridad en el contrato laboral.[116] Además, en relación con el resto de la India Kerala dispone de más equipamientos médicos, cosa que implica un mayor gasto público en detrimento de las inversiones en sectores productivos de la economía (véanse las Tablas 5-1 a 5-4).

Mohan y Shyjan[117] han estimado el gasto en educación y sanidad como una proporción de los desembolsos sobre los ingresos desde la formación del estado de Kerala. Su estu-

---

115. Subrahmanian K K, 1994, «Some Facets of the Manufacturing Industry in Kerala», in Prakash B.A., 1994, Kerala Economy: Performance, Problems, Prospects, pág. 241.
116. Franke y Chasin, 1992, Kerala Development, pág. 65.
117. R. Mohan y D. Shyjan, 2005, «Taxing Powers and Developmental Role of Indian States: A study with reference to Kerala», Working Paper n.º 375, Centre for Development Studies, Trivandrum, la India.

dio muestra que hasta los años ochenta, el 70% de los desembolsos sobre los ingresos fue para gastos de desarrollo, pero desde entonces esta cifra ha disminuido considerablemente, con una caída importante desde el año 2000-01. Los mismos autores también muestran que el gasto en educación y sanidad pública, rasgos distintivos del modelo de desarrollo de Kerala, ha disminuido desde el año 2000-01, aunque ya era particularmente visible desde principios de los años ochenta, momento en el que se observa un punto de inflexión (véase la Tabla 5-1). Mohan y Shyjan sostienen que:

> «Cuando la proporción del gasto para el desarrollo en el presupuesto de ingresos es alta en periodos anteriores (por ejemplo, el gasto en educación, sanidad, obras públicas, etcétera), los gastos en actividades no relacionadas con el desarrollo tienden a aumentar en periodos siguientes. La razón cabe buscarla en el hecho de que una parte sustancial de los gastos para el desarrollo, especialmente en el sector social, se debe a salarios de personal. En periodos siguientes, las anualidades y pensiones pagadas a estos empleados entrarán en la categoría de gastos no relacionados con el desarrollo».

Tabla 5-1. Gastos en educación, sanidad y desarrollo como proporción del desembolso sobre ingresos (%)

Periodo	Educación	Sanidad	Gastos desarrollo/ Desembolsos sobre ingresos
1957-58 a 1969-70	35,32	10,18	69,25
1970-71 a 1979-80	36,80	10,28	70,90
1980-81 a 1989-90	30,27	8,63	69,43
1990-91 a 1999-00	28,37	7,06	60,35
2000-01 a 2003-04	20,53	4,99	52,81

Fuente: Mohan y Shyjan (2005).

Tabla 5-2. Crecimiento de los centros sanitarios en Kerala, desde 1960-61 hasta 2001-02

	Número de centros sanitarios	Población servida por los centros sanitarios	Número de camas por 100.000 habitantes	Proporción de la población tratada (%)
1960-61	397	42.578	83	NA
1970-71	553	38.602	102	NA
1980-81	981	25.946	123	96,06
1990-91	1.226	23.735	133	103,68
2001-02	1.310	24.304	145	128,45

Nota: Los datos no incluyen centros de medicina tradicional.
Fuente: Gobierno de Kerala, Estadísticas para la planificación, DES.
NA = not available [no disponible]

La gran expansión de las instalaciones sanitarias de Kerala desde la formación del estado es encomiable. El número de instituciones sanitarias ha aumentado alrededor del 230% en cuatro décadas, y el número de camas por habitante también ha aumentado casi un 75% (véase la Tabla 5-3).

Como se muestra en las Tablas 5-4 y 5-5, el gasto per cápita en educación en Kerala también ha sido mayor que la media nacional en las últimas cinco décadas. Por ejemplo, durante 1985-86 el 40% de su gasto para el desarrollo se dedicó a la educación.

¿El gasto excesivo del Gobierno en necesidades básicas puede verse como el único o principal factor que ha causado una disminución constante de las tasas de crecimiento del sector productivo en la economía de Kerala durante las últimas tres décadas? Aunque ésta sería la visión predominante, varios académicos han tratado de identificar otras causas del débil comportamiento de la economía, que se explorarán en la siguiente sección.

Tabla 5-3. Infraestructura del sistema sanitario en Kerala

	Con fecha 31-03-2003		Con fecha 30-03-2004	
	Número	Camas	Número	Camas
INSTITUCIONES				
Número de centros sanitarios	1.270	32.864	1.273	3.607
Hospitales	130	22.636	132	22.645
Centros médicos comunitarios	115	4.726	115	4.840
Centros de asistencia primaria	115	1.741	115	2.186
Centros de asistencia primaria (Mini)	818	3.319	816	5.530
Total PHC	933	5.060	**931**	**7.716**
Dispensarios y unidades móviles	55	176	59	190
Centros T.B./Clínicas	22	266	18	216
Unidades de control de leprosos	15	0	18	0
HOSPITALES SEGÚN CATEGORÍA				
Hospitales de comarcas	41	6.715	40	6.578
Hospitales de distrito	11	3.801	11	3.741
Hospitales generales	5	2.794	6	3.135
Hospitales materno-infantiles	4	1.157	5	1.436
SCD/ICD	2	608	3	658
Hospitales del Gobierno	60	4.053	53	3.737
Sanatorio para leprosos / Hospitales	3	1.916	3	1.916
Centros de atención psiquiátrica	3	1.342	3	1.342
Hospitales policiales	-	-	5	66
Otros hospitales	-	-	3	36
Total	**129**	**22.386**	**132**	**22.645**

▶

	Con fecha 31-03-2003		Con fecha 30-03-2004	
	Número	Camas	Número	Camas
OTRAS INSTITUCIONES SANITARIAS				
Escuela de medicina del Gobierno	5	6.866	5	7.978
Escuela de medicina cooperativa	2	750	1	812
Escuela de medicina privada	-	-	4	0
Hospital SAT Trivandrum	1	732	1	1.066
ICH Kottayam	1	156	1	156
MCCH Thrissur	1	75	1	75
IMCH Kozhikode	1	740	1	740
Instituto regional de oftalmología	1	2.050	1	250
Instituciones del Gobierno de Ayurveda	842	2.644	845	3.411
Instituciones del Gobierno de homeopatía	555	970	557	1.170
ESI	13	1.249	13	1.249
Centro regional de cáncer	1	320	1	320
SCTIMS y tecnología	-	-	1	217

Fuente: Gobierno de Kerala, Estadísticas para la planificación, DES (2005).

Tabla 5-4. Gasto total en educación

	Gastos en Kerala (unidades en 10 millones de rupias)
1960-61	18,55
1970-71	60
1980-81	217
1990-91	795
2000-01	2.636
2001-02	2.490
2002-03	2.928
2003-04	3.034
2004-05	3.569 (RE)

Fuente: Desde 1990-91 hasta 2001-02, RBI Handbook State Finances.
Desde 2002-03, *Economic Review* 2005, Gobierno de Kerala, pág. 351.
Nota: RE [Estimaciones revisadas]

Tabla 5-5. Gasto per cápita en educación

	Gasto per cápita (en rupias)	
	Kerala	La India
1960-61	11	6
1970-71	28	15
1980-81	85	47
1990-91	274	185
2000-01	828	581

Fuente: Desde 1990-91 hasta 2001-02, RBI Handbook State Finances.
Desde 2002-03, *Economics Review* 2005, Gobierno de Kerala, pág. 351.

Tabla 5-6. Ratio entre desembolsos sobre los recibos y los pagos

	Kerala	Todos los estados	Kerala	Todos los estados
	Servicios sociales		Servicios económicos	
1974-75	5,6	5,6	49,1	41,8
1975-76	6,1	6,5	46,4	42,6
1976-77	5,9	5,8	48,2	41,4
1977-78	6,2	5,8	49,9	40,1
1978-79	6,4	5,6	45,1	35,7
1979-80	5,1	5,2	52,9	32,7
1980-81	4,7	4,5	39,7	29,0
1981-82	5,4	4,5	39,0	31,7
1982-83	5,4	4,6	43,0	30,8
1983-84	5,6	3,9	25,0	29,8
1984-85	4,3	3,1	22,9	27,2
1985-86	3,4	3,4	24,5	28,2
1986-87	3,5	3,2	21,8	27,0
1987-88	3,8	2,7	15,5	28,7
1988-89	3,1	2,8	17,6	23,4
1989-90	2,8	2,8	16,0	26,6
1990-91	2,4	2,1	13,3	20,6
1991-92	2,3	2,5	15,9	17,7
1992-93	2,4	2,5	15,5	21,3
1993-94	2,4	2,3	19,9	21,7
1994-95	2,2	2,1	21,4	23,8
1995-96	2,6	2,0	21,2	23,0
1996-97	1,8	2,0	18,4	18,9
1997-98	2,0	2,5	12,3	18,3
1998-99	2,0	2,2	9,9	18,8
1999-00	1,6	2,3	8,9	21,9
2000-01	1,8	2,2	12,8	17,9
2001-02	2,0	2,4	10,9	18,9
2002-03	2,3	2,4	10,9	19,4
2003-04	2,1	2,5	9,6	21,4

Nota: Los desembolsos sobre los recibos de un grupo particular de servicios están relacionados con los desembolsos sobre los pagos del mismo grupo de servicio.
Fuente: Gobierno de Kerala, Estadísticas para la planificación, DES. Varias ediciones.

5.3. Principales disputas teóricas acerca de las causas del deterioro de las tasas de crecimiento

En los últimos años han aparecido distintas teorías controvertidas que tratan de explicar las causas subyacentes del estancamiento económico de Kerala en las últimas décadas. Algunos académicos defienden que a pesar de los bajos niveles de crecimiento económico ha habido una mejora significativa en la calidad de vida (PQLI) de la población general desde la formación del estado en 1957.[118] Las conclusiones que se derivan de un estudio realizado por el Center for Development Studies durante la segunda mitad de los años setenta simbolizan esta visión:

> «El hecho de que Kerala sea un estado relativamente pobre en la India cuando se juzga por normas convencionales como el ingreso per cápita; que la disponibilidad per cápita de alimentos sea menor que en otros estados de la India; pero que aun así haya sido posible para el Gobierno realizar avances en la salud y la educación, y por tanto obtener mejoras que han traído diferencias en la calidad de vida –como la adquisición de actitudes y habilidades que pueden ayudar a acelerar el desarrollo en la próxima fase–, ofrece, sin lugar a dudas, lecciones para sociedades similares que buscan realizar avances económicos y sociales».[119]

---

118. Franke y Chasin, 1992, *Development in Kerala through Radical Reform.*
119. Centre for Development Studies, Trivandrum, la India, 1975, «Poverty, Unemployment and Development Policy. A Case Study of Selected Issues with Reference to Kerala», pág. 15.

Mencher, por ejemplo, lleva a cabo un estudio empírico de trabajadores agrícolas en Kutanad y Palaghat, y sostiene que la calidad de vida de los trabajadores agrícolas se deterioró durante los años sesenta y setenta. Este resultado contradice las afirmaciones realizadas por partidarios del modelo de desarrollo de Kerala, según las cuales las reformas agrarias han beneficiado claramente a los peones y segmentos más necesitados de la población.[120]

A causa de un declive continuo de los sectores de la economía, varios especialistas de desarrollo, incluyendo una nueva generación de académicos del Centre for Development Studies, cuestionan el propósito de utilizar indicadores sociales como los utilizados hasta ahora. Los indicadores más comunes para medir las mejoras en la calidad de vida han sido las tasas de natalidad, de mortalidad, de mortalidad infantil, esperanza de vida y alfabetización.

Dos grupos académicos con distintas influencias ideológicas han avanzado las teorías contemporáneas políticamente más influyentes acerca del bajo crecimiento en Kerala. La validez de estas teorías, así como la posibilidad de ofrecer explicaciones alternativas a las causas del bajo crecimiento, puede comprobarse solamente mediante una rigurosa evaluación de los datos empíricos y un análisis histórico. Sin embargo, estas dos teorías dominantes ofrecen un buen punto de partida para aclarar el debate sobre las cualidades de los esfuerzos destinados al desarrollo de Kerala. Las posiciones teóricas de los dos grupos ideológicos pueden dividirse en el grupo I y el grupo II.

---

120. Mencher, Joan P., 1980, «The Lessons and Non-Lessons of Kerala». *Economic and Political Weekly*, 15, págs. 41-43.

5.3.1. Grupo I

Según este grupo,[121] que es el más escéptico en cuanto a las fortalezas del modelo de desarrollo de Kerala, las radicales reformas agrarias, junto con el nivel abusivo de poder otorgado a los sindicatos por el Gobierno, han sido los factores principales que han contribuido a un declive del crecimiento en el sector agrícola.

De este modo, la división de la tierra de cultivo en pequeñas parcelas ha impedido la explotación de economías de escala. Esto, además de las actividades perjudiciales de los sindicatos de trabajadores (principalmente huelgas para impedir que los patrones modernicen sus métodos de producción que implicarían una reducción de la plantilla, y para obtener mayores salarios), se considera que ha retrasado el crecimiento industrial. Asimismo puede decirse que un gasto excesivo en educación por parte del Gobierno, sin un énfasis claro o específico para aumentar el acceso a la educación a nivel primario, secundario y terciario, ha contribuido aún más a un deterioro de las tasas de crecimiento de la economía. Se culpa a las políticas negligentes del Gobierno del aumento considerable del desempleo observado en la última década entre los ciudadanos con niveles elevados de educación. Por último, se cree que las medidas adoptadas por el Gobierno para mejorar las condiciones de la mayor parte de la población mediante la provisión de un fácil acceso a la asistencia sanitaria, los alimentos básicos, vivienda y educación, han creado un déficit fiscal que paralizó el estado durante los años ochenta y contribuyó a la inestabilidad económica de los años noventa. Así, la recomendación de este grupo de académicos de cara

---

121. Para artículos que apoyan esta visión, véase Oomen (1981) y Albin (1990).

a invertir la tendencia negativa consiste en recortar drásticamente los gastos sociales y privatizar muchas de las empresas públicas que se hallan en dificultades. Según este grupo, estas acciones ofrecen la única solución para revitalizar las tasas de la economía de Kerala.

Sin embargo, las historias de éxito de los países en vías de desarrollo respecto el alcance de las necesidades básicas desmienten que el crecimiento y las mejoras de la calidad de vida se puedan alcanzar mejor en un entorno en el que el Gobierno desempeñe un papel reducido en el proceso de desarrollo. Incluso los éxitos en el logro de las necesidades básicas en países capitalistas industrializados a menudo se confunden como el resultado de políticas no intervencionistas. Los periodos de mayor crecimiento de la esperanza de vida en Inglaterra y Gales durante la década de 1911 y 1921, y entre 1940 y 1951, no fueron el resultado de tasas de crecimiento procedentes del sector privado. Este fenómeno no se debió a un efecto de expansión de la riqueza procedente de los grupos de renta alta, sino que fue causado por grandes aumentos de distintos tipos de apoyo público durante el lapso entreguerras, que incluyeron la creación de empleo público, el racionamiento de los alimentos y la provisión de asistencia sanitaria.[122]

La hipótesis alternativa de Prakash presenta similitudes a la posición que mantiene el grupo I. Sin embargo, añade dos elementos más a la lista de factores causantes del débil comportamiento económico. Entre ellos: la existencia de un sistema de poder poco desarrollado e ineficiente, y la incapaci-

---

122. Dreze y Sen, 1989, «Public Action for Social Security: Foundations and Strategy», transcripción de una conferencia ofrecida en la London School of Economics, págs. 17-18.

dad de presentar políticas de desarrollo para crear suficientes incentivos que activen los sectores de la economía.[123]

Aunque se han llevado a cabo distintas reivindicaciones acerca del impacto negativo de la intervención del Gobierno en el crecimiento, ¿se ha demostrado empíricamente que el gasto social (necesidades básicas) conduce a bajas tasas de crecimiento en la economía? Desde un punto de vista teórico, independientemente del país o la región, Lapman cuestiona la validez de la percepción general sobre la existencia persistente de una correlación entre alto gasto social y baja actividad económica. Y apunta que:

> «En muchas de las cuestiones clave acerca de la relación entre gasto social y la economía existe poca evidencia y las teorías no son concluyentes, con lo que no se pueden extraer conclusiones sólidas acerca de si un cambio en el gasto social perjudica o ayuda a la actividad económica».[124]

Incluso si, en general, el argumento no se mantiene, ¿es posible que el aumento del gasto en necesidades básicas sea la principal causa del bajo crecimiento de Kerala?

5.3.2. *Grupo II*

Los seguidores de este grupo izquierdista[125] mantienen que las causas del estancamiento económico durante los años

---

123. Prakash B.A., 1994, *Kerala Economy: Performance, Problems, Prospects*, pág. 30.
124. Lapman Qouted en Palmer, J.L., 1986, «Philosophy, Policy and Politics: Integrating Themes», *Perspectives on the Reagan Years*, Washington D.C.: Urban Institute Press, pág. 191.
125. Véase Subrahmanian y Pillai (1986); Subrahmanian (1990); Sankaranarayanan y Meera Bhai (1994), y Nanda Mohan (1994).

ochenta se pueden encontrar en los orígenes históricos del retraso industrial en Kerala. Algunos factores responsables de las bajas tasas de crecimiento son: el comportamiento irregular en la formación de capital en la India, los conflictos entre la región y el centro, y las políticas injustas del Gobierno central hacia Kerala, especialmente con respecto al desembolso de fondos, las finanzas institucionales, la inversión del sector público y la política de precios agrícolas del Gobierno central.[126]

En las próximas secciones se examinarán separadamente varias de las teorías acerca de las causas del bajo crecimiento en Kerala realizadas por académicos de distintos grupos. Esto puede ayudar a determinar hasta qué punto las necesidades básicas o cualquier otro factor mencionado pueden contribuir a la débil actuación del crecimiento de Kerala.

5.4. Vínculos entre el bajo crecimiento económico y el retraso industrial de Kerala

Cinco años después de la creación del estado en 1957, el National Council for Applied Economic Research (NCAER por sus siglas en inglés) [Consejo Nacional de Investigaciones Económicas Aplicadas] identificó el retraso industrial como la principal causa del débil crecimiento de Kerala.[127] Este argumento puede parecer ilógico porque las economías de países en vías de desarrollo tienen la habilidad de crecer a tasas

---

126. Thomas Issac, T.M., y Mohankumar S., «Kerala Elections, 1991: Lessons and Non-Lessons», *Economic and Political Weekly*, 26: 47, pág. 2694.
127. Véase el capítulo I de «Tecno-Economic Survey of Kerala» realizado por NCAER en 1962.

mayores que algunas de las economías de países industrialmente avanzados, especialmente si las economías en desarrollo han entrado en una fase de transición desde una economía agraria hacia una economía industrial. El hecho de que algunas economías en desarrollo hayan alcanzado una etapa de desarrollo industrial implica que las perspectivas para sostener tasas de crecimiento elevadas indefinidamente son bajas. Por tanto, es necesaria una aclaración de la hipótesis realizada por el NCAER para evitar distorsiones. El NCAER propuso que la industrialización, a pesar de llegar a una primera fase en Kerala, respecto a otros estados, no pasó por una fase de avance tecnológico, incluso tras un periodo de tiempo considerable. Muchas de las industrias tradicionales, como la fibra de coco y el procesamiento de anacardos, son intensivas en mano de obra y utilizan una maquinaria poco sofisticada.

Un estudio llevado a cabo por M.A. Oommen sobre las causas de la huida de Kerala de industrias a pequeña escala, tanto industrias tradicionales como modernas, hacia los estados vecinos parece confirmar esta hipótesis.[128] Tras realizar una encuesta a empresas pequeñas localizadas en Kerala, Oommen descubrió que las razones principales por las que las empresas trasladaban su producción a Tamil Nadu y Karnataka se hallaba en el deseo de encontrar un entorno más pacífico y mano de obra barata. En secciones posteriores se mostrarán los resultados de las entrevistas realizadas a las 50 empresas líderes de Kerala con el objetivo de validar si los resultados de Oommen son válidos a partir del año 2000.

---

128. Oomen M.A., 1981, «Mobility of Small Scale Entrepreneurs: A Kerala Experience», *Indian Journal of Industrial Relations*, 17:1.

Durante los años sesenta, los tecnócratas del NCAER sostuvieron que el retraso industrial y débil crecimiento de Kerala durante la segunda mitad de los años cincuenta se debía a la existencia de un gran número de pequeñas empresas tecnológicamente retrasadas que eran incapaces de generar ingresos excedentes para la reinversión. Además sostuvieron que la baja composición tecnológica de la industria de Kerala fue incapaz de generar oportunidades de empleo entre un gran número de empresarios con altos niveles de educación y talento. Según el NCAER, otros factores que pueden haber contribuido a las pésimas condiciones económicas son las tensiones políticas de la región entre 1947 y 1957, que ahuyentaron a potenciales empresarios, así como la falta de ciertos recursos naturales, como los metales.[129]

El patrón de empleo no agrícola que surgió en Kerala desde principios del siglo XX tiende a apoyar la hipótesis del retraso industrial planteada por el NCAER. Tal vez esto no parezca evidente, pero un examen detallado revela que existe una gran correlación entre el retraso industrial y el patrón de empleo rural no agrícola. Kerala es uno de los pocos estados en los que la contribución de la agricultura ha disminuido durante los últimos ochenta años. Esta tendencia se evidencia cuando se tiene en cuenta la baja proporción de la fuerza laboral masculina en el sector agrícola en distintos periodos del siglo XX. Así, en 1911, sólo el 65,7% de la fuerza laboral trabajaba en el sector agrícola, comparado con un 74% en el resto de la India. En 1961, la proporción de fuerza laboral en el sector agrícola disminuyó hasta el 55%, mientras que para el conjunto de la India

---

129. National Council for Applied Economic Research, 1962, *Techno-Economic Survey of Kerala*, NCAER, Nueva Delhi, capítulo 1.

era del 72%. En 1987-88, más del 45% de los hombres y el 34% de las mujeres en las áreas rurales trabajaban en actividades no relacionadas con el sector agrícola. Estas cifras son las más elevadas de la India. La media nacional durante 1987-88 era del 25,5% entre los hombres y el 15,3% entre las mujeres.[130]

Este fenómeno sugiere que la industrialización en Kerala se dio en una etapa anterior a otros estados de la India. Por tanto, se podría inferir que el desarrollo industrial de Kerala ha alcanzado una etapa tecnológicamente más avanzada. Aunque el primer supuesto es correcto, el último no tiene por qué serlo. Sería simplista sugerir que todos los países o regiones deberían seguir una trayectoria universal de desarrollo a largo plazo basado en la industrialización. Cada país o región puede seguir estrategias y trayectorias divergentes con el objetivo de hacer la transición desde una economía agraria hasta una economía no agraria. La composición industrial puede ser distinta según los métodos que se hayan seguido. Diversos economistas, como Simon Kuznets y Hollis Chenery, han reconocido estas variaciones en los enfoques hacia un desarrollo a largo plazo.[131] Sin embargo, se cree que las diferencias en las estrategias del desarrollo a largo plazo operan a un nivel menor de agregación. Eapen sostiene que «la transición desde una economía agraria a una economía no agraria en el proceso de desarrollo se puede considerar como la tendencia amplia y universal a nivel

---

130. Mridul Eapen, 1994, «The Changing Structure of the Workforce», en Prakash B.A., (ed), 1994, *Kerala Economy: Performance, Problems, Prospects*, pág. 61-77; Véase también Mridul Eapean, 1984, «Structure of Manufacturing Workforce: A Preliminary Analysis of Emerging Tendencies», *Economic and Political Weekly*, agosto, número anual.
131. Eapen, 1994, pág. 1.285.

Tabla 5-7. Área, producción y productividad de los principales cultivos de Kerala (1996-1999)

Cultivos	Área (en hectáreas)			Producción (en toneladas)				Rendimiento (Kg/ha)			
	1996-7	1997-8	1998-9 (p)	1996-7	1997-8	1998-9 (p)	1996-7	1997-8	1998-9 (p)	1996-7	1997-8	1998-9 (p)
Arrozales	430.826	387.122	352.631	871.361	764.610	726.743	2.023	1975	2.061	430.826	387.122	352.631
Tapioca	120.387	121.389	129.910	2.691.118	2.741.696	2.810.928	22.354	22.586	21.638	120.387	121.389	129.910
Plátano	28.855	31.001	29.120	403.673	436.717	415.156	13.990	14.087	14.257	28.855	31.001	29.120
Coco	902.104	884.344	1.078.180	5.276	5.209	6.672	5.849	5.890	6.188	902.104	884.344	1.078.180
Caucho	455.566	465.282	469.924	512.756	541.935	559.099	1.126	1.165	1.190	455.566	465.282	469.924
Anacardos	97.089	94.689	85.125	68.963	56.885	56.554	710	601	664	97.089	94.689	85.125
Pimienta	182.887	180.370	230.896	56.546	46.039	64.335	309	255	279	182.887	180.370	23.0896
Café	83.014	83.014	83.683	47.320	50.659	61.150	570	610	731	83.014	83.014	83.683
Cardamomo	41.268	40.867	41.069	4.550	5.290	5.295	110	129	127	41.268	40.867	41.069
Nuez de areca	76.066	73.351	80.645	85.829	87.038	92.481	1128	1.187	1.147	76.066	73.351	80.645

p: provisional; nueces: Ha; cocos: Millones.
Fuente: Gobierno de Kerala, DES, *Kerala Economic Review*,1999, State Planning Borrad TVM, pág. 47.

Tabla 5-8. Área, producción y productividad de los principales cultivos de Kerala (1999-2003)

Cultivos	Área (en hectáreas)					Producción (en toneladas)					Rendimiento (Kg/ha)				
	1999-00	2000-01	2001-2	2002-03		1999-00	2000-01	2001-02	2002-03		1999-00	2000-01	2001-02	2002-03	
Arrozales	349.774	347.455	322.368	310.521		770686	751.328	703.504	688.859		2.203	2.162	2.182	2.218	
Tapioca	111.922	114.609	111.189	104.179		2.531.752	2.586.903	2.455.880	2.413.217		22.621	22.572	22.087	23.164	
Plátano	92.298	99.412	106.054	110.479		808.711	731.650	769.085	831.091		8.762	7.360	7.252	7.523	
Coco	925.035	925.783	905.718	899.198		5.680	5.536	5.479	5.709		6.140	5.980	6.049	6.349	
Caucho	472.900	474.364	475.039	476.047		572.820	579.866	580.350	594.917		1.211	1.222	1.222	1.250	
Anacardos	89.403	92.122	89.718	88.548		65.547	66.178	65.867	66.087		733	718	734	746	
Pimienta	198.406	202.133	203.956	208.607		47.543	60.929	58.240	67.358		240	301	286	323	
Café	84.139	84.735	84.795	83.113		60.470	70.550	66.690	63.322		719	833	786	762	
Cardamomo	41.491	41.288	41.336	41.412		6.585	7.580	8.380	8.680		159	184	203	210	
Nuez de areca	81.941	87.360	93.193	97.485		83.337	87.947	84.681	107.279		1.017	1.007	909	1.100	

Nueces: Ha; cocos: Millones.
Fuente: Gobierno de Kerala, Estadísticas para la planificación, DES, 2005.

agregado, mientras que pueden existir diferencias en otras dimensiones».[132]

En el caso de Kerala, y contrariamente a lo que cabría esperar, el desarrollo no agrícola no se ha traducido en una mejora de las oportunidades laborales, incluso tras considerar un retraso. Una explicación más convincente del cambio relativo hacia actividades industriales a principios del siglo XX se puede encontrar en las ventajas derivadas de la posesión de ciertos recursos naturales cuya demanda no ha desaparecido en los mercados exteriores –por ejemplo, productos marinos, fibra de coco, copra, maderas, que han requerido un nivel básico de procesamiento–. El predominio de cultivos comerciales como el caucho, el té, el café y los cocos en el patrón de desarrollo agrícola de Kerala también puede considerarse un factor importante en la alta proporción de trabajadores ocupados en actividades no agrícolas.

La diversificación de los cultivos comerciales en Kerala ha protegido a la economía de choques como los experimentados por economías que se basan en un solo cultivo. Sin embargo, en las últimas décadas la sobreexplotación de estos recursos naturales (por ejemplo, la silvicultura y la pesca) ha conducido al agotamiento de los recursos y degradación ambiental de la región. Estos factores, junto con la competencia exterior de otros países en vías de desarrollo por los mismos mercados, han causado tasas menores de crecimiento de las industrias tradicionales intensivas en mano de obra.

Panicker *et al.* han apuntado que las características topográficas favorables de Kerala y sus condiciones económicas han facilitado una fuerte demanda en los mercados de exportación de los cultivos comerciales. Esta demanda ha dado lu-

---

132. *Ibíd.*, pág. 1.285.

gar a una alta proporción de empleo no agrícola, en lugar de a una industrialización –urbanización al estilo de Lewis.[133] Además, los autores señalan que incluso durante periodos en los que hubo escasez de alimentos en Kerala, se dio prioridad a la producción de bienes primarios comerciales (por ejemplo, la producción de esterillas de fibra de coco, el procesamiento de anacardos y el caucho). El rendimiento conseguido por estos productos permitió la importación de provisiones de alimentos procedentes de otros estados de la India. Tanto durante la primera mitad del siglo XX como en la actualidad, el coco y el caucho representan la mayor parte de los ingresos procedentes de las exportaciones y desempeñan un papel importante en el desarrollo agrícola.[134]

El aumento continuo de las oportunidades laborales fuera del sector agrícola durante los años setenta no derivó en rentas per cápita más elevadas en Kerala –estos cálculos excluyen actividades agrícolas secundarias realizadas por las mujeres, pero incluyen la cría de animales–. La principal razón de por qué no ha habido un aumento de las rentas per cápita es la baja productividad por empleado en los sectores no agrarios, especialmente en el sector manufacturero.[135]

Aunque la comercialización de la agricultura en Kerala, con fuertes lazos en los mercados exteriores, ha desempeñado un papel positivo en la creación de oportunidades de

---

133. Panicker P.G.K., T.N. Krishnan y N. Krishnaji, 1977, *Population Growth and Agricultural Development: A Case Study of Kerala*, Centre for Development Studies, Trivandrum, la India, citado en Mridul Eapen, 1994, pág. 1.287.
134. Kannan, K.P. y K. Pushpangadan, 1990, «Dissecting Agricultural Stagnation: An Analysis Across Crops, Seasons and Regions», *Economic Political Weekly*, septiembre 1-8.
135. Véase Centre for Development Studies, Trivandrum, la India, 1975, «Poverty, Unemployment and Development Policy: A Case Study of Selected Issues with Reference to Kerala», United Nations, Nueva York.

empleo no agrícola. Pero el alto crecimiento de la población durante la primera mitad del siglo XX trajo consigo una disminución de la proporción tierra-habitante. Este periodo también se caracterizó por la proliferación de pequeñas tierras y una alta densidad poblacional.[136]

Eapen afirma que: «el deterioro de la proporción tierra-habitante, junto con el uso limitado de la mano de obra en los cultivos comerciales, actuó como un impulso que forzó a la población hacia actividades no agrícolas, y a una mayor movilidad tanto laboral como geográfica».[137] De este modo, el interés por parte de la población de Kerala por obtener niveles de educación que permitan empleos en oficinas puede verse como una medida tomada para asegurarse un empleo e ingresos estables. La ausencia de una industrialización moderna, sobre todo en el sector manufacturero de Kerala, también puede atribuirse a la emigración de trabajadores cualificados hacia los países del Golfo Pérsico desde principios de los años setenta. La emigración hacia el Golfo Pérsico, otras regiones de la India y distintos países absorbió la mayor parte del excedente de mano de obra. Por tanto, los cambios demográficos de Kerala desde 1900 hasta 1950 podrían haber evitado que el desarrollo industrial entrase en una fase tecnológicamente más avanzada. Así, la apertura de los países del Golfo Pérsico al mercado laboral de Kerala podría verse como la causa del retraso industrial y las bajas tasas de crecimiento que han afectado a Kerala. Si el fuerte mercado laboral de los países del Golfo Pérsico no hubiese estado disponible a los habitantes de Kerala, ¿hoy en día las condiciones económicas serían peores, o el Gobierno hubiese bus-

---

136. Eapen, 1994, pág. 1.287.
137. *Ibíd.*, pág. 1.287.

cado soluciones alternativas para modernizar las industrias tradicionales? Es imposible proporcionar una respuesta empírica a esta cuestión. Distintos académicos afirman que la industria de Kerala estaría menos retrasada si no se hubiese contado con el mercado laboral de los países del Golfo Pérsico, mientras que otros afirman lo contrario. Pero aun así no debería verse el mercado laboral de los países del Golfo Pérsico como la fuente permanente de ingresos para el desarrollo económico de Kerala. El desarrollo industrial generado por los ingresos procedentes de remesas ha sido extremadamente distorsionado.[138] Por ejemplo, tras la formación del estado de Kerala, especialmente durante los años setenta, el crecimiento en la demanda de consumo, estimulada en gran parte por los ingresos de las remesas, fue un factor que contribuyó a la diversificación del empleo rural en Kerala. Sin embargo, el sector terciario fue el principal beneficiario de estas remesas a través de la provisión de servicios bancarios, asistencia sanitaria privada, equipamientos educativos y trabajo en el sector de la construcción.[139] Los vínculos entre el sector secundario y el terciario fueron obsoletos en el patrón de desarrollo de Kerala, algo que ha minado las perspectivas de un avance industrial de la región y un crecimiento económico a largo plazo.

Un estudio llevado a cabo por T.M. Thomas, sobre el patrón de desarrollo del comercio exterior de Kerala, apoya, hasta cierto punto, la explicación ofrecida por National Council for Applied Economic Research (NCAER) acerca del retra-

---

138. Gopinathan Nair, 1994, «Migration of Keralites to the Arab World», en B.A. Prakash (ed.), *Kerala Economy: Performance, Problems, Prospects*, págs. 95-114.
139. Eapen, 1994, pág. 1.295.

so industrial y el bajo crecimiento.[140] Desde 1957 hasta los años setenta, Kerala tenía prácticamente un monopolio sobre distintos bienes primarios, que se procesaban utilizando una tecnología simple, como los anacardos, la pimienta, el cardamomo y la fibra de coco. Sin embargo, desde los años ochenta hasta nuestros días Kerala ha perdido su cuota de mercado dominante en estos productos, en los que entraron competidores de África y América Latina. En el caso de los anacardos, las provisiones del fruto seco sin procesar procedentes de África disminuyeron durante los años setenta porque distintos países decidieron montar sus propias industrias de procesamiento del fruto seco y comercializar el producto final. Por tanto, la disminución de las exportaciones procedentes de Kerala no se debería a una menor demanda, sino a restricciones de la oferta y la falta de competitividad de los productos de Kerala.

Las restricciones asociadas con las exportaciones tradicionales de Kerala son de tipo multidimensional. Por ejemplo, en el caso de los productos marinos el agotamiento del suministro ha llevado a una disminución de las exportaciones de pescado procesado. La principal razón de la disminución del suministro es la sobrepesca. J. Kurien y T. Achari proporcionan una lista de los factores importantes que han llevado a una sobrepesca en la costa de Kerala desde 1966 hasta 1985.[141] Las cinco razones principales que ofrecen son: 1) la naturaleza abierta de la pesca, 2) el uso de tecnologías

---

140. Thomas Issac T.M., 1994, «The Trend and Pattern of External Trade of Kerala», en B.A. Prakash (ed.), *Kerala Economy: Performance, Problems, Prospects*, págs. 368-393.
141. Kurien J. y T. Achari, 1990, «Overfishing Along Kerala's Coast: Causes and Consequences», *Economic and Political Weekly*, septiembre 1-8, págs. 2.011-2.017.

inapropiadas, 3) factores de demanda que crean aumentos de precios, 4) subvenciones ofrecidas por el Gobierno, y 5) la presión de la población en la propiedad comunal de la costa. Según Kurien, el agotamiento del fondo marino en las últimas décadas tiene su origen en un programa gubernamental mal diseñado de modernización para aumentar el rendimiento. Se ha considerado que el uso no restringido de barcos a motor, pesqueros de arrastre y redes de pesca con rejilla pequeña aumentan la productividad laboral y el margen de beneficios, en parte gracias a los altos precios obtenidos en los mercados internacionales por algunas especies de pescado y gambas.[142] Estas condiciones favorables han aumentado la sobrepesca, que ha utilizado los métodos inapropiados mencionados más arriba. A corto plazo, estas técnicas han sido muy efectivas; sin embargo, a largo plazo han causado restricciones de la oferta en las exportaciones. A pesar de que los planificadores eran conscientes de los cambios en los patrones de consumo a nivel mundial, no hubo una diversificación suficiente en las exportaciones de Kerala hacia productos no tradicionales. En resumen, las principales restricciones, hoy en día, a un aumento de las exportaciones y al crecimiento económico consisten en una suma de factores que incluyen: la ausencia de una diversificación, el agotamiento de los recursos, el deterioro de la calidad, y el aumento de la competencia en mercados internacionales.

---

142. Kurien J., 1994, «Kerala's Marine Fisheries Development Experience», en B.A. Prakash (ed.), *Kerala Economy: Performance, Problems, Prospects*; Oomen M.A., 1981, «Mobility of Small Scale Entrepreneurs: A Kerala Experience», *Indian Journal of Industrial Relations*, 17:1, págs. 195-214.

5.5. Deterioro en el crecimiento como consecuencia de las tensiones laborales y los altos sueldos

Según sugiere un estudio realizado en el año 1981 por M.A. Oommen acerca de la migración de pequeños empresarios de Kerala hacia Tamil Nadu y Karnataka, la disminución de las tasas de crecimiento de Kerala fue debida principalmente a la rebeldía de la fuerza laboral, que ahuyentaba a potenciales inversores.[143] El comité de alto nivel de la Junta de planificación de Kerala llegó a una conclusión similar en 1984. Además de al impacto negativo de una fuerza laboral volátil, el Comité atribuyó las bajas tasas de crecimiento a los altos sueldos en comparación con otros estados de la India, y a la inestabilidad política.[144]

Sin embargo, K.K. Subrahmanian y Mohanan Pillai rechazan la hipótesis de sueldos altos. Tras evaluar los datos de industrias de gran escala aparecidos en la encuesta anual de industrias, vieron que los costes salariales en relación con la productividad en las principales industrias de Kerala eran menores que la media nacional.[145] Propusieron una hipótesis alternativa que apuntaba a una estructura industrial desigual como la principal causa del retraso industrial y las bajas tasas de crecimiento. En las próximas secciones se examinarán los factores de esta hipótesis. De momento puede ser de utilidad

---

143. Oomen M.A., 1981, «Mobility of Small Scale Entrepreneurs: A Kerala Experience», *Indian Journal of Industrial Relations*, 17:1.
144. «State Planning Board, Report of the High Level Committee on Industry, Trade and Power», vol. I a III, SPB Trivandrum, citado en B.A. Prakash (ed.), *Kerala Economy: Performance, Problems, Prospects*, 1994, pág. 29.
145. Subrahmanian K.K. y Mohanan Pillai, 1986, «Kerala's Industrial Backwardness: Exploration of an Alternative Hypothesis», *Economic and Political Weekly*, 21:14.

explorar algunos de los factores adicionales que han impedido el crecimiento económico en Kerala.

5.6. Dotación de recursos y factores regionales como principales barreras al crecimiento

¿Es plausible la hipótesis de una industria desigual? Alice Albin rechaza la explicación alternativa ofrecida por Subrahmanian y Pillai. Mediante la comparación de la industrialización de Kerala con la de los estados vecinos, Karnataka, Tamil Nadu y Andhra Pradesh, Albin sostiene que los factores regionales, como la dotación de recursos naturales y la disponibilidad de empresarios, la inversión pública, los precios de la tierra, los salarios y las disputas laborales, han frenado el avance de la industrialización en Kerala. Además, afirma que si los factores regionales no hubiesen retardado la industrialización, los componentes estructurales hubiesen permitido a Kerala tener unas tasas de crecimiento más elevadas que la media nacional.[146] En las próximas secciones se analizará la validez de atribuir el bajo crecimiento a factores regionales y estructurales, teniendo en cuenta diversas fuentes históricas y datos empíricos.

Aparte de la comparación industrial, Albin también considera como factores estructurales las disparidades en el sector industrial producidas por discrepancias en la composición de las organizaciones (por ejemplo, las industrias familiares, las

---

146. Alice Albin, 1990, «Manufacturing Sector in Kerala: Comparative Study of its Growth and Structure», *Economic and Political Weekly*, septiembre, 15, págs. 2.059-2.069.

industrias organizadas y el tamaño de las fábricas). Por tanto, su estudio del sector manufacturero utiliza una definición amplia de los factores estructurales. La presentación de datos del producto interior neto per cápita de Kerala durante el período 1951-1971 (a precios de 1970-71), comparando éstos con indicadores similares en Tamil Nadu, Karnataka, Andhra Pradesh y la India, demuestra que el producto interior neto per cápita en Kerala era sensiblemente mayor que la media nacional durante los años cincuenta. Sin embargo, en 1960-61 los niveles de crecimiento de Kerala empezaron a bajar, mientras que los del conjunto de la India superaron a los de Kerala. De forma similar, Andhra Pradesh, Karnataka y Tamil Nadu también mejoraron sus rentas per cápita en relación con Kerala durante el segundo y tercer periodo que evalúa el estudio (1960-61 y 1970-71). Se observa la misma tendencia en las tasas de producto manufacturero per cápita para Kerala. Albin apunta que los niveles de renta per cápita derivados de este sector en 1950 en Kerala (48 rupias) no eran significativamente mayores que la media nacional (37 rupias). Esta diferencia puede explicarse por los esfuerzos realizados por el Gobierno regional de Travancore en Kerala para promover el desarrollo industrial durante los años treinta y cuarenta. Además, justo antes de la creación del estado en 1957, se consideraba que Kerala disponía de una base agrícola e industrial más sofisticada que la mayoría de estados de la India, con la excepción de centros metropolitanos como Bombay, Calcuta y Madrás. En cambio, en 1961 la manufactura per cápita mostraba una disminución considerable. Este patrón continuó durante los años sesenta y setenta, en los que los niveles de producto de Kerala se situaron por debajo de la media nacional de la India.[147]

147. *Ibíd.*

Tabla 5-9. Valor añadido de manufactura per cápita y producto interior neto (en rupias)

		La India	Andhra Pradesh	Karnataka	Kerala	Tamil Nadu
Producto interior neto per cápita	1960-61	4.530	3.756	5.723	4.696	5.035
	1970-71	5.018	4.146	6.979	5.475	5.246
	1980-81	5.624	4.585	7.480	5.724	5.273
	1990-91	7.421	6.845	7.514	6.890	7.874
	2000-01	10.940	10.195	11.854	10.714	12.994
Total manufacturas per cápita	1960-61	452	204	437	329	960
	1970-71	578	279	535	518	1.354
	1980-81	676	375	781	607	1.787
	1990-91	1.159	808	1.245	801	2.247
	2000-01	1.546	1.152	1.607	1.109	2.802
Manufacturas registradas per cápita	1960-61	226	76	123	143	367
	1970-71	321	130	245	226	544
	1980-81	372	189	385	317	819
	1990-91	714	521	790	388	1.326
	2000-01	946	688	841	651	1.656
Manufacturas no registradas per cápita	1960-61	226	128	314	186	592
	1970-71	257	149	290	292	810
	1980-81	303	186	396	291	968
	1990-91	445	286	454	413	921
	2000-01	601	464	766	458	1.146

Fuentes:
Datos para Andhra Pradesh, Karnataka, Kerala y Tamil Nadu: Cálculos basados en datos de la EPW Research Foundation.
Datos para la India: CSO.
Cifras a precios de 1993-94.

La tendencia persistió durante las últimas cinco décadas, que muestran un valor añadido per cápita de las manufacturas menor que el promedio de la India (véase la Tabla 5-9). Este resultado se mantiene incluso cuando comparamos Kerala con Karnataka y Tamil Nadu, estados vecinos. Si miramos las manufacturas per cápita desagregadas (registradas y no registradas), la actividad de Kerala ha sido relativamente débil. Sin embargo, Kerala se encuentra en mejor posición que Andhra Pradesh en todos los periodos, tanto en manufacturas registradas como no registradas.

Si comparamos las cifras del producto manufacturero per cápita con Karnataka se puede apreciar claramente la falta de progreso de Kerala. El nivel de producto era un 40% menor en Kerala durante 1960-61 y 1981-82. Si se compara la actividad de Kerala con la de Tamil Nadu, Karnataka y la India se evidencia el estancamiento industrial de Kerala (véase la Tabla 5-10).

Tabla 5-10. Crecimiento anual del valor añadido de las manufacturas (en %)

	1981-82 a 1990-91	1991-92 a 1997-98	1998-99 a 2002-03
Kerala	5,77	5,49	-5,16
La India	6,51	9,06	5,06

Fuente: Cálculos realizados a partir de distintas ediciones de la encuesta anual de la industria.

Excepto durante el periodo 1950-51, el valor añadido de las manufacturas fue marcadamente menor en Kerala que en Tamil Nadu y Karnataka. Durante los años ochenta y noventa estas divisiones aún fueron mayores. Los bajos niveles de crecimiento industrial no se restringían a las empresas públicas. El sector privado también tuvo unos resultados débiles en términos de crecimiento.[148]

Durante los años setenta, ochenta y noventa, la tasa de crecimiento del producto interior neto de Kerala fue menor que la de los estados vecinos (véase la Tabla 5-11). Sin embargo, en el último periodo desde 2000-01 ésta aumenta. El escenario es distinto cuando comparamos Kerala con el promedio de la tasa de crecimiento del producto interior de la India. Exceptuando el periodo de los años noventa, la tasa de crecimiento del producto interior neto de Kerala es débil comparada con la del resto de la India. De este modo, el mayor crecimiento observado durante los años noventa en el producto interior se refleja en las tasas per cápita.

Tabla 5-11. Tasas de crecimiento anual del producto interior neto

	Kerala	Karnataka	Tamil Nadu	La India*
1970-71 a 1979-80	1,97	3,77	3,51	2,41
1980-81 a 1989-90	2,87	5,57	5,42	5,60
1990-91 a 1999-00	6,12	7,95	6,50	5,67
2000-01 a 2003-04*	5,81	3,60	0,97	6,26

Fuente: Cálculos basados en datos de la EPW Research Foundation a precios de 1980-81.
* A precios de 1993-94.

Como se ha comentado en otras secciones, la evolución del ingreso per cápita de Kerala es comparable o incluso se sitúa a un nivel más elevado que el promedio de la India, especialmente durante los años noventa. La tasa de crecimiento de Kerala en términos de ingreso per cápita es del 4,6% duran-

---

148. Nirmala Padmanabhan, 1990, «Poor Performance of Private Corporate Sector in Kerala», *Economic and Political Weekly*, septiembre, 15, págs. 2.071-2.075.

te los años noventa, mayor que la media nacional, 3,6%. Así pues, la cifra alcanzada por Kerala no es impresionante si la comparamos con la de otros estados del sur. De este modo, la tasa de crecimiento en Kerala muestra un patrón similar a la de Karnataka, pero es menor que la de Tamil Nadu. Esta situación cambia durante el periodo 2000-01 a 2004-05, en el que de forma similar a lo que ocurrió durante los años setenta y ochenta, la tasa de crecimiento de Kerala es menor que la media nacional de la India, pero aún mejor que los estados vecinos si la comparamos con tasas de crecimiento de ingreso per cápita.

Tabla 5-12. **Tasas anuales de crecimiento del producto interior per cápita**

	Karnataka	Kerala	Tamil Nadu	La India
1970-71 a 1979-80	1,7	0,4	1,9	0,1
1980-81 a 1989-90	-0,1	1,5	3,9	3,4
1990-91 a 1999-00	4,4	4,6	5,0	3,6
2000-01 a 2004-05	4,9	5,1	2,9	6,6

Datos para Andhra Pradesh, Karnataka, Kerala y Tamil Nadu: Cálculos basados en datos de la EPW Research Foundation.
Datos para la India: CSO.
Cifras a precios de 1993-94.

Debe destacarse que tanto en el caso de la tasa de crecimiento del producto agregado como en la de per cápita, Kerala se sitúa bajo la media nacional durante el periodo 2000-01 a 2003-04, contrariamente a lo que ocurrió durante los años noventa. Si lo comparamos con los años noventa, se observa que aunque la tasa de crecimiento del producto interior neto de Kerala disminuyó, la tasa per cápita aumentó. Una de las razones de esta discordancia sería la disminución de la tasa de nacimientos en la región.

Además, los argumentos expuestos para explicar la recuperación del crecimiento de Kerala no se mantienen bajo la evidente disminución de las tasas de crecimiento del producto interior neto durante el periodo de 2000-01 a 2003-04.

Las causas de este fenómeno se examinan con más detalle al hacer un análisis de las teorías divergentes del bajo crecimiento económico en Kerala. A pesar de la débil actuación de los sectores primarios y secundarios, el sector terciario mostró fluctuaciones a largo plazo distintas durante el periodo del estudio de Albi. Además, el impresionante rendimiento del sector terciario se produjo entre 1966-1970 y 1979-82. Curiosamente, estos periodos estuvieron marcados por condiciones de recesión en la India y un alto crecimiento industrial en Kerala. También es interesante señalar que durante el periodo de recuperación de la recesión (1970-79) a nivel nacional, Kerala mostró menores tasas de crecimiento. Esta divergencia en los patrones de crecimiento de Kerala y de la India durante el segundo periodo podría explicarse teniendo en cuenta los niveles de remesas procedentes de países del Golfo Pérsico. Un estudio de M. Mohandas revela que la tasa de crecimiento de remesas hacia Kerala procedentes de Oriente Medio aumentó sustancialmente de 2.490-3.110 millones en 1977-78 hasta 7.340-9.180 durante 1980-81.[149] El efecto de estas remesas resulta más evidente cuando se consideran las remesas como parte del producto interior de Kerala. Por ejemplo, teniendo en cuenta estas remesas el producto interior aumentó del 10-13% en 1977-78 hasta el 22-28% en 1980-81. Esta tendencia se mantuvo de 1977-78 hasta 1998

---

149. Mohandas M., 1994, «Poverty in Kerala», en B.A. Prakash (ed.), *Kerala Economy: Performance, Problems, Prospects*, pág. 88.

Tabla 5-13. Remesas estimadas a la India y Kerala procedentes del Golfo Pérsico

	Remesas a la India (10 millones rupias)	Remesas a Kerala (10 millones rupias)
1975-76	132	66
1976-77	270	135
1977-78	487	243
1978-79	481	240
1979-80	790	395
1980-81	1.219	609
1981-82	1.098	549
1982-83	1.371	685
1983-84	1.500	750
1984-85	1.714	857
1985-86	1.628	814
1986-87	1.717	858
1987-88	2.028	1.014
Total	**14.435**	**7.215**

Fuente: Gopinathan Nair P.R., «Migration of Keralites to the Arab World», en B.A. Prakash (ed.), 1994, *Kerala Economy: Performance, Problems, Prospects*, pág. 109.

y ha contribuido a un aumento de la renta per cápita y la disminución de la pobreza en el estado.

Albin afirma que si se tomara el año 1950 como el año de referencia para la comparación, Kerala hubiese tenido una base industrial más sofisticada que la India y los estados sureños, a excepción de Tamil Nadu. Si se realizara el mismo análisis de comparación en los años sesenta, el progreso industrial de Kerala sería menor que los progresos realizados tanto por Tamil Nadu como por Karnataka, y también se situaría bajo la media nacional de crecimiento industrial. Este patrón irregular de desarrollo industrial durante la década anterior y tras la formación del estado parece sugerir que la dotación de recursos y los factores regionales fueron la causa principal del declive de las tasas de crecimiento en Kerala –los principales obstáculos para el crecimiento de Kerala serían altos costes salariales, tensiones laborales y la falta de talento emprendedor en la región.

¿Esto sugiere que las políticas orientadas hacia las necesidades básicas (subvenciones a los alimentos, asistencia sanitaria y educación) llevadas a cabo por los Gobiernos han sido responsables indirectas del débil comportamiento de la economía? ¿La aproximación de las necesidades básicas ha contribuido a un aumento de los costes salariales y las tensiones laborales en la región? ¿Cuán vital es la dotación de recursos naturales para el avance industrial y la promoción de un alto crecimiento en la economía de Kerala? ¿Los resultados de Albin permiten entender mejor el estancamiento de la economía de Kerala? El estudio de Thampy acerca de las industrias de pequeña escala de Kerala apoya la hipótesis de las tensiones y costes laborales que Albin y otros han presentado.[150] Thampy analiza la hipótesis de los costes laborales examinando la tendencia en los salarios industriales y su relación con la productividad laboral en el sector a pequeña escala, y compara los salarios de Kerala con los de otros estados. La evaluación de los datos de salarios y productividad laboral desde 1970-71 hasta 1982-83 desvela que los niveles de salarios por trabajador en Kerala habían subido casi 3,5 veces durante el periodo, mientras que los niveles de productividad habían subido menos de 2 veces. Mientras, la media nacional muestra un aumento de 3 veces del salario y de la

---

150. Thampy M.M., 1990, «Wage Cost and Industrial Stagnation: Study of Organised Small-Scale Sector», *Economic and Political Weekly*, septiembre, 15, 1990, págs. 2.077-2.082.

Tabla 5-14. Proporción de los salarios en el valor añadido para el sector a pequeña escala (en %)

Año	Kerala	La India
1970-71	21,16	27,46
1971-72	26,06	25,52
1973-74	37,67	27,94
1974-75	34,47	28,87
1975-76	37,94	30,89
1976-77	28,16	25,72
1977-78	30,85	24,23
1978-79	33,14	26,52
1979-80	34,14	26,52
1980-81	36,55	28,86
1981-82	39,60	30,61
1982-83	37,62	28,36

Fuente: Thampy M.M., 1990, «Wage-Cost and Kerala's Industrial Stagnation: Study of the Organised Small-Scale Sector», *Economic and Political Weekly*, septiembre 15, pág. 2.078.

productividad. Durante los años 1981-82, los salarios por trabajador en el sector de empresas de pequeña escala de Kerala eran un 13% más elevados que la media nacional, pero el valor añadido por trabajador era significativamente menor en Kerala que en la India para el mismo periodo, excepto durante los años 1971-72.

Una comparación entre estados de los salarios y el valor añadido por trabajador en el sector a pequeña escala acentúa la relevancia de los factores regionales que ponen restricciones severas al crecimiento (véase la Tabla 5-16). Por ejemplo, mientras los salarios por trabajador en Kerala aumentaron un 244% en el periodo 1970-71 y 1982-83, el aumento del 94% del valor añadido es significativamente menor. En otros estados como Punjab, Tamil Nadu, Uttar Pradesh, Karnataka y

Tabla 5-15. Empleo en unidades de trabajo de las industrias a pequeña escala en Kerala, la India y otros estados

	1.° Censo (1972-73)			2.° Censo (1987-88)			3.° Censo (2001-02)		
	Unidades de trabajo	Unidades cerradas	Empleo (00)	Unidades de trabajo	Unidades cerradas	Empleo (00)	Unidades de trabajo	Unidades cerradas	Empleo (00)
Karnataka	5.618	2.645	644	40.525	14.629	2.440	110.487	46.611	4.771
Kerala	6.205	3.885	1265	25.717	11.763	1.693	146.988	74.832	5.405
Tamil Nadu	16.002	6.071	2152	57.213	24.825	5.364	180.032	127.185	8.826
La India	139.577	66.560	16532	582.368	301.390	36.658	1.374.174	887.427	61.635

Fuente: Censo de la India.

Asma, para el mismo periodo, el nivel de productividad por trabajador superó el nivel del aumento de salario.[151]

Kerala ocupa la décima posición si se tiene en cuenta el nivel del valor añadido en la industria. Sin embargo, en términos de salarios ocupa el cuarto lugar. En general, Kerala presenta una posición elevada en términos de salario por trabajador, pero baja en términos de capital y productividad laboral. La baja posición por la productividad laboral se corrobora por la baja marca obtenida en términos de producto capital.[152]

Tabla 5-16. Cambios en los salarios y el valor añadido por trabajador

	Kerala		Tamil Nadu		Karnataka		La India	
	S/T	V/T	S/T	V/T	S/T	V/T	S/T	V/T
1970-71	1.315	6.213	1.194	2.711	1.138	4.287	1.313	4.783
1973-74	1.763	4.679	1.554	5.165	1.521	5.113	1.670	5.977
1974-75	1.905	5.525	1.692	5.521	1.665	5.721	1.809	6.266
1977-78	2.474	8.017	2.010	5.900	2.037	6.945	2.192	9.045
1980-81	3.684		2.912		2.963		3.291	
1982-83	4.528		3.441		3.823		3.990	
% aumento en 1982-83 respecto a 1970-71	244	94	183	380	236	239	304	294

Nota: S/T = Salario por trabajador; V/T = Valor añadido por trabajador.
Fuente: Censo de la India.

¿Cuál es la justificación para unos costes laborales, en relación con la productividad, más elevados en Kerala que en otros estados de la India, con la excepción de Andhra

---

151. *Ibíd.*, págs. 2.077-2.082.
152. *Ibíd.*, pág. 2.082.

Pradesh? Algunas de las razones pueden buscarse en los costes de material, que representan un 66% de los costes totales en Kerala respecto a un 64% en la India, así como los altos precios de los bienes esenciales importados de otras partes de la India, como por ejemplo los cereales. Aparte de estos factores, el resto de costes, según Thampy, son menores en Kerala.[153] Por tanto, el autor ve en la fuerza de los sindicatos una de las principales causas de los salarios superiores en Kerala.

A pesar de la oposición presentada por Pillai y Subrahmanian en la evaluación de las industrias de gran escala, Thampy mantiene que los altos costes salariales y las tensiones laborales desempeñan un papel importante a la hora de restringir las tasas de crecimiento en la mayoría de industrias a pequeña escala de Kerala.[154] Sin embargo, reconoce que éstas no son las únicas causas del bajo crecimiento de la región. Existen otros factores, como la falta de habilidades de gestión y los costes psíquicos.

---

153. *Ibíd.*, pág. 2.079.
154. *Ibíd.*, pág. 2.079.

6. VALORACIÓN EMPÍRICA DE LAS TEORÍAS DISPARES ACERCA DEL BAJO CRECIMIENTO DE KERALA

6.1. Aplicación de la teoría de dotación de recursos en Kerala

Una revisión exhaustiva de la literatura acerca de las restricciones de crecimiento muestra que los teóricos han utilizado distintos marcos analíticos para explicar las causas del débil comportamiento de la economía de Kerala. La mayoría de estos estudios han examinado el problema regional dentro del contexto nacional con el objetivo de determinar las causas de las disparidades entre las regiones de la India. La dotación de recursos, que a veces también se conoce como análisis SCOT, es una de las construcciones teóricas principales que se ha aplicado a Kerala para explicar las fuerzas que se esconden tras el bajo crecimiento industrial. Los teóricos que se basan en este marco mantienen que Kerala, a pesar de estar dotada de una clase profesional con altos ingresos, un gran mercado de bienes y servicios, una tasa elevada de ahorro e infraestructura avanzada, tiene poco margen de crecimiento industrial por la falta tanto de espíritu emprendedor como de una fuerza laboral dócil. Como se ha mencionado anteriormente, Subrahmanian rechaza esta visión y puntualiza que no existe evidencia empírica que apoye estas reivindicaciones. Defiende que el análisis SCOT no es de gran utilidad para entender los problemas que se hallan tras el estancamiento económico de Kerala, o incluso para entender las condiciones que llevan a la riqueza o la pobreza de los países. Los defectos de este enfoque quedan en evidencia cuando el análisis basado en ventajas comparativas de actividades agrícolas se cambia por un análisis basado en actividades manufactureras. Por ejemplo, no sería correcto asumir que las empresas multinacionales sólo realizan inversiones o tienen sucursales en regiones que están bien dotadas de recursos humanos, tales como una fuerza laboral cualificada y emprendedora. Se pueden encontrar otras razones que influyen en la localización de las industrias teniendo en cuenta factores como el bajo coste laboral, la estabilidad del entorno político y las instituciones legales. Además, los empresarios no necesariamente restringen sus actividades financieras a su región de origen, ni siempre pertenecen a clases sociales altas. Por tanto, afirmar que el desarrollo industrial viene determinado por la capacidad de ahorro y las habilidades emprendedoras que poseen los habitantes de una región concreta es ilógico. Incluso si se aceptase ampliamente que el análisis SCOT es útil para entender el desarrollo industrial y la falta de desarrollo, su aplicación sería de poca relevancia a la hora de explicar el retraso industrial de Kerala porque existen secciones de la sociedad de Kerala tradicionalmente conocidas por su dinamismo empresarial y ánimo emprendedor (por ejemplo, la comunidad cristiana siria).[155]

---

155. Subrahmanian K.K., 1990, «Development Paradox in Kerala», *Economic and Political Weekly*, septiembre, 15, pág. 2.054.

El argumento utilizado a menudo de que la mano de obra en Kerala es volátil y cara también carece de sustancia. En la próxima sección se realizará un escrutinio de esta posición con el objetivo de examinar si estas afirmaciones son verdaderas. Se ha apuntado en anteriores secciones de este estudio que un grupo de teóricos (el grupo I), como M.A. Oommen (1981) y Alice Albin (1990), mantiene que la raíz principal de la crisis económica de Kerala hay que buscarla en la rebeldía de la fuerza laboral. En la época tras la independencia de la India, especialmente durante los años sesenta y setenta, los sindicatos de trabajadores fueron efectivamente muy influyentes en lo que a la mejora de las condiciones de trabajo se refiere. Sin embargo, en algunos círculos se considera que los logros alcanzados por los sindicatos fueron destructivos para el crecimiento económico porque las tensiones a gran escala y prolongadas forzaron un aumento de salarios por encima de los niveles de producción. Así, un creciente número de académicos sostiene que la mano de obra sindicada en Kerala es tan políticamente influyente en la formación de políticas laborales, sobre todo en asegurar altos salarios, que impide a la élite de Kerala, a otros estados de la India y a emprendedores extranjeros invertir en la región. Desde el punto de vista del inversor privado, además de la preocupación por la disminución de los márgenes de beneficio derivados de altos sueldos, también preocupa el tema de las perturbaciones en la producción industrial como resultado de huelgas y otras actividades que tienen como objetivo mejorar las condiciones laborales, pero que perjudican las operaciones de la empresa. Se utilizan estos argumentos para explicar las causas principales del retraso industrial de Kerala.[156]

---

156. Subrahmanian K.K., 1990, «Development Paradox in Kerala», *Economic and Political Weekly*, septiembre, 15, pág. 2.054.

¿Hasta qué punto se pueden considerar los disturbios laborales como los principales contribuyentes en la débil actuación de la economía de Kerala? ¿Existe evidencia suficiente que muestre que el crecimiento industrial se ha recortado como consecuencia de la militancia laboral? No es difícil encontrar indicadores de que estas tendencias ocurrieron durante los años sesenta y setenta. Sin embargo, sería extremadamente difícil atribuir a los disturbios laborales la causa dominante del débil crecimiento económico desde los años ochenta y ofrecer evidencia empírica a favor de esta afirmación. Por ejemplo, durante el periodo entre 1980 y 1984 el número de trabajador/día promedio perdido como resultado de las huelgas en Kerala fue de 1,58 millones, comparado con 11,10 millones en West Bengal, 14,99 millones en Maharashtra y 3,13 millones en Tamil Nadu. De forma similar, para el mismo periodo, el tiempo promedio perdido por 100 trabajadores en la industria organizada era menor en Kerala (148) que en West Bengal (435), Maharashtra (443), Tamil Nadu (150) y resto de la India (167).[157] No se pretende sugerir que no ha habido conflictos laborales en Kerala durante los últimos años. Sin embargo, debe reconocerse que la conciencia política y la movilización laboral es mayor en Kerala que en otras partes de la India, una tendencia que va más allá del periodo anterior a la independencia. Las medidas que se adoptan en Kerala para enfrentarse a patrones tiranos se pueden considerar más severas que las acciones adoptadas por sindicatos de trabajadores ante situaciones similares en el Norte de la India. Esto tal vez tenga que ver con la re-

---

157. Véase el artículo de Ramachandran, «Trade Unionism in Kerala» en B.A. Prakash (ed.), *Kerala's Economy: Performance, Problems and Prospects*, 1994, pág. 342.

putación cáustica que se ganó Kerala en el pasado por tener una fuerza laboral volátil que convocaba huelgas e interrumpía la producción hasta obtener sus demandas. No obstante, Subrahmanian señala que los trabajadores de Kerala, o de cualquier lugar, son más productivos si los patrones son más flexibles y comprensivos en cuanto a sus necesidades.[158]

Los datos para 1980 muestran que el número de conflictos laborales en la industria disminuyó, y que de media se perdían menos días como resultado de las huelgas en Kerala que en otras partes de la India. Actualmente, Kerala se considera uno de los estados de la India con menos días perdidos por huelgas, tal vez porque los trabajadores de Kerala han alcanzado un cierto nivel de madurez. Sin embargo, el estudio de Ramachandran no es capaz de capturar las prácticas restrictivas de los trabajadores de las empresas de Kerala, que no realizan huelgas pero trabajan lo mínimo posible, produciendo un efecto adverso sobre el crecimiento de la productividad. Por otra parte, la idea de que los salarios son mayores en Kerala que en otros estados, en proporción a los aumentos en los niveles de productividad, no parece estar basada en datos empíricos verificables. Si la militancia de los trabajadores en Kerala fuera más elevada que en otras regiones de la India, la tasa general de salarios también debería superar los aumentos realizados en los niveles de productividad y divergir de la tendencia nacional.[159]

Una comparación de los patrones de salarios en relación a los niveles de productividad en Kerala con los del conjunto de la India debería proporcionar algunas respuestas al tema de la militancia laboral. Un análisis de los datos de la

---

158. *Ibíd.*
159. *Ibíd.*, págs. 2.054-2.055.

Tabla 6-1. Proporciones relativas al valor añadido y empleo de los estados del Sur de la India, desde 1970-71 hasta 1985-86

	Kerala		Tamil Nadu		Karnataka	
	Trabajadores	VAN	Trabajadores	VAN	Trabajadores	VAN
1970-71	3,43	2,86	9,76	9,85	4,25	5,75
1971-72	4,12	3,38	10,62	9,35	4,11	6,02
1973-74	4,29	2,85	11,09	9,33	5,78	5,08
1974-75	4,02	2,78	9,96	9,47	4,83	4,25
1975-76	3,81	2,53	10,03	8,52	5,15	5,07
1977-78	4,24	2,90	9,91	9,86	5,08	4,89
1978-79	3,65	2,80	9,97	10,02	4,97	6,36
1979-80	3,71	3,20	10,29	9,87	4,85	5,21
1980-81	3,62	3,27	10,30	10,30	5,13	5,05
1981-82	3,82	3,02	10,58	9,82	4,65	4,62
1982-83	3,31	2,90	10,18	10,14	4,94	4,58
1983-84	3,20	2,58	10,39	9,02	5,02	5,42
1984-85	3,15	3,27	11,23	11,27	5,03	5,02
1985-86	3,12	2,90	11,46	10,32	5,03	5,04
Tasa de crecimiento anual (%)	-1,78	0,25	0,52	0,78	0,49	0,55

VAN: valor añadido neto.
Fuente: Cálculos a partir de ASI.

Tabla 6-2. Proporciones relativas al valor añadido y empleo
de los estados del Sur de la India,
desde 1995-96 hasta 2003-04

	Kerala		Karnataka		Tamil Nadu	
	Trabajadores	VAN	Trabajadores	VAN	Trabajadores	VAN
1996-97	3,54	2,05	5,46	5,16	13,64	10,06
1997-98	3,89	2,08	6,20	5,54	13,35	8,66
1998-99	3,64	2,83	6,52	6,40	14,36	9,38
1999-00	4,10	2,34	5,87	5,39	14,14	9,55
2000-01	4,29	2,47	5,85	5,78	15,08	11,51
2001-02	4,32	2,35	6,15	6,77	15,05	10,13
2002-03	3,69	2,11	6,01	6,76	14,93	8,76
2003-04	4,48	2,02	6,38	6,82	15,57	9,41

VAN: valor añadido neto.
Fuente: Cálculos a partir de ASI.

Encuesta anual de las industrias de la India (ASI por sus siglas en inglés) muestra que los salarios del sector manufacturero de Kerala no son mayores que la media nacional. Los datos de ASI también sugieren que no existen signos evidentes de que las industrias en Kerala estén caracterizadas por unos mayores costes salariales y una productividad laboral baja. Un estudio reciente muestra que los salarios en el sector manufacturero no son más elevados, sino que son menores que la media nacional. Los salarios registrados en el sector manufacturero en Kerala son menores que los de Tamil Nadu y Karnataka, los dos estados vecinos. En cualquier caso, lo fundamentales para los inversores potenciales no es el coste salarial, sino la relación salario productividad. Si los niveles de productividad son más elevados que la media nacional, entonces se justifica la asignación de salarios más elevados. Sin embargo, tras analizar los datos agregados emerge una estructura general de la industria en Kerala caracterizada por bajas tasas de productividad y bajos salarios.[160] Esta situación es similar en los datos del resto de la India.

La proporción relativa al valor añadido neto (VAN) y empleo en Kerala es menor que en los estados vecinos durante los años noventa y más allá del año 2000. La proporción de Kerala es menos de la mitad cuando la comparamos con Karnataka, y casi un cuarto cuando la comparamos con Tamil Nadu.

Los datos agregados sobre niveles salariales presentan el problema potencial de que incluyen muchas industrias, sobre todo las de procesamiento de alimentos, que emplean a trabajadores temporales. El porcentaje de personas en esta situación es sustancial. Casi el 30% de los trabajadores industriales de Kerala están empleados en industrias de procesamiento de alimentos, lo cual tiende a reducir el nivel del salario medio de los trabajadores del sector en Kerala. Algunos académicos han sugerido que las industrias tradicionales no deberían incluirse en la valoración de niveles salariales. Esto tal vez mostraría los salarios industriales de Kerala ligeramente más elevados que en otros estados. Este dilema sobre cómo medir los datos se puede resolver utilizando una metodología distinta que mida los salarios promedios que los individuos pueden ganar al día, en lugar de utilizar cifras anuales.

Los resultados, tras aplicar esta nueva metodología, muestran que el salario medio por individuo es algo distinto al que muestran los datos agregados de salarios anuales por trabajador. Sin embargo, la diferencia no es lo suficientemente significativa, con lo que las conclusiones anteriores

---

160. Subrahmanian K.K., 1990, «Development Paradox in Kerala», *Economic and Political Weekly*, septiembre, 15, pág. 2.054.

Tabla 6-3. Salario, productividad laboral en el sector manufacturero, 1970-86 (rupias)

	Kerala		Karnataka		Tamil Nadu		La India	
	ST	VT	ST	VT	ST	VT	ST	VT
1970-71	1.712	5.296	2.248	9.283	2.282	6.623	2.553	7.448
1971-72	1.705	5.252	2.452	9.955	2.408	6.791	2.762	7.825
1973-74	2.250	6.394	3.104	10.367	3.021	9.048	3.364	9.943
1974-75	2.523	8.149	3.635	12.427	3.665	11.825	3.826	12.770
1975-76	2.938	7.843	3.783	13.309	4.163	10.776	4.300	12.783
1976-77	2.875	8.655	3.807	14.183	4.166	12.907	4.357	14.031
1977-78	2.961	9.981	4.262	14.220	4.245	14.335	4.561	14.663
1978-79	3.978	12.241	5.113	22.013	5.116	16.628	5.355	16.860
1979-80	4.361	14.920	5.623	19.978	5.337	17.154	5.887	18.222
1980-81	5.024	16.802	5.917	19.947	6.034	19.240	6.524	19.728
1981-82	5.415	17.783	6.627	24.093	6.786	21.685	7.197	23.838
1982-83	6.390	22.500	8.300	26.572	7.501	25.617	8.155	26.413
1983-84	7.530	25.342	10.195	37.343	8.701	27.868	9.613	32.696
1984-85	8.566	33.871	11.444	34.252	9.193	34.171	11.093	34.290
1985-86	10.342	35.566	12.280	40.782	10.666	34.900	12.187	39.982

ST: salario por trabajador; VT: valor añadido por trabajador.
Fuente: Cálculos a partir de ASI.

continuarían siendo válidas. Por otro lado, un análisis de los datos desagregados de las variaciones entre industrias muestra un patrón distinto que el producido por los datos agregados. Por ejemplo, los salarios eran más elevados en 46 de los 95 grupos industriales de la clasificación de tres dígitos comparados con datos del resto de la India. No obstante, es necesario señalar que los altos salarios iban acompañados de niveles de productividad elevados. No se obtiene una conclusión del análisis de los salarios de la industria a un nivel desagregado. Aquellas industrias que ofrecen unos salarios más elevados tienden a alcanzar mayores niveles de produc-

Tabla 6-4. Salario, productividad laboral en el sector manufacturero, 1996-2004 (rupias)

	Kerala		Karnataka		Tamil Nadu		La India	
	ST	VT	ST	VT	ST	VT	ST	VT
1996-97	32.075	126.292	39.803	206.328	305.750	161.232	39.512	218.462
1997-98	31.747	109.952	37.788	183.254	281.666	132.964	41.496	205.061
1998-99	33.709	177.723	40.438	224.384	295.754	149.211	41.683	228.552
1999-00	36.059	140.805	44.499	226.370	283.900	166.549	44.750	246.749
2000-01	38.099	135.136	46.747	231.115	255.971	178.696	47.835	234.093
2001-02	3.8667	131.851	49.469	266.681	258.587	163.055	48.691	242.205
2002-03	38.431	159.848	48.932	314.795	256.065	164.106	48.185	279.705
2003-04	35.223	150.171	49312	356.600	251.685	201.517	50.071	333.427

ST: salario por trabajador; VT: valor añadido por trabajador.
Fuente: Cálculos a partir de ASI.

tividad, mientras que las que pagan menores salarios tienden a alcanzar niveles de productividad más bajos.[161] Este patrón no se desvía demasiado de la media nacional. Por tanto, las explicaciones que se basan predominantemente en la idea de que las turbulencias laborales y los salarios elevados son la principal causa del retraso de la industria en Kerala, no se fundamentan en ninguna evidencia empírica y carecen de credibilidad.

Ante la evidencia empírica, la idea de que Kerala está plagada de movilizaciones laborales y caracterizada por altos salarios está totalmente distorsionada. Las tensiones laborales que se produjeron en el pasado han afectado a la reputación de Kerala entre los empresarios. La aprensión acerca de la persistencia de sindicatos de trabajadores radicales, a pesar de no haber señales de agitaciones recientes,

---

161. *Ibíd.*, pág. 2.055.

Tabla 6-5. Salario nominal y su tasa de crecimiento en industrias de dos dígitos según el código NIC en Kerala

Código industrial (NIC)	Kerala				La India			
	1980-81 a 1990-91		1991-92 a 2000-01		1980-81 a 1990-91		1991-92 a 2000-01	
	NWR	GR	NWR	GR	NWR	GR	NWR	GR
20-21	25	5,8**	82	18**	34	10,3**	99	12,7**
22	24	8,9**	73	15,3**	21	7,7**	54	12,4**
23+24+25	40	7,5**	97	11,2**	44	9,1**	113	11,0**
26	51	2,6	56	3,4	34	8,9**	87	11,6**
27	27	6,9**	70	13**	27	8,1**	99	18,6**
28	64	9,8**	172	11,3**	52	10,6**	149	12,1**
29	36	10,6**	101	6,7	38	7,8**	95	11,9**
30	80	9,3**	226	12,6**	71	9,4**	199	12,7**
31	60	10,7**	154	9,5**	60	8,9**	163	12,8**
32	41	8,4**	98	10,4**	39	10,2**	114	13,1**
33	81	7,7**	167	7,7**	64	8,5**	186	14,7**
34	47	11**	123	9,5**	51	9,5**	139	12,2**
35+36	76	9,7**	264	9,9**	71	10,2**	209	13,5**
37	86	10,3**	278	15,2**	73	9,7**	216	13,9**
38	67	8,5**	173	12**	55	9,4**	154	13**
Total	50	9,9**	125	9,8**	53	10,4v	135	10,3**

NWR: Salario nominal; GR: Tasa de crecimiento.
** Indica tasas de crecimiento significativas al nivel del 1%.
NWR: El salario se compone mediante la división del salario total entre el número total de trabajadores/día.
Fuente: Rajesh K.P. (2004), «The structure and growth of Kerala's Industry» en Prakash, B.A. (1994), «Kerala's Economic Development: Performance and problems in the post liberalization period», *Sage*, pág. 213.

Tabla 6-6. Salario real y su tasa de crecimiento en industrias de dos dígitos según el código NIC en Kerala

Código industrial (NIC)	Kerala				La India			
	1980-81 a 1990-91		1991-92 a 2000-01		1980-81 a 1990-91		1991-92 a 2000-01	
	RWR	GR	RWR	GR	RWR	GR	RWR	GR
20-21	19	-1,3	24	7,0**	24	1,9**	31	3,5**
22	17	1,8	21	4,3*	16	-1,0	17	3,2**
23+24+25	29	0,4	30	0,2	32	0,7	35	1,8**
26	37	-4,5*	18	-7,6**	24	0,3	27	2,7**
27	20	-0,2	21	2,0	20	-0,6	29	9,3**
28	46	2,7**	53	0,3	38	2,1**	47	2,8**
29	38	3,2	29	-4,0	28	-0,7	30	2,5**
30	58	2,2**	69	1,6**	52	0,9	62	3,6**
31	43	3,7**	48	-1,5	44	0,4	50	3,6**
32	29	1,4**	31	-0,6*	28	1,5*	35	4,1**
33	59	0,6	53	-3,3**	46	-	57	5,5**
34	34	4,0**	39	-1,5	37	1,0*	43	3,1**
35+36	55	2,9**	59	-0,9*	51	1,6**	65	4,3**
37	61	3,2**	83	4,2**	73	9,7**	216	13,9**
38	49	1,4*	53	1,0	55	9,4**	154	13,0**
Total	**36**	**2,8****	**39**	**-1,2***	**38**	**1,8****	**43**	**1,1****

RWR: Salario real GR: Tasa de crecimiento.
** y * indican unas tasas de crecimiento significativas al nivel del 1%.
RWR: las tasas de salario se componen mediante la división del salario total entre el número total de trabajador/día.
Fuente: Rajesh K.P. (2004), «The structure and growth of Kerala's Industry», en Prakash, B.A. (1994) «Kerala's Economic Development: Performance and problems in the post liberalization period», *Sage*. pág. 213.

	Salarios nominales				Salarios de producto			
	Kerala	Karnataka	Tamil Nadu	La India	Kerala	Karnataka	Tamil Nadu	La India
1980-81	22	24	24	24	23	25	25	25
1981-82	26	24	25	27	26	24	25	27
1982-83	29	31	27	29	28	30	26	28
1983-84	31	35	30	33	28	32	28	30
1984-85	33	37	32	43	28	32	27	37
1985-86	38	43	35	40	31	34	28	32
1986-87	41	45	38	44	32	35	30	34
1987-88	44	51	42	48	32	37	30	35
1988-89	52	61	33	55	35	40	22	36
1989-90	52	63	52	59	31	37	31	35
1990-91	56	70	57	67	30	38	31	37
1991-92	68	77	64	72	33	38	31	36
1992-93	72	91	71	81	32	40	32	36
1993-94	73	91	72	88	30	37	30	36
1994-95	83	99	82	99	31	37	31	37
1995-96	107	119	94	115	36	41	32	39
1996-97	107	118	101	122	35	39	33	40

Nota: Las tasas de salarios se obtienen dividiendo el salario total percibido entre el total de trabajadores/día.

Fuente:

Rajesh, K.P. (2004), «The structure and growth of Kerala's Industry during the Post Liberalization Period» en Prakash B.A.(2004), *Kerala Economic Development: Performance and problems in the post liberalization period*, Sage, capítulo 9.

puede haber actuado como un freno a la hora de considerar Kerala como un sitio adecuado para localizar industrias. Pero, en el fondo, es irrelevante si las amenazas de una fuerza laboral políticamente fuerte, que puede interrumpir la producción y afectar negativamente a los beneficios, son reales o no. Mientras los inversores potenciales continúen viendo Kerala con estos ojos, continuará existiendo retraso industrial.

Las Tablas 6-5 y 6-6 muestran que tanto los salarios nominales como los reales en Kerala son menores que en el resto de la India tras el periodo de reforma de principios de los años noventa. También se debe destacar que la diferencia de salario entre la India y Kerala es mayor tras el periodo de reformas; además, en Kerala se observa una tendencia de disminución del salario en este periodo.[162] Esto tal vez indique que la percepción que prevalecía acerca de los altos costes de producción en Kerala como consecuencia de los altos salarios ya no se mantiene tras observar los datos empíricos.

6.2. Relevancia de la aplicación de la teoría de salarios de eficiencia en Kerala

Un método adicional para reevaluar la ventaja o desventaja comparativa en costes laborales de Kerala en el marco de una causalidad acumulativa consiste en examinar la tasa de movimiento de los salarios de eficiencia en Kerala, y compararla con la de los estados vecinos y la media de la India. El «movimiento de los salarios de eficiencia», una expresión acuñada por Keynes, es el resultado de dos factores: 1) los cam-

---

162. *Ibíd.*, pág. 213.

Tabla 6-7. Una comparación de los salarios de eficiencia en Kerala
(Índice de salario monetario/Índice de productividad)

	Kerala	Tamil Nadu	Karnataka	La India
1970-71	1,00	1,00	1,00	1,00
1971-72	0,96	1,03	1,02	1,03
1973-74	1,09	0,97	1,24	0,99
1974-75	0,96	0,90	1,22	0,87
1975-76	1,16	1,12	1,17	0,98
1976-77	1,03	0,94	1,11	0,91
1977-78	0,92	0,86	1,24	0,91
1978-79	1,01	0,89	0,96	0,93
1979-80	0,89	0,90	1,16	0,94
1980-81	0,92	0,91	1,22	0,96
1981-82	0,94	0,91	1,14	0,88
1982-83	0,88	0,85	1,29	0,90
1983-84	0,92	0,91	1,13	0,86
1984-85	0,78	0,79	1,38	0,94
1985-86	0,90	0,89	1,24	0,89
Tasa de crecimiento (%)	-1,43	-1,28	1,12	-0,75

Fuente: Subrahmanian K.K., 1990, «Development Paradox in Kerala», *Economic and Political Weekly*, septiembre, 15, pág. 2.057.

bios relativos en los ingresos (salarios monetarios), y 2) los cambios en la productividad. Los salarios de eficiencia tienden a disminuir en regiones en las que los aumentos de productividad son más elevados que la media. Si el movimiento de los salarios en una región concreta es bajo en relación al rendimiento de la producción, es decir, más bajo que en otras regiones dentro de un país, se puede decir que la región ha ganado ventaja competitiva para el emplazamiento industrial. Kaldor sugiere que la mejor manera de medir este tipo de ventaja competitiva consiste en dividir el índice de los sa-

Tabla 6-8. Salarios de eficiencia de trabajadores en el sector manufacturero registrado

	Kerala	Karnataka	Tamil Nadu
1980-81	1,00	1,00	1,00
1981-82	0,86	1,07	0,93
1982-83	0,90	0,90	0,97
1983-84	0,82	1,09	0,86
1984-85	0,95	0,95	0,93
1985-86	0,91	0,97	0,92
1986-87	0,83	0,96	0,97
1987-88	0,84	0,96	0,87
1988-89	0,66	0,78	0,80
1989-90	0,88	0,76	0,72
1990-91	0,80	0,68	0,75
1991-92	0,75	0,75	0,76
1992-93	0,89	0,72	0,64
1993-94	0,93	0,65	0,65
1994-95	0,80	0,70	0,67
1995-96	0,85	0,61	0,67
1996-97	0,89	0,64	0,78

Nota: Los salarios de eficiencia se obtienen dividiendo el índice de salario monetario entre el índice de productividad laboral.
Fuente: Subrahmanian K.K., 1990, «Development Paradox in Kerala», *Economic and Political Weekly*, septiembre 15, pág. 2.057.

larios monetarios entre el índice de productividad.[163] Este enfoque permitiría seguir el movimiento de la relación entre salarios y productividad.

---

163. Nicholas Kaldor, 1970, «The Case for Regional Policies», *Scottish Journal of Political Economy*, noviembre, citado en Subrahmanian K.K., 1990, «Development Paradox in Kerala», *Economic and Political Weekly*, septiembre, 15, pág. 2.055.

Una revisión de los datos agregados de la encuesta ASI del sector manufacturero entre 1970-71 y 1985-86 muestra que el coeficiente obtenido mediante la división del índice del salario monetario entre el índice de productividad laboral tendía a bajar un 1,43% anual en Kerala en relación con la media nacional (-0,75% anual), y también en comparación con los estados vecinos de Tamil Nadu y Karnataka a un 1,12% anual. Este resultado muestra que contrariamente a la visión general, los costes comparativos de salarios de la producción industrial han bajado en Kerala. Esto sugeriría que Kerala ha mejorado su ventaja competitiva de cara al emplazamiento industrial.

6.3. Principales factores de costes salariales elevados en el sector industrial a pequeña escala de Kerala

No se puede rebatir científicamente el descubrimiento de Thampy en el que afirma que los niveles salariales en el sector a pequeña escala de Kerala eran más elevados que la media nacional, ni se debe apartar como un tema trivial. El estudio de Thampy muestra claramente que la hipótesis de altos costes laborales tiene su importancia en el debate sobre las restricciones al crecimiento. Además, su estudio se puede ver como una ampliación del trabajo de Subrahmanian y Pillai acerca de los costes salariales en las industrias a gran escala de Kerala que, como se ha mencionado anteriormente, eran menores que la media nacional. Un estudio empírico de las variaciones en los salarios dentro de la industria y las turbulencias laborales, con una referencia específica a las industrias de pequeña escala, es de utilidad para entender las diversas causas de la persistencia del bajo crecimiento económico de Kerala. Teniendo en cuenta el aumento del sector industrial a pequeña escala observado en los últimos años, este resultado también debería ser de utilidad para los planificadores de políticas. Solamente entre 1985 y 1989, el número de industrias a pequeña escala en Kerala aumentó de 31.499 a 55.427, lo que significó un aumento del 76% en un periodo de 4 años. Sin embargo, este aumento no se reflejó en las tasas de crecimiento de empleo en este sector. Esto debe ser desconcertante para los planificadores de políticas porque uno de los objetivos del desarrollo de las industrias a pequeña escala debería ser la creación de empleo.

Tabla 6-9. Inversión y generación de empleo en nuevas unidades industriales a pequeña escala registradas

	Número de nuevas unidades registradas	Inversiones (en 100.000 rupias)	Empleo	Inversión por trabajador
1982-83	2.907	2.403	24.023	10.003
1983-84	3.223	2.920	28.768	10.150
1984-85	3.328	3.325	23.600	13.877
1985-86	3.866	4.983	27.574	18.071
1986-87	4.977	6.669	29.862	22.333
2004-05*	4.935	19.863	22.585	87.950

Fuente: Varios volúmenes de *Economic Review*, State Planning Borrad, Trivandrum, citado por Nanda Mohan V., «Recent Trend in the Industrial Growth of Kerala», en Prakash B.A. (ed.), 1994, *Kerala Economy: Performance, Problems, Prospects*, pág. 228.
*Obtenido de *Economic Review* 2005, Gobierno de Kerala, pág. 128.

Desde finales de los años ochenta, tanto el Gobierno central de la India como el regional de Kerala promovieron la expansión de las empresas pequeñas mediante la provisión de capital de inversión e incentivos fiscales. Por ejemplo, la nueva política industrial del Gobierno de la India aumentó los límites de inversión a las unidades de pequeña escala hasta 6 millones de rupias.[164] Este aumento se reflejó en la multiplicación por dos de las cantidades invertidas por trabajador en un periodo de cinco años (véase la Tabla 6-9). El Gobierno central esperaba que una base de capital amplia aislaría las unidades industriales a pequeña escala de las inestabilidades del mercado y les permitiría avanzar tecnológicamente en producción y gestión. A pesar de estos esfuerzos, la generación de empleo y las tasas de crecimiento fueron bajas.

Al mismo tiempo que se toman en cuenta los efectos negativos de los salarios elevados causados por los conflictos laborales en este sector, es necesario explorar otras posibles causas de las débiles tasas de crecimiento en el sector de industrias a pequeña escala. El predominio de unidades industriales a pequeña escala cuyos productos no son competitivos en los mercados, así como la insuficiente e inadecuada provisión de capital circulante, se pueden ver como una explicación válida del bajo rendimiento de estas empresas. Por ejemplo, el empleo en el sector a pequeña escala en Kerala aumentó en términos absolutos en un 59%, pero el número medio de trabajadores por unidad disminuyó de 7,6 a 6,6 personas durante el periodo entre 1985-86 y 1988-89.[165] Esta tendencia negativa se complicó por el hecho de que la base de capital de las unidades industriales a pequeña escala de Kerala era extremadamente baja. Se cree que la falta de recursos de capital contribuyó de forma significativa a las altas

---

164. Nanda Mohan V., 1994, «Recent Trend in the Industrial Growth of Kerala», en Prakash B.A. (ed.), 1994, *Kerala Economy: Performance, Problems, Prospects*, pág. 230.
165. Subrahmanian K.K., 1994, «Some Facets of the Manufacturing Industry in Kerala», en Prakash B.A. (ed.), 1994, *Kerala Economy: Performance, Problems, Prospects*, pág. 247.

Tabla 6-10. Distribución de las unidades de industrias a pequeña escala según la inversión (1985)

Inversión (100.000 rupias)	%
Menos de 0,25	39,7
0,25 a 0,50	20,4
0,50 a 1,00	16,8
1,00 a 2,00	11,8
2,00 a 5,00	7,9
5,00 a 10,00	2,3
10,00 a 15,00	0,6
15,00 a 25,00	0,4
25,00 a 35,00	0,1
Total	100

Fuente: State Planning Board, Trivandrum, citado en Nanda Mohan V., «Recent Trend in the Industrial Growth of Kerala», en Prakash B.A. (ed.), 1994, *Kerala Economy: Performance, Problems, Prospects*, pág. 230.

tasas de debilidad de las empresas a pequeña escala. Según la Junta de industrias y comercio, en 1982 un 20% de las unidades pequeñas presentaba problemas. Otras estimaciones, como las realizadas por la Asociación de industrias a pequeña escala de Kerala, mostraron que el ratio de empresas con problemas era del 50% –las disparidades de las cifras pueden ser consecuencia de distintas definiciones de "problemas"–. La tasa de empresas con problemas en la India durante el mismo periodo era de sólo el 2,46%.[166] El análisis desagregado de Mohan de las industrias en Kerala demostró que el tamaño de la inversión en las unidades industriales a pequeña escala era insuficiente para alcanzar economías de escala. Este resultado se mantenía tanto en las empresas privadas como pú-

---

166. Nanda Mohan, *ibíd.*, págs. 229-230.

blicas, y tal vez sea la causa de las elevadas tasas de empresas con problemas. Mohan afirma que: «un gran número de unidades pequeñas con una base de capital baja muestra su mayor vulnerabilidad a las fuerzas de mercado y a pocos compromisos empresariales».[167] Los ratios de inversión para las unidades a pequeña escala se presentan en la Tabla 6-10. Un factor adicional que podría haber actuado como una barrera al crecimiento sería la falta de habilidades en la gestión empresarial de los empresarios de este sector.

Dada la naturaleza limitada del progreso en este sector, uno puede preguntarse por qué las empresas a pequeña escala deberían tener un papel tan fundamental en la estrategia de desarrollo industrial de Kerala. Thampy señala que este sector proporciona más del 50% del empleo en el estado, un factor particularmente importante teniendo en cuenta que las tasas de desempleo en Kerala se hallan entre las más elevadas de la India. Aunque puede ser de utilidad ver este sector como una fuente de reducción de desempleo, se debe evitar exagerar su capacidad generadora de empleo. En Kerala existen más industrias a pequeña escala que a gran y mediana escala, en una cifra de una magnitud de cinco veces más. En 1989, el número de personas empleadas en el sector a pequeña escala era de 366.000,[168] mientras que el número de personas empleadas en empresas de media y gran escala en 1988 era de 142.235.[169] ¿Significa esto que el sector a pequeña es-

---

167. *Ibíd.*, pág. 230.
168. Sankaranarayanan K.C. y M. Meera Bhai, 1994, «Industrial Development of Kerala: Problems and Prospects», en Prakash B.A. (ed.), 1994, *Kerala Economy: Performance, Problems, Prospects*, pág. 306.
169. Subrahmanian K.K., 1994, «Recent Trends in the Industrial Growth of Kerala», en Prakash B.A. (ed.), 1994, *Kerala Economy: Performance, Problems, Prospects*, pág. 224.

cala debe tener prioridad en la planificación de desarrollo industrial? Se debe ir con cuidado al realizar comparaciones de cifras de empleo entre industrias de pequeña y gran escala, ya que muchas personas con empleos en industrias tradicionales como la fibra de coco tienden a trabajar menos de 100 días al año. El sector a pequeña escala está dominado por estas industrias tradicionales. De manera general, el tamaño de la industria es variado en el sector tradicional. Sin embargo, debe señalarse que incluso el nivel más mínimo de mecanización de la industria tradicional provocó bajadas en las tasas de empleo de cada fábrica en empresas pequeñas, grandes y medianas –de 69,49 personas por fábrica en 1961 a 24,87 en 1988.[170]

Otras restricciones al crecimiento de las unidades de industria a pequeña escala serían factores como la falta de provisiones en ciertas industrias tradicionales, como el procesamiento de anacardos, así como la bajada de la demanda. Por ejemplo, el estudio de Nirmala Padmanabhan acerca del débil rendimiento de las industrias del sector privado muestra que las tasas de interés de Kerala también han tenido un papel importante en el aumento de los costes de producción y han provocado bajadas en las tasas de crecimiento. El tipo de interés de Kerala en el periodo entre 1972 y 1985 era del 5,4%, mientras que para el resto de la India era del 3,89%. Algunas de las razones de los altos tipos de interés, tanto en empresas privadas como públicas, cabe buscarlas en la falta de habilidades de gestión financiera.[171] Esta tendencia no se limita a ninguna industria en particular. Mientras, los salarios en el sector privado eran menores que la media nacio-

---

170. Nanda Mohan V., *ibíd.*, págs. 226-230.
171. Subrahmanian K.K., 1994, *Some Facets of the Manufacturing Industry in Kerala*, pág. 253.

nal. Los costes promedios de energía y reparaciones también eran más elevados en Kerala que en la India durante el periodo considerado. Esto sugiere que la raíz del problema del débil comportamiento del sector manufacturero privado hay que buscarla en la comparación de costes de capital, y no en la evaluación de los altos costes de producción y laborales.

Tabla 6-11. Estructura de costes de las empresas del sector privado

	Electricidad y combustible		Reparaciones		Salarios		Intereses	
	K	I	K	I	K	I	K	I
1972	5,5	4,2	2,7	1,7	14,6	16,1	4,3	3,5
1973	5,3	3,1	2,8	1,8	15,8	17,0	3,9	3,4
1974	6,2	4,0	3,5	1,9	15,6	17,4	4,2	3,2
1975	5,4	4,5	3,1	1,9	16,0	16,6	5,0	3,3
1976	6,7	5,3	2,6	1,8	14,3	15,9	4,7	3,9
1977	6,5	5,9	2,6	1,9	13,3	15,1	4,5	3,9
1978	6,7	5,6	2,9	1,9	14,2	15,1	5,1	3,9
1979	6,6	5,7	3,1	2,0	13,7	15,0	4,9	3,6
1980	7,2	5,9	3,8	2,1	13,9	14,9	5,3	3,6
1981	8,2	6,3	3,3	2,0	13,6	14,4	5,2	3,1
1982	7,9	6,7	3,3	1,9	13,6	13,1	6,2	4,0
1983	8,3	7,1	3,1	2,0	14,7	13,1	7,8	4,6
1984	8,1	7,3	2,9	1,9	15,4	13,4	8,7	4,9
1985	7,1	7,4	2,5	1,8	13,3	12,8	8,0	4,9
Promedio 1972-85	6,8	5,7	3,0	1,9	14,4	15,9	5,5	3,9

Subrahmanian ha identificado factores adicionales que sitúan Kerala en una posición de desventaja de costes en comparación con el resto de la India. Éstos incluyen pagos sociales a los trabajadores, "otros" insumos y la depreciación. Los altos costes asociados con los pagos sociales a los trabajadores de

Kerala tienen que ver con la presión ejercida por los sindicatos de trabajadores. De algún modo, estos pagos extras pueden verse como un signo de una democracia social saludable; sin embargo, implican un aumento de los costes de operación de las empresas privadas. El coste de "otros" insumos incluye elementos como el coste de los materiales consumidos para la reparación y mantenimiento, y el coste del trabajo contratado a terceros. Parece que la ausencia de vínculos entre las industrias es la principal razón de los altos costes de "otros" insumos. Además, se cree que la depreciación está relacionada con la maquinaria y equipamiento antiguos utilizados en muchas industrias de Kerala.[172]

No ha sido posible obtener las cifras de las tasas de empleo en el sector privado industrial a pequeña escala. Como se ha mencionado anteriormente, en 1988 las empresas del sector privado en conjunto proporcionaban trabajo a un gran número de personas. El préstamo a gran escala no se limitó a empresas del sector privado. Las empresas públicas también recurrieron a grandes préstamos. No obstante, independientemente de estas medidas, en general el tamaño de la inversión de capital fue insuficiente. Todos estos indicadores parecen sugerir que los argumentos que defienden las tensiones laborales y los altos salarios como la principal causa del débil comportamiento de las industrias a pequeña escala de Kerala son exagerados.

---

172. Subrahmanian K.K., *ibíd.*, pág. 252-253.

7. HIPÓTESIS ALTERNATIVAS SOBRE LAS CAUSAS DEL BAJO CRECIMIENTO EN KERALA

7.1. LA NATURALEZA DESIGUAL DEL DESARROLLO INDUSTRIAL

Un análisis profundo de las distintas hipótesis acerca del estancamiento industrial de Kerala que designan las tensiones laborales, los altos costes salariales, una baja dotación de recursos y un elevado nivel de gasto social como los principales obstáculos para el crecimiento muestra que, hasta cierto punto, estos factores han contribuido a minar las tasas de crecimiento de la región. Sin embargo, el análisis también desvela que no se debe considerar ninguno de estos factores como la principal causa del bajo crecimiento de Kerala. Por tanto, se deben explorar explicaciones alternativas de la decadencia de los sectores productivos de la economía. K.K. Subrahmanian ofrece una de estas explicaciones alternativas en su estudio acerca de la industrialización de Kerala, que sugiere que el lento proceso de crecimiento industrial de Kerala se puede entender mejor teniendo en cuenta los factores endógenos que se derivan de los procesos históricos de un desarrollo industrial con una estructura desigual, en lugar de evaluar las disparidades exógenas en la dotación de recursos.[173] Subrahmanian apoya esta visión recurriendo a un estudio anterior que utiliza conceptos básicos económicos como el "coeficiente de localización" para mostrar que Kerala tiene una estructura industrial desigual, con su base fijada principalmente en industrias de recursos naturales.[174] El autor define el coeficiente de localización como:

> «[…] una medida de la concentración regional relativa de una industria dada, comparada con la magnitud nacional total. Cuando el coeficiente de localización de una industria es menor que uno, se puede decir que la región tiene una contribución menor que su justa medida; cuando el coeficiente es mayor que una unidad, la región tiene una contribución mayor comparada con la porción de la industria en cuestión en todo el país».

Si se considera la proporción relativa al empleo total y el valor añadido de los distintos grupos de productos de la clasificación NIC-70 en dos niveles del sector manufacturero ASI en 1985-86, es posible ver que muchos de los sectores industriales tradicionales, como los productos alimentarios, las bebidas, los textiles de algodón y los productos de madera, proporcionan empleo a más del 50% de la fuerza laboral en el sector manufacturero ASI. Se puede encontrar un patrón similar con respecto a la composición del empleo en la clasificación NIC a tres dígitos. El empleo relativamente alto generado por un pequeño número de industrias en el sector

---

173. Subrahmanian K.K., 1990, «Development Paradox in Kerala: Analysis of Industrial Stagnation», *Economic and Political Weekly*, septiembre, Issue, pág. 2.055.
174. Subrahmanian K.K. y Pillai, 1986, «Kerala's Industrial Backwardness: Exploration of An Alternative Hypothesis», *Economic and Political Weekly*, n.º 14.

Tabla 7-1. Índices de producción industrial, desde 1990-00 hasta 2002-03 (en rupias)

	1999-00	2000-01	2001-02	2002-03
Índice general	351.243	360.20	302.29	267.355
Productos alimentarios	147.190	143.990	119.181	130.382
Textiles de algodón	**157.937**	**128.195**	**191.497**	**230.705**
Lana, seda y textiles de fibra sintética	139.196	135.923	151.688	113.814
Productos textiles	92.888	72.496	33.054	32.919
Madera y productos de madera	**15.712**	**17.134**	**17.207**	**18.723**
Caucho, plástico, petróleo y productos de carbón	44.103	43.781	31.521	39.740
Papel y productos de papel	322.885	-	-	-
Química y productos químicos	318.565	308.943	429.998	274.851
Productos minerales no metálicos	197.920	193.725	177.996	197.911
Metales básicos y aleaciones	**151.561**	**175.005**	**267.228**	**176.349**
Productos metálicos y partes, excepto maquinaria y equipos de transporte	82.450	92.422	79.944	77.900
Maquinaria y otros equipos, excepto equipos de transporte	896.201	787.536	660.355	646.382
Aparatos de maquinaria eléctrica, provisión de partes para aparatos	1911.615	2066.235	1226.269	1240.274
Equipos de transporte y partes	**7.856**	**9.019**	**9.820**	**19.408**
Otras industrias manufactureras	106.789	39.883	28.650	28.650
Generación, transmisión y distribución eléctrica	189.180	194.694	187.811	172.176

Fuente: Gobierno de Kerala, Estadísticas para la planificación, DES (2005).

manufacturero revela este desequilibrio. Estas industrias son: la industria de procesamiento de anacardos, con el 24,2% de la fuerza laboral; la manufactura de cigarrillos "bidi", con el 7,2%; las hiladoras de algodón, con el 5,2%; los productos de cerámica, con el 5,1%; la sierra de madera, con el 3,3%, y los telares e hiladores, con el 2,3%. Muchas de estas industrias de procesamiento básico continúan utilizando tecnologías simples tradicionales.[175]

Rajesh realizó un análisis de la estructura de la industria de Kerala comparándola con la de la India en el periodo anterior y posterior a las reformas de principios de los noventa.[176] En el estudio muestra que la proporción de la industria de bienes de capital de Kerala fue baja, representando el 10% del valor añadido bruto durante los años ochenta y noventa; y sostiene que la estructura de la producción industrial de Kerala se concentra principalmente en industrias de consumo base de recursos naturales y de bienes intermedios (véase la Tabla 7-2). Así mantiene que las políticas de liberalización de los años noventa no tuvieron un efecto positivo en términos de diversificación de la estructura de producción en las industrias de Kerala.

La Tabla 7-2 nos muestra las cifras que explican la poca importancia de la estructura industrial de Kerala y la bajada de los índices de producción industrial de todos los subsectores en el periodo considerado, a excepción del algodón, la madera y los equipos de transporte.

La base económica se compone de industrias con un coeficiente de localización mayor que uno (LQ>1). El coeficiente de localización es la medida de la concentración regional

---

175. *Ibíd.*, pág. 2.056.
176. Rajesh K.P., 2004, «The structure and growth of Kerala's Industry» en Prakash, B.A., 1994, «Kerala's Economic Development: Performance and problems in the post liberalization period», *Sage*. pág. 201.

relativa de una industria dada, comparada con el total de la cifra nacional. En términos de valor añadido:

$$I.O. = \frac{Vij}{Vj} - \frac{Vi}{Vn}$$

(donde V = valor añadido; i = industria; j = región; n = país).

Un estudio sobre los patrones de crecimiento regional en la India muestra que la proporción de industrias móviles y de bienes de capital en Kerala es baja. Las industrias móviles pueden definirse como industrias que se especializan en la manufactura de metales, maquinaria y equipamiento de transporte, es decir, industrias de ingeniería moderna. Estas industrias solamente representan el 10% de la fuerza laboral empleada en Kerala. Su contribución al valor añadido, del 15%, es también pequeña. La ausencia de una participación razonable de industrias de ingeniería en Kerala en términos de empleo total/generación de ingresos expone claramente la naturaleza desigual de la industria manufacturera en Kerala.[177]

En el mismo estudio, Subrahmanian también afirma que el desarrollo de las industrias de bienes de capital basadas en la demanda está restringido a regiones avanzadas de la India como Maharashtra y West Bengal, o bien a regiones como Bihar, Orissa, Madhya Pradesh y Karnataka, con inversiones públicas del Gobierno central de la India proporcionalmente elevadas. En cambio, la estructura del desarrollo industrial de Kerala se caracteriza por industrias basadas en los recursos naturales, que quedan bajo las categorías de bienes de con-

---

177. Subrahmanian K.K., 1994, «Some Facets of the Manufacturing Industry», en Prakash B.A. (ed.), 1994, *Kerala Economy: Performance, Problems, Prospects*, pág. 245.

Tabla 7-2. Contribuciones relativas de las industrias de dos dígitos NIC en el valor añadido bruto total en manufacturas (%)

Industria	Código	1980-81 a 1990-91			1990-91 a 1999-2000		
		Kerala	La India	Coeficiente de localización	Kerala	La India	Coeficiente de localización
Productos alimentarios	20-21	24,6	17,4	1,4	31,6	12,3	2,6
Bebidas y tabaco	22	3,7	2,6	1,4	1,8	2,1	0,9
Textiles		5,5	11,8	0,5	3,5	6,9	0,5
Productos textiles	26	2,1	1,0	2,1	0,3	2,3	0,1
Madera y productos de madera	27	2,8	0,7	4,0	0,9	0,4	2,3
Papel y productos de papel	28	6,4	4,1	1,6	5,1	2,8	1,8
Piel y productos de piel	29	-	0,6	-	0,4	0,7	0,6
Química y productos químicos	30	18,4	13,3	1,4	11,8	14,8	0,8
Caucho, plástico, petróleo y productos de carbón	31	17,4	6,7	2,6	19,0	10,8	1,8
Productos minerales no metálicos	32	3,7	4,8	0,8	2,6	4,1	0,6
Metales básicos y aleaciones	33	3,1	11,6	0,3	2,1	10,7	0,2
Productos metálicos	34	1,3	2,7	0,5	0,6	2,1	0,3
Maquinaria y equipos	35+35	7,8	14,8	0,5	8,0	12,2	0,7
Equipos de transporte	37	2,1	6,9	0,3	1,6	6,2	0,3
Otras manufacturas	38	1,0	0,9	1,1	0,7	1,5	0,5

Fuente: Rajesh K.P., 2004, «The structure and growth of Kerala's Industry» en Prakash, B.A., 1994, «Kerala's Economic Development: Performance and problems in the post liberalization period», *Sage*, pág. 201.

Industria	Código	Contribución del total de Kerala			Contribución del total en La India	
		1997-98	Coeficiente de localización de Kerala en 1997-98	1981-82		1997-88
Productos alimentarios	20-21	11,8	22,2	9,3		2,4
Bebidas y tabaco	22	3,1	4,8	3,1		1,5
Textiles de algodón	23	6,1	7,2	4,3		1,7
Lana, seda, fibra	24	1,2	0,2	3,8		0,1
Yute y otras fibras vegetales	25	0	0,9	0,9		1
Productos textiles	26	4,3	1,1	2,5		0,4
Madera y productos de madera	27	3,5	0,9	0,3		3
Papel y productos de papel	28	5,5	5,5	2,8		2
Piel y productos de piel	29	-0,1	0,1	0,9		0,1
Química básica	30	13,9	18,9	18,6		1
Caucho, plástico, petróleo y productos de carbón	31	23,8	17,7	6,2		2,9
Productos minerales no metálicos	32	5,4	3,2	4,5		0,7
Metales básicos y aleaciones	33	3,6	2,9	16		0,2
Productos metálicos	34	1,6	1,1	2,5		0,4
Maquinaria y equipos	35-36	9,5	9,4	14,5		0,6
Equipos de transporte	37	4,7	2,6	8		0,3
Otras manufacturas	38	1,9	1,1	1,8		0,6

Fuente: Cálculos a partir de la Encuesta anual de industrias (ASI).

sumo o bienes intermediarios.[178] Así, a pesar del aumento del número de nuevas industrias desde el periodo de formación de la región, la estructura de la industria en Kerala ha permanecido desigual porque muchas de las industrias nuevas basadas en los recursos naturales carecen de enlaces con otros sectores, y del progreso tecnológico necesario para generar mayores tasas de crecimiento.[179]

Otro factor que contribuye al débil rendimiento del sector industrial en Kerala es el bajo porcentaje de industrias a gran escala. La proporción de unidades de industrias a gran escala en Kerala en términos de empleo total era del 16% en 1981, mientras que la proporción en la India era del 21%. El valor añadido de estas unidades era del 48 y 61%, respectivamente. Mientras tanto, el valor añadido de las industrias a pequeña escala en Kerala era mayor que en la India para el mismo periodo (19% *versus* 16%). Sin embargo, el porcentaje del valor añadido de las unidades de industrias a pequeña escala en relación a las unidades a gran escala era mucho menor. Incluso la proporción de la inversión en el sector manufacturero de Kerala era la menor de toda la India.[180]

7.2. Débil progreso de la estructura industrial, una barrera para el desarrollo

La estructura de la composición de gran parte de las industrias medianas y grandes de Kerala muestra deficiencias que

---

178. Subrahmanian K.K., 1990, pág. 2.057.
179. Subrahmanian K.K., 1994, pág. 246.
180. *Ibid.*, pág. 247.

acentúan la naturaleza desigual del desarrollo industrial en la región. Por ejemplo, la mayor parte de la inversión en este sector se realiza mediante organismos del Gobierno central (47%), seguido del sector privado (29%) y de organismos del Gobierno de Kerala.[181] Durante las dos últimas décadas, el Gobierno central ha reducido significativamente su contribución al desarrollo industrial de Kerala, aumentando sus inversiones en estados más ricos como Maharashtra. Subrahmanian señala que esta tendencia se manifiesta en un menor porcentaje de inversión por parte del Gobierno central en Kerala, que se sitúa a un nivel menor que la proporción de población en Kerala dentro de la India. La proporción de inversiones del Gobierno central en Kerala, con una población que representa el 3,7% de la India, disminuyó del 2,9% en 1971-72 hasta el 1,6% en 1987-88. En cambio, la inversión del Gobierno central en Maharashtra, un estado industrialmente avanzado, estaba al mismo nivel en 1970, mientras que en 1987-88 se había multiplicado por diez.[182] La preferencia de inversión hacia otras regiones por parte del Gobierno central se ha acentuado aún más desde el año 2000.

Muchas de las empresas públicas que se crearon durante los años sesenta y setenta, tanto por el Gobierno central como por el de Kerala, son auténticos dinosaurios con muy pocos enlaces hacia otros sectores de la economía.[183] Un análisis del marco estructural de la industrialización en Kerala muestra que tanto el Gobierno central como el regional han actuado como emprendedores industriales, en lugar de actuar como catalizadores de la promoción de la industrialización en el sector

---

181. *Ibíd.*, págs. 246-248.
182. *Ibíd.*, pág. 254.
183. *Ibíd.*, págs. 254-255.

privado. Además, también se debe recalcar la atención insuficiente por parte del Gobierno de Kerala hacia la industrialización. Sin embargo, se puede sostener que las condiciones socioeconómicas hostiles de Kerala han obligado al Gobierno a prestar más atención al desarrollo de infraestructuras y servicios sociales, en detrimento de la industrialización.[184]

El Gobierno central no ha reconocido estos gastos realizado por el Gobierno de Kerala, catalogados como gastos que se excluyen del Plan. Los datos sugieren que el nivel inadecuado de transferencias procedentes del Gobierno central y otros factores, y no el aumento en gasto en proyectos de desarrollo humano tras la formación del estado de Kerala, han desempeñado un papel importante en la reducción del nivel de diversificación en la producción, la innovación tecnológica y la optimización de recursos. Al mismo tiempo, esto ha actuado como freno sobre las tasas de crecimiento económico.

7.3. Financiamiento central insuficiente para gastos excluidos del Plan en Kerala

Durante la última década, un creciente número de economistas han vinculado la crisis presupuestaria de Kerala con el enfoque hacia el desarrollo humano adoptado por distintos Gobiernos de la región. ¿Existe una relación causal fuerte entre el aumento del gasto en desarrollo humano y necesidades básicas por parte del Gobierno de Kerala y la actual crisis presupuestaria? Si es así, ¿se puede establecer empíricamente?

En este estudio se propone que la crisis presupuestaria actual se puede entender mejor mediante el examen de la re-

---

184. *Ibíd.*, págs. 253-255.

lación entre el Gobierno central de la India y el Gobierno regional de Kerala. De forma más específica, este estudio afirma que la causa principal de la situación fiscal actual se debe buscar en el nivel insuficiente de transferencias financieras para gastos excluidos del Plan del Gobierno central hacia el Gobierno regional.

Los orígenes de la crisis fiscal en Kerala se remontan varias décadas en el tiempo, aunque en los últimos años su frecuencia y volumen han aumentado considerablemente. Los primeros signos de una inestabilidad presupuestaria se mostraron en el Quinto Plan quinquenal, momento en el que Kerala tuvo un déficit en dos de los cinco años del Plan (en 1975-76 y 1976-77). Sin embargo, las cantidades y la duración del déficit fueron insignificantes comparadas con las experimentadas durante el Sexto y el Séptimo Plan quinquenal. Por ejemplo, durante el Sexto Plan quinquenal Kerala tuvo un déficit cada año, a excepción de 1982-83, con cantidades de creciente volumen. En 1986-87, el estado presentaba el mayor déficit presupuestario de la historia, con 1.710 millones de rupias. Esta cifra equivalía al 2,5% del producto interior de Kerala.[185]

Aunque los 22 estados de la India presentaron déficits presupuestarios durante algunos periodos de planificación, especialmente durante el Sexto Plan, el efecto de la crisis fue menos severo que en Kerala. Un análisis del problema del presupuesto regional muestra que Kerala tuvo déficits de ingresos durante ocho de los catorce años del periodo de planificación que finalizó en 1987-88. En cambio, durante el mismo periodo los otros estados de la India solamente tu-

---

185. George K.K., «Trends in Kerala State Finance», en Prakash B.A. (ed.), 1994, *Kerala Economy: Performance, Problems, Prospects*, págs. 397-398.

vieron déficits de ingresos en dos años, 1984-85 y 1987-88. Sin embargo, se debe señalar que Kerala sólo presentó déficits de capital durante ocho de los catorce años, mientras que los otros estados de la India tuvieron déficits de capital durante doce de los catorce años. Por tanto, los déficits de ingresos se financiaron parcialmente con superávits de la cuenta de capital. Se llegó a esta situación por dos razones: por la generación inadecuada de ingresos, y por las transferencias insuficientes del Gobierno central para financiar gastos excluidos del Plan.

De este modo, una de las causas principales del problema presupuestario de Kerala se puede atribuir a la falta de financiamiento y reconocimiento de los gastos excluidos del Plan por parte de la Comisión Central de Financiamiento. Mientras que el resto de regiones de la India presentaba superávits en los gastos excluidos del Plan tras el traspaso de impuestos durante los periodos del Quinto y Sexto Plan, Kerala continuó presentando déficits durante tres de los cinco años de estos planes. Aunque la Comisión Central de Financiamiento puso a disposición de Kerala donaciones, éstas no fueron suficientes para cubrir los gastos excluidos del Plan. De este modo, K.K. George atribuye parte de la crisis fiscal a la falta de provisiones realizadas por la Comisión Central de Financiamiento.[186]

K.K. George ofrece distintas razones que llevaron a un error de cálculo por parte de la Comisión Central de Financiamiento acerca de los gastos excluidos del Plan en Kerala. Según George, una de las razones se debería a una práctica de la Comisión que consistía en estimar los gastos e ingresos para los periodos de financiamiento a precios constan-

---

186. *Ibíd.*, pág. 398.

tes. George cree que estas cifras deberían calcularse a precios corrientes. En segundo lugar, otra razón que explicaría el error de cálculo sería la estimación de donaciones de la Comisión Central de Financiamiento para cubrir gastos excluidos del Plan, normalmente basada en los ingresos excluidos del Plan que se obtienen de la recaudación de impuestos y otras recaudaciones de años anteriores. En tercer lugar apunta que las prácticas contables de la Comisión de planificación y de la Comisión Central de Financiamiento calculan ingresos adicionales obtenidos en el periodo de planificación como un recurso financiero que se debería dedicar a gastos del Plan.[187] Los planificadores en el cuerpo de funcionarios de Kerala siguieron fielmente esta práctica, pero aun así, a pesar de movilizar ingresos adicionales durante los primeros tres años del Séptimo Plan, el Gobierno no pudo financiar los gastos excluidos del Plan. Se puede afirmar que esta situación de aprieto dejó a Kerala con pocas alternativas, como la extracción de recursos de su cuenta de capital para financiar sus déficits de ingresos en las cuentas excluidas del Plan. Esta política de transferencia de ingresos de la cuenta de capital para cubrir desembolsos de los gastos de desarrollo se realizó durante los años 1985-86, 1987-88, 1988-89 y 1989-90. Durante 1987-88 y 1989-90, los superávits de capital fueron inadecuados para financiar los gastos excluidos del Plan. Esto provocó déficits generales, y mayores préstamos del Banco Central de la India hacia el Gobierno de Kerala, pero en 1987-88 el Gobierno central denegó este tipo de asistencia al Gobierno de Kerala.

Además de los peligros mencionados más arriba acerca de transferir masivamente ingresos de la cuenta de capital para

---

187. *Ibíd.*, pág. 399.

Tabla 7-3. Gastos excluidos del Plan en Kerala bajo distintas partidas (en 10M de rupias)

Nombre de la partida	2003-04 (BE)
Pagos de intereses	2.738,13
Policía	534,42
Educación	2.785,88
Servicios médicos	662,43
Servicios sociales y de bienestar	414,87
Riego	168,62
Carreteras y puentes	282,92
Total	**7.587,27**

Fuente: Finanzas del estado, Reserve Bank of India (Banco Central de la India).
BE = Estimación presupuestaria.

Tabla 7-4. Gastos excluidos del Plan de Kerala bajo distintas partidas, 1984-89 Previsiones de la Octava Comisión Central de Financiamiento y cantidades reales (en 10M de rupias)

	Nombre de la partida	Previsión (1)	Real (2)	Diferencia entre (2) y (1)
1	Pagos de intereses	434,73	890,79	104,91
2	Policía	216,56	310,11	43,2
3	Educación	1.499,50	2.148,88	43,31
4	Servicios médicos	338,41	471,21	39,44
5	Servicios sociales y de bienestar	220,96	314,05	42,13
6	Riego	83,73	101,59	21,33
7	Edificaciones, incluyendo viviendas	29,86	32,99	10,48
8	Carreteras y puentes	173,5	177,42	2,26
9	**Total**	**2.997,25**	**4.447,04**	**48,37**

Fuente: George K.K., «Trends in Kerala State Finance», en Prakash B.A. (ed.), 1994, *Kerala Economy: Performance, Problems, Prospects*, pág. 402.

financiar gastos excluidos del Plan, existen otros peligros potenciales derivados de esta práctica. En primer lugar, estas medidas reducen el volumen de los gastos de capital. Esto es particularmente perjudicial porque casi la totalidad de los fondos de capital son fondos que generan intereses. En segundo lugar, los préstamos temporales para el consumo presente generalmente llevan a problemas en el pago de la deuda en el futuro.

El mayor ingreso per cápita de Kerala comparado con la media nacional en la India se debe a unos mayores gastos por la parte de ingresos. En la Tabla 7-6 se muestra que el desembolso sobre los ingresos en gastos de capital en Kerala era la mitad del promedio de todos los estados de la India. Además, la contribución a la mayor proporción de los gastos totales proviene de los gastos no planificados.

Mohan y Shyjan (2005) defienden que el gasto total como proporción del producto interior del estado de Kerala se puede considerar una variable equivalente al volumen del Gobierno. De este modo, una disminución de esta proporción durante los años noventa con respecto a los años ochenta indicaría una reducción del tamaño del Gobierno.

¿Por qué son tan elevados los gastos excluidos del Plan en Kerala cuando los comparamos con la media de la India? Parece que la respuesta sea obvia. El Gobierno da una alta prioridad a mantener y mejorar los servicios de la comunidad y sociales. Entre éstos da un especial énfasis a la educación y la provisión de asistencia sanitaria, áreas en las que Kerala ha realizado importantes progresos. Por tanto, parece lógico que los líderes del Gobierno sean reacios a que estas áreas se deterioren. El componente excluido del Plan de estos servicios es más elevado en Kerala porque la alta proporción de gastos anteriores en estas áreas se acumula como gastos excluidos del Plan al final de cada periodo de planificación. Sin embar-

Tabla 7-5. Gastos per cápita (1974-97)

Tipo de gasto	Kerala						Todos los estados de la India					
	V	VI	VII	90-2	VIII	Total	V	VI	VII	90-2	VIII	Total
1. Desembolsos sobre los ingresos	181	341	721	1.017,1	1.772	4.032,1	149	309	665	945	1.543,1	3.611,1
a. Plan	22	61	107	135,1	284	609,1	23	63	140	181,3	281,4	688,7
b. Excluidos del Plan	158	280	614	882	1652,1	3.586,1	126	246	517	763,6	1.261,7	2.914,3
2. Gastos de capital	57	117	195	225,8	321,9	916,7	71	130	213	245,6	355,6	1015,2
a. Plan	33	73	112	131	216,5	565,5	47	84	146	168,7	246,3	692
b. Excluidos del Plan	24	43	84	94,7	105,4	351,1	24	46	66	76,9	104,1	317
3. Gasto total	238	458	916	1.242,7	2.093,9	4948,6	155	315	877	1.190,6	1.898,7	4436,3
a. Plan	55	134	218	226	500,5	1.173,5	69	145	293	350,1	527,8	1.348,9
b. Excluidos del Plan	182	323	698	976,7	1.757,5	3.937,2	87	171	583	840,5	1.385,8	3067,3
4. Gasto total en desarrollo	169	320	583	724	1213,4	3.009,4	155	315	609	754,9	1.151,1	2.985

Fuente: «Limits to Kerala model of Development. An analysis of fiscal crisis and its implications». K.K. George, C.D.S., 1999, pág. 80.

Tabla 7-6. Gastos per cápita en Kerala y todos los estados de la India, 2001-02 (rupias)

Tipo de gasto	Kerala	Todos los estados de la India
1. Desembolso sobre los ingresos	3.663	3.061
a. Plan	544	454
b. Excluidos del Plan	3.118	2.607
2. Gastos de capital	175	314
a. Plan	167	257
b. Excluidos del Plan	9	57
3. Gasto total	3.838	3.374
a. Plan	711	711
b. Excluidos del Plan	3.127	2.663
4. Gasto total en desarrollo	2.046	1.988
5. Gasto total excluyendo gastos desarrollo	1.771	1.341

Fuente: Finanzas del estado, Reserve Bank of India.
Notas: 1) Gasto de capital no significa desembolsos ejecutados.
   2) Las cifras per cápita se obtienen a partir de la población del censo de 2001.

Tabla 7-7. Gasto total como proporción del producto interior del estado de Kerala (SDP por sus siglas en inglés) (rupias)

	Gasto total / SDP	Desembolso sobre los ingresos / SDP	Gastos de capital / SDP
1960-1969	0,12	0,08	0,04
1970-1979	0,14	0,10	0,04
1980-1989	0,19	0,15	0,04
1990 hasta 2001-02	0,18	0,16	0,03

Fuente: Mohan y Shyjan (2005:33).

go, las sucesivas Comisiones de Financiamiento no han tenido en cuenta los componentes de ingresos ni los componentes excluidos del Plan en los gastos de Kerala. Es posible que la poca motivación del Gobierno central para financiar los gastos excluidos del Plan se derive de la percepción de que Kerala ya ha realizado avances significativos en la calidad de vida para la mayoría de sus habitantes mediante la provisión de las necesidades básicas, mientras que otros estados de la India aún están rezagados. Este argumento es perfectamente justificable si se tienen en cuenta las enormes dificultades a la hora de seguir una política de desarrollo equitativo en el conjunto de la India. No obstante, debe reconocerse que los logros por alcanzar las necesidades básicas de los grupos más necesitados de Kerala se deterioran si se descuidan estos servicios públicos, de modo que se pondría en peligro la capacidad de generar un crecimiento sostenido en el futuro.

¿De qué herramientas dispone el Gobierno de Kerala para mitigar la crisis? Los críticos sostienen que el Gobierno de Kerala no ha realizado esfuerzos suficientes para generar ingresos adicionales que cubran los gastos de desarrollo incluidos y excluidos en los distintos planes quinquenales. Ya se han explotado las vías de creación de ingresos adicionales a través de la expansión de los impuestos, con lo que no son posibles más esfuerzos en esta dirección. Además, estas estrategias pueden tener efectos disuasorios sobre las inversiones empresariales en Kerala, donde los impuestos ya son más elevados que en estados vecinos como Tamil Nadu y Karnataka, y que podría explicar por qué varias empresas de Kerala se han trasladado a estos estados. Como George apunta:

> «Tanto desde un punto de vista de eficiencia como de equidad no es deseable realizar aumentos adicionales de los im-

puestos sobre la renta. Dentro de una federación, el canon de equidad requiere que los niveles de beneficio y sacrificio se igualen en distintas zonas. Además, el aumento de los impuestos no parece factible. La capacidad del estado de movilizar recursos está restringida por los bajos niveles de crecimiento e ingreso per cápita».[188]

Por un lado, el aumento del ingreso imponible parece ofrecer mejores perspectivas para que Kerala controle su problema presupuestario. Durante los años ochenta, y en comparación con la India, la proporción del ingreso no imponible en relación al ingreso total ha ido disminuyendo de forma constante. Según George, las principales razones de esta disminución en los ingresos de fuentes no imponibles incluyen elementos como los impagos de los intereses de créditos cedidos a la Junta eléctrica regional y la Corporación de transporte por carretera de Kerala, los dos mayores prestatarios del Gobierno, así como los débiles ingresos procedentes de los Servicios sociales y comunitarios, y los Servicios económicos, en comparación con el gasto del Gobierno en éstos. Por ejemplo, se considera que las subvenciones para varios servicios públicos no tienen como objetivo los grupos de personas con rentas más bajas. Además, otro elemento a tener en cuenta es el aumento de las exenciones al pago de distintos servicios públicos, mientras que su coste aumenta. Sin embargo, el Gobierno no ha realizado esfuerzos suficientes para tratar estos asuntos.[189]

Un examen detenido de la crisis presupuestaria de Kerala muestra que el débil rendimiento de los sectores producti-

---

188. George K.K., «Trends in Kerala State Finance», en Prakash B.A. (ed.), 1994, *Kerala Economy: Performance, Problems, Prospects*, pág. 406.
189. *Ibíd.*, págs. 409-410.

vos de la economía durante las últimas tres décadas no se puede explicar solamente apuntando a un aumento del nivel de gasto público en desarrollo humano y en cubrir las necesidades básicas de los grupos más pobres de la población. Un análisis de la crisis fiscal revela que las transferencias financieras del Gobierno central hacia Kerala son inadecuadas, especialmente para gastos no incluidos en el Plan, cosa que ha forzado al Gobierno a extender sus recursos de capital limitados y menguantes a una amplia gama de proyectos públicos y privados para el desarrollo industrial.

7.4. BARRERAS AL CRECIMIENTO ECONÓMICO POR DEFICIENCIAS EN EL SUMINISTRO ELÉCTRICO

Varios de los estudios acerca de las causas del bajo crecimiento económico de Kerala se han realizado sin tener en cuenta los obstáculos al desarrollo industrial causados por la escasez del suministro eléctrico. La mayor parte de energía eléctrica de Kerala proviene de fuentes hidroeléctricas. Hasta 1983, Kerala presentaba un superávit de energía eléctrica. Sin embargo, una serie de monzones con poca lluvia en los años 1982, 1983, 1986 y 1987, que redujeron las precipitaciones en un 43, 33, 18 y 67%, respectivamente, forzó al Gobierno a imponer restricciones en el abastecimiento al sector industrial. La escasez de energía coincidió con un periodo de aumento de la demanda. Éstas fueron las razones principales por las que Kerala pasó de tener un superávit a un déficit en suministro eléctrico. La provisión inadecuada de electricidad durante los años mencionados, especialmente en 1986-87, tuvo efectos negativos en las tasas de crecimiento económico. Varias industrias de gran escala se vieron forzadas a operar a un 30-50% de su capacidad durante periodos de meses de duración.[190]

Un estudio de Prakash revela que:

> «A causa de las pocas lluvias de los monzones, Kerala empezó a experimentar una escasez en el suministro eléctrico desde 1982. Los cortes en el suministro eléctrico que se introdujeron en 1982 continuaron durante 1983. La crisis energética alcanzó dimensiones considerables durante 1986, con la imposición de un corte al 100% a los consumidores de alta y súper alta tensión. Durante 1987 se impusieron cortes eléctricos y cortes a líneas con alta demanda, desde tres a seis horas al día, que continuaron en 1988».[191]

Estudios llevados a cabo por G. Fair y M.P. Parameswaran recalcaron la necesidad de que Kerala instalase centrales nucleares y térmicas lo más pronto posible para evitar cortes en el suministro eléctrico de origen hidroeléctrico en épocas de pocas lluvias.[192] Aunque va más allá de este estudio examinar si estas opciones son viables, se pretende mostrar que las restricciones en el suministro eléctrico durante los años ochenta desempeñaron un papel importante en la restricción del crecimiento.

---

190. Prakash B.A., 1994, «Kerala's Economy: An Overview», en Prakash B.A. (ed.), 1994, *Kerala Economy: Performance, Problems, Prospects*, págs. 5-20.
191. *Ibíd.*, pág. 20.
192. Nair G., 1994, «Power Development in Kerala», en Prakash B.A. (ed.), 1994, *Kerala Economy: Performance, Problems, Prospects*, págs. 316-328.

7.5. Políticas de desarrollo con poca solidez

En otras secciones de este estudio se han tratado a fondo los temas sobre los logros y limitaciones del modelo de desarrollo de Kerala en el alcance de los objetivos de desarrollo humano, es decir, aumentar el acceso a los servicios de salud y educación para los más pobres. El propósito de esta sección consiste en exponer un análisis crítico de algunos de los defectos de las políticas de desarrollo llevadas a cabo por distintos Gobiernos tras la formación del estado de Kerala con el objetivo de proporcionar elementos que permitan entender las causas que han impedido el crecimiento económico.

7.5.1. Desarrollo agrícola

Por ejemplo, en el área de desarrollo agrícola el Gobierno ha puesto demasiado énfasis en el monocultivo de arrozales, una visión que Prakash apoya. En su estudio muestra que la mayor parte de proyectos de riego e investigación agrícola llevados a cabo por el Gobierno entre 1960 y 1980 se han centrado casi exclusivamente en el cultivo de arrozales. Estas políticas conllevan consecuencias negativas. En primer lugar, se cree que los proyectos a pequeña escala de irrigación son mejores para adecuarse a las características geográficas y patrones únicos de cultivo de Kerala. Por tanto, la decisión de escoger proyectos de riego a gran y mediana escala significó que las inversiones se realizaron solamente en los distritos con arrozales, Palghat, Ernakulam y Thrissur. Estos distritos representan el 61% del total del área con riego de Kerala. Estos indicadores muestran claramente que «las políticas llevadas a cabo durante estas dos décadas resultaron en el desarrollo no deseable de los arrozales como monocultivo, en detrimento del desarrollo de otros cultivos».[193]

7.5.2. Desarrollo industrial

De forma similar al caso agrícola, las políticas de desarrollo industrial durante el periodo 1960-1980 también se formularon de forma deficiente. El desarrollo industrial no fue una prioridad del Gobierno, cosa que resulta evidente al no incluirse como un objetivo de desarrollo hasta el final de Quinto Plan quinquenal. Además, cuando finalmente se reconoció su importancia en el crecimiento económico, en lugar de proporcionar incentivos a los empresarios del sector privado, el Gobierno creó empresas industriales. Se esperaba que las iniciativas públicas creasen un superávit suficiente para acelerar el desarrollo industrial. Sin embargo, el resultado de estas iniciativas públicas distó enormemente de sus objetivos iniciales. Casi el 65% de las empresas del sector público presentó pérdidas de forma continuada, provocado por el hecho de operar entre el 23 y el 50% de su capacidad. ¿Por qué no se ha maximizado la utilización de la capacidad de las empresas del sector público? De forma similar a lo ocurrido en industrias del sector privado, el tamaño inadecuado de la inversión de capital fue el principal problema de las empresas públicas.[194]

La mayoría de estudios acerca de los esfuerzos de desarrollo en Kerala no han sabido apreciar la relación entre un

---

193. Prakash B.A., 1994, «Kerala's Economy: An Overview», en Prakash B.A. (ed.), 1994, *Kerala Economy: Performance, Problems, Prospects*, pág. 33.
194. Nandan Mohan, 1994, «Recent Trends in Growth», en Prakash B.A. (ed.), 1994, *Kerala Economy: Performance, Problems, Prospects*, pág. 231.

nivel inadecuado de inversión de capital en el desarrollo industrial realizado por el Gobierno central y el Gobierno regional, y la crisis fiscal causada por un nivel insuficiente de transferencias del Gobierno central para el pago de gastos excluidos del Plan (servicios como la asistencia sanitaria y la educación). En este estudio se propone que el bajo crecimiento de las empresas del sector público industrial de Kerala ha sido debido a la insuficiente provisión de recursos y a la presión sobre el Gobierno para ampliar su base industrial. Se debe poner énfasis en el hecho que el Gobierno se ha visto forzado a distribuir sus escasos recursos de manera uniforme entre un gran número de empresas del sector público que, como apunta Mohan, «incluso recurriendo a los préstamos, el tamaño de su inversión de capital es extremadamente pequeño».[195] Esto no implica una ausencia de ineficiencias administrativas en las empresas públicas, que han sido acusadas continuamente de una falta de profesionalidad y responsabilidad. Algunos académicos creen que esto se debe a la falta de conocimientos sobre gestión empresarial por parte de funcionarios de alto nivel que trabajan en empresas públicas. Normalmente, políticos sin calificaciones para gestionar empresas ocupan posiciones de alta dirección en empresas públicas. Incluso un grupo de trabajo del Gobierno sobre las empresas del sector público puso de relieve la falta de responsabilidad en las empresas del sector público.[196] Aunque tal vez parezca que este factor no es importante, no se debe infravalorar la capacidad de gestores cualificados en indus-

---

195. *Ibíd.*, pág. 231-232.
196. Government of Kerala, 1989, «Report of the Task Force on State Public Sector Industries», State Planning Board, Trivandrum, citado en Nanda Mohan V., 1994, «Recent Trends in the Industrial Growth of Kerala», en Prakash B.A. (ed.), 1994, *Kerala Economy: Performance, Problems, Prospects*, pág. 235.

trias públicas para generar mejores rendimientos y minimizar las pérdidas. El nivel de calidad del equipo gestor de una empresa puede afectar favorable o desfavorablemente en los resultados empresariales.

7.5.3. *Mala asignación de recursos por parte del Gobierno de Kerala*

En secciones anteriores de este estudio se han comentado los beneficios sociales obtenidos en Kerala en la promoción de la alfabetización, especialmente de la alfabetización femenina. También se han comentado los vínculos creados a través de la mejora en la educación, y se ha sugerido que un aumento del acceso a la educación primaria y secundaria ha contribuido significativamente a la reducción del crecimiento poblacional (a través del mejor conocimiento de los métodos de control de natalidad y el reconocimiento de las ventajas de tener familias de menor tamaño), así como a una reducción de las tasas de mortalidad infantil. También ha mejorado la esperanza de vida, mostrando cómo evitar ciertas enfermedades y acceder a servicios sanitarios. Sin embargo, aún no se ha apuntado la excesiva atención dedicada a la promoción de la educación general. Se ha sugerido que hasta cierto punto las tasas de crecimiento en Kerala han sido menores porque el Gobierno no ha prestado suficiente atención al desarrollo de la educación profesional y técnica, y tampoco a reconocer la necesidad de crear cursos vocacionales que cubran las necesidades de los sectores productivos de la economía.[197] Por ejemplo, esto se refleja en la presen-

---

197. Prakash B.A., 1994, «Kerala's Economy: An Overview», en Prakash B.A. (ed.), 1994, *Kerala Economy: Performance, Problems, Prospects*, pág. 36.

cia de un número proporcionalmente pequeño de cursos de educación terciaria con un enfoque en la agricultura. El estudio de A.C. Kuttykrishan muestra que en 1983 había solamente un colegio agrícola en el estado y 111 estudiantes apuntados a cursos relacionados con la agricultura. En cambio, había cuatro escuelas de Derecho con 3.474 estudiantes registrados.[198] Esta falta de énfasis en la educación vocacional en agricultura existe a pesar de que Kerala, hasta principios del siglo XXI, era básicamente una economía basada en la agricultura. Se ha apuntado que ninguna institución pública o privada ofrece cursos para individuos que quieran dedicarse a la agricultura. De forma similar, tampoco existe un interés en crear instituciones educativas para formar empresarios industriales.[199]

Durante la última década, el Gobierno no ha sido capaz de satisfacer la demanda de instituciones de educación terciaria. Como resultado ha aumentado la sobrepoblación de las aulas y el deterioro de la calidad educativa. Mientras, el Gobierno se ha centrado en aumentar la cantidad de escuelas de educación primaria en lugar de centrarse en aumentar la calidad de la educación ofrecida. El incremento del número de escuelas no financiadas por el Gobierno significa que solamente los hijos de los ciudadanos privilegiados pueden obtener una educación de calidad. Obviamente, esto crea desigualdades dentro del sistema. Todos estos factores mencionados muestran que el Gobierno ha utilizado sus recursos de forma ineficiente, y como resultado ha perjudicado el potencial de crecimiento. Sin embargo, este estudio re-

---

198. Kuttykrishan A.C., 1994, «Educational Development in Kerala», en Prakash B.A.(ed.),1994,*Kerala Economy: Performance, Problems, Prospects*, pág. 361.
199. Prakash B.A., 1994, pág. 36.

vela que las políticas de desarrollo humano llevadas a cabo por el Gobierno han tenido un impacto menor en el crecimiento económico en comparación con la variedad de factores adicionales que se han presentado en detalle a lo largo de la sección.

8. CRECIMIENTO DE LA PRODUCTIVIDAD EN LAS INDUSTRIAS DE KERALA TRAS LAS REFORMAS DE PRINCIPIOS DE LOS AÑOS NOVENTA

Tras las reformas de los Gobiernos de Narishima Rao y Rajiv Gandhi, las tasas de crecimiento económico en la India fueron aumentando de forma continua durante los años noventa, situándose alrededor del 5%. Sin embargo, este aumento en las tasas de crecimiento económico no se vio acompañado por aumentos en el crecimiento del sector industrial de Kerala. Subrahmanian y Azeez (2001) apuntan a distintos factores estructurales como causas de las disparidades regionales en las tasas de crecimiento industrial entre Kerala y el promedio de la India. Su análisis de crecimiento económico de Kerala cubre un periodo de 17 años, que dividen en dos subperiodos: 1981-82 hasta 1991-92, y 1991-92 hasta 1997-98. Los autores utilizan una ecuación semilogarítmica para la tendencia de los 17 años, y una ecuación exponencial de rizo para los dos subperiodos. Esta última se expresa como:

$$Ln = A + B(D)1t + D2k) + (D2t + D2k) + e$$

Subrahmanian y Azeez observan que aunque la economía de Kerala creció más rápidamente que la media de la India durante la década de los años noventa, la mayor parte de este crecimiento ocurrió en el sector de servicios. Las tasas de crecimiento en el sector manufacturero fueron menores que el promedio de la India incluso durante los años noventa y hasta mediados de la primera década del siglo XXI.

Los principales motivos a los que se apunta para explicar la falta de crecimiento en los sectores productivos de la economía de Kerala comparados con la media nacional son: 1) una estructura productiva débil; 2) bajo progreso tecnológico en las industrias públicas y privadas; 3) patrones de producción a pequeña escala, y 4) un nivel elevado de propiedad pública en las industrias a gran escala. Estos cuatro factores pueden parecer equivalentes a los mencionados como barreras de crecimiento a lo largo de los años ochenta, aunque cada uno de ellos necesita una aclaración.

En cuanto a la débil estructura productiva, el principal obstáculo al crecimiento se deriva del hecho de que la mayor parte de las actividades manufactureras están relacionadas con bienes no duraderos de base agrícola y bienes intermedios químicos. Durante los últimos 30 años se ha observado esta falta de diversificación en la base industrial de Kerala, que continúa en la actualidad. La baja proporción de producción de bienes de capital en la estructura industrial implica limitaciones en el crecimiento de la productividad, el avance tecnológico y el crecimiento de la renta en la industria de Kerala. El lento avance tecnológico, tanto en industrias públicas como privadas, se refleja en la ausencia de un crecimiento intensivo en capital tras las reformas de los años noventa. Esto se puede ver claramente cuando se comparan los resultados de la productividad laboral entre Kerala y la India. Las comparaciones del crecimiento de la productividad total de los factores (TFPG por sus siglas en inglés) para el sector manufacturero en Kerala y en la India muestran hasta qué punto existe una debilidad en la profundidad del capital y el cambio tecnológico para aumentar el crecimiento de la productividad y de la renta en Kerala, especialmente en una época en la que las industrias locales se enfrentan a una mayor competencia internacional. La cuestión fundamental que se ha de tener en cuenta, ante la evidencia mostrada por Subrahmanian y Azeez, es si la intervención de los partidos políticos en complicidad con los sindicatos de trabajadores ha podido impedir los procesos de modernización de las industrias manufactureras privadas en Kerala. En otras palabras, ¿es posible que el temor a los disturbios laborales haya desempeñado un papel importante disuadiendo a los empresarios de Kerala a invertir en mejoras de métodos productivos en sus empresas? En efecto, esto ocurrió durante los años ochenta, pero no parece ser un factor en los años noventa. Este punto se examinará empíricamente y más adelante se presentarán los resultados. Antes centraremos la atención en examinar las causas de la debilidad de las industrias a pequeña escala de Kerala. Aunque las industrias a pequeña escala de Kerala emplean a una proporción importante de trabajadores en el sector industrial, sus enlaces con industrias avanzadas tecnológicamente son casi inexistentes. Además, este sector está concentrado en una limitada gama de productos, como los productos marítimos, alimentarios, de madera, el caucho y minerales no metálicos. En resumen, los patrones de producción a pequeña escala de Kerala contribuyen a la debilidad de la estructura industrial, caracterizada por un limitado desarrollo tecnológico, la falta de crédito adecuado y la diversificación de producto. Ante la creciente competencia internacional, la globalización y la integración de la economía de Kerala en la economía internacional, la prevalencia de industrias a pequeña escala pone en peligro el crecimiento industrial de la región. El último punto acerca de la débil estructura de la industrialización de Kerala en el estudio de Subrahmanian y Azeez está relacionado con la alta proporción de empresas públicas. Kerala se considera el estado de la India con un mayor número de empresas públicas (SPSE por sus siglas en inglés), una tendencia que no es reciente. El papel del sector público en el desarrollo industrial de Kerala se remonta al menos a 50 años. Una gran proporción de estas empresas públicas opera con pérdidas. Según Pillai, en 1995-96 las empresas públicas proveían empleo a 134.034 personas. La debilidad de la estructura de estas empresas públicas es responsable del bajo crecimiento industrial de Kerala tras las reformas de los años noventa. La gran mayoría de empresas públicas dispone de una gran cantidad de pequeñas unidades de producción desplegadas en distintos puntos de Kerala, con lo que se pierde el potencial de aprovechar economías de escala y ser más eficientes en la producción. Además, muchas de las empresas públicas tienen problemas similares a los de las empresas privadas, como la falta de equipamiento moderno y la poca diversificación de producto. En resumen, las empresas del sector manufacturero público de Kerala, al igual que las empresas privadas, se caracterizan por elevados costes de producción, una mala calidad de producto, poca utilización de la capacidad, incompetencia en la gestión y el trabajo (Pillai, 2001).

8.1. Respuestas del Gobierno al problema de la baja industrialización de Kerala

8.1.1. Iniciativas del sector público

El Gobierno de Kerala, al menos en teoría, ha tomado medidas ante el problema del bajo crecimiento en los sectores productivos de la economía tras las reformas de liberalización de la economía de la India. El primer objetivo de la política ha sido la reforma drástica de las empresas públicas. En 1991, el comunicado de la reforma esbozaba que: 1) no se deberían mantener empresas públicas, tanto las nuevas como las que ya existen, independientemente de sus costes sociales. El razonamiento económico no debería ser el único el criterio bajo el cual las empresas públicas deben permanecer abiertas y recibir apoyo del Gobierno; 2) si se considera que las empresas públicas son inviables económicamente o no tienen futuro, se deben cerrar o fusionar con otras empresas públicas o privadas; 3) las empresas públicas que ya existen deberían ser autosuficientes, y 4) las nuevas unidades del sector público sólo se dedicarán a áreas sensibles como las infraestructuras y las industrias estratégicas.[200]

8.1.2. Reformas del sector privado en Kerala

Desde la liberalización, el Gobierno de Kerala también ha introducido una serie de mecanismos de incentivos y concesiones para atraer inversiones privadas. La política más destacada en esta dirección incluye concesiones fiscales y de impuestos, subvenciones a la inversión, un sistema de ven-

---

200. Pillai, 2001, pág. 3.

tanilla única para licencias empresariales y para la inversión extranjera directa. Otras medidas destacadas son: el establecimiento de la Agencia del desarrollo de la infraestructura industrial de Kerala (KINFRA por sus siglas en inglés), un parque tecnológico, un complejo químico en Cochi, y un parque tecnológico en Trivandrum destinado al avance de la industria electrónica en Kerala.[201]

8.2. ¿REFORMAS DE POLÍTICAS VERDADERAS O SIMPLES CAMBIOS COSMÉTICOS?

En el estudio de Pillai (2001), la evidencia acerca de los resultados de las reformas de políticas para los objetivos de desarrollo industrial de Kerala no es esperanzadora. Por ejemplo, el esquema de ventanilla única introducido por el Gobierno para atraer inversiones ha sido criticado duramente por sus usuarios. Existen retrasos y obstáculos burocráticos en distintas etapas del proceso. Además, una vez obtenida la autorización, las subvenciones no llegan o tardan mucho en hacerlo, lo que causa desconfianza en la política industrial del Gobierno. Esta falta de confianza se ejemplifica en la proporción de inversiones industriales en Kerala con respecto a la India. El número de propuestas de negocio en Kerala está entre los más bajos del país, siendo ésta una de las regiones de la India menos abiertas a los inversores.

El panorama de las reformas en el sector público es igualmente desalentador en cuanto al crecimiento industrial de Kerala. Muchas de las reformas señaladas en los objetivos de política de 1991 por la Junta de inversiones públicas y el

---

201. Pillai, 2001, págs. 3-5.

departamento de Industria no fueron más allá de la propuesta. En lugar de cerrar las empresas públicas con pérdidas y privatizarlas, el Gobierno decidió convertir estas empresas en rentables a través de la actualización y modernización de sus instalaciones. Sin embargo, la mayor parte de instituciones financieras no quisieron prestar capital a empresas públicas con pérdidas, con lo que las condiciones del sector permanecen igual desde 1990, o incluso han empeorado.

8.3. Teoría económica y experiencia de desarrollo de Kerala

¿Qué nos dice la teoría económica acerca de las causas que hay tras el débil rendimiento de los sectores productivos de Kerala? Una revisión rápida de las principales teorías económicas y la evidencia empírica que apoya estas teorías pueden ayudar a entender algunas de esas causas.

Según el modelo clásico propugnado por Smith, Kerala tendría que beneficiarse de sus puertos naturales y fácil acceso a mercados importantes mediante el comercio marítimo, del mismo modo que los países de Asia oriental se han beneficiado de su posición geográfica, la apertura exterior y la protección de los derechos de propiedad. La acumulación de capital defendida por el modelo de Solow y la escuela neoclásica también hubiera predicho un crecimiento positivo en el sector industrial de Kerala a causa de su tasa de ahorro, que es mayor que la tasa promedio de la India. De forma similar, como proponen los teóricos del crecimiento endógeno Romer (1986) y Rebello (1988), existe una gran cantidad de científicos y personas con altas cualificaciones en Kerala, especialmente en comparación con otros estados de la India, pero aun así persiste el problema de bajo crecimiento, sobre todo en el sector manufacturero registrado. ¿Por qué? Muchos de los habitantes de Kerala con niveles altos de educación marchan de la región y emigran a otras partes de la India, a países del Golfo Pérsico, los Estados Unidos, el Reino Unido u otros países de Europa, donde pueden encontrar mejores oportunidades laborales. ¿Qué dicen los observadores externos y admiradores de la experiencia de desarrollo de Kerala acerca de la paradoja entre un desarrollo social elevado y un bajo crecimiento de los sectores productivos de la región?

Por ejemplo, Dreze y Sen[202] apuntan a la falta de incentivos para los empresarios como una barrera al crecimiento económico. Sostienen que Kerala tiene mucho que aprender de las experiencias de otros países sobre cómo alcanzar crecimiento económico más allá de las remesas. A pesar del buen historial de la región en cuanto al desarrollo humano, ponen el énfasis en el hecho de que el crecimiento económico en los sectores productivos ha sido muy bajo, incluso cuando se compara con otros estados de la India hasta principios de los años noventa, aunque este fenómeno es menos acentuado a principios del siglo XXI. El enfoque de Kerala respecto a la educación y la mejora de los servicios públicos no es suficiente para estimular el tipo de crecimiento económico conseguido por países como Tailandia, Corea del Sur y China. Aunque Kerala parece proporcionar las bases necesarias de cara a que su población tenga éxito en países extranjeros como en el Golfo Pérsico, los Estados Unidos y Europa, los que se quedan en Kerala no cuentan con las mismas oportunidades. ¿Por qué? En general, el clima político de la región es hostil a los mecanismos de mercado. La economía excesiva-

---

202. J. Dreze y Amartya Sen (1995), *Indian Development: Selected Regional Perspectives*, Oxford University Press.

mente regulada de Kerala en comparación con otros estados de la India también actúa como una fuerza disuasoria para los empresarios privados. Dreze y Sen insisten en que: «El contraste entre 1) las ventajas de la preparación social radical, y 2) las barreras de sus políticas esencialmente conservadoras, que a menudo recurren a regulaciones burocráticas pasadas de moda, ha tendido a producir un desequilibrio extraño».[203] Dreze y Sen también sugieren que el crecimiento económico de Kerala ha permanecido bajo hasta los años noventa principalmente como consecuencia de sus políticas antimercado. Los partidos políticos de izquierdas y derechas de Kerala que han controlado el Gobierno regional desde la formación de Kerala siempre han mostrado recelo ante la expansión de una economía de mercado sin control.[204] Sin embargo, el control excesivo del Gobierno sobre los sectores productivos ha minado su capacidad de crecimiento. Para ilustrar este punto, sólo se tiene que ver el papel que han desempeñado las empresas públicas, la mayoría de las cuales producen pérdidas; y representan el 40% del empleo general en el sector industrial de la región.[205]

Un estudio realizado por Thomas (2001) muestra la experiencia del desarrollo de Kerala en un contexto global utilizando criterios del Banco Mundial para medir el desarrollo. La segunda generación de indicadores del Banco Mundial considera el desarrollo humano, la regulación financiera, la gobernabilidad y la protección ambiental como condiciones importantes para el desarrollo. Thomas afirma que aunque

---

203. J. Dreze y Amartya Sen (1995), *Indian Economic Development and Social Opportunity*, Oxford University Press.
204. Sen Amartya (1999), *Development as Freedom*, Oxford University Press.
205. Mohanan Pillai, «Wither State Sector Enterprises in Kerala», en P. Mohanan Pillai, *Economic and Political Weekly (Rewiew Management)*, febrero, 17.

Kerala ha cumplido con la primera y tercera condiciones, no ha tenido éxito en la segunda y cuarta condiciones. ¿Por qué el crecimiento de la productividad sigue siendo un problema para Kerala? Una consulta con las empresas y empresarios líderes del estado para realizar una evaluación exhaustiva de las causas reales y percibidas puede ayudar a entender los factores que operan tras la baja productividad de Kerala.

8.4. ¿Cambio de paradigma o signos superficiales de la tendencia de crecimiento en Kerala?

Kannan[206] reconsidera el debate del desarrollo desigual debido a un cambio de la tasa de crecimiento de Kerala a partir de 1987, año en el que finalizó el patrón de bajo crecimiento

	Kerala		La India	
	Periodo I	Periodo II	Periodo I	Periodo II
Sector primario	-0,14	2,90	2,69	3,47
Sector secundario	2,38	6,13	5,02	6,53
Sector terciario	3,28	7,55	5,19	7,48
Agregado	1,89	5,79	4,08	5,98
Producto interior per cápita	0,52	5,03	1,87	4,01

Fuente: Citado en Kannan, 2007, pág. 327. Basado en «Net State Domestic Product data for States» publicado por Central Statistical Organization.
Nota: Periodo I = 1970-71 a 1986-87 y Periodo II = 1987-88 a 2002-03.

206. Kannan, 2007, «From Human Development to Economic Growth», en A. Vaidyanathan y K.L. Krishna (eds.), *Institutions and Markets in India's Development*, Oxford University Press, págs. 319-344, .

y la región empezó a mostrar tasas de crecimiento más elevadas que en el conjunto de la India. El periodo entre 1970 y 1987 se caracterizó por niveles elevados de desarrollo humano, pero bajo crecimiento del producto interno neto del estado y solamente un crecimiento del 0,52% en la renta per cápita, comparado con un 1,87% para el conjunto de la India. Por otro lado, el periodo de 1987 a 2003 muestra un cambio de tendencia con un crecimiento per cápita estable del 5,03%, por encima de la media nacional de 4,01%.

Este cambio de tendencia implica la posibilidad de que la inversión en desarrollo humano en Kerala haya empezado a generar crecimiento económico. Sin embargo, es necesario evaluar la existencia de esta relación mediante la exploración de las causas del crecimiento y la naturaleza de éste.

En su análisis, Kannan utiliza cuatro categorías teóricas que relacionan el crecimiento económico y el desarrollo humano diseñadas por Ranis *et al.*[207] Éstas son:

- Un círculo virtuoso en el que el crecimiento económico y el desarrollo humano crean una «espiral hacia arriba reforzándose mutuamente».
- Un círculo vicioso en el que el bajo nivel de desarrollo humano conduce a bajo crecimiento económico que, al mismo tiempo, disminuye el progreso hacia el crecimiento económico.
- Desequilibrios con alto crecimiento económico y bajo desarrollo humano.
- Desequilibrios con un alto nivel de desarrollo humano y bajo crecimiento económico.

---

207. Ranis Gustav, Frances Stewart y Alejandro Ramirez, 2000, «Economic Growth and Human Development», *World Development*, vol. 28, n.º 2.

Kannan sostiene que Kerala ha pasado de una situación de desequilibrio con un alto nivel de desarrollo humano y bajo crecimiento económico, a una situación que sea tal vez de círculo virtuoso. ¿Por qué sucedió?

Kannan cree que la transformación se debido principalmente al cambio demográfico y a las remesas, y sostiene que la liberalización económica que empezó a finales de los ochenta no pudo tener un efecto tan rápido. Sin embargo, se cree que las reformas económicas de la India reforzaron el tamaño de las remesas hacia Kerala durante las dos décadas, a causa del establecimiento de un tipo de cambio de mercado en detrimento del tipo de cambio fijo que existía antes de las reformas, que resultó en la depreciación de la moneda de la India, la rupia. El ingreso por remesas era un factor importante que contribuía a un mayor ingreso per cápita de Kerala, pero el efecto sobre el crecimiento económico tal vez se retrasó porque el dinero procedente de las remesas se dedicó a pagar deudas y la dote de las novias de la familia. Posteriormente, estos ingresos se dedicaron a comprar tierras. Por este motivo, las remesas no conllevaron un crecimiento económico inmediato. Según Kanna, las remesas crearon la posibilidad de demanda, mientras que la eliminación de las restricciones mediante las reformas económicas creó la posibilidad de oferta. La combinación de estos factores generó crecimiento económico.[208]

Es posible argumentar que el desarrollo humano en Kerala indirectamente creó la posibilidad de migrar, y por tanto el desarrollo humano ha conducido al crecimiento. No obstante, la migración de Kerala tal vez se vió influida por su historia y localización, así como por la elevada demanda de tra-

---

208. *Ibíd.*, págs. 319-342.

bajo en la región del Golfo Pérsico, y no por su desarrollo humano. Como Kannan apunta, éste sería el caso teniendo en cuenta que la mayoría de emigrantes hacia el Golfo Pérsico solamente disponía de un nivel de educación primaria y habilidades básicas.

Llegados a este punto, es necesario considerar qué tipo de crecimiento se ha llevado a cabo, algo que Kannan podría analizar con más detalle. En primer lugar, las remesas generan crecimiento en la provisión de servicios, pero Kannan indica que, en la segunda fase, el crecimiento se ha dado en todos los sectores de la economía. El crecimiento ha sido mayor en el sector terciario, pero también ha ocurrido en el sector secundario. El sector primario ha experimentado las tasas de crecimiento más bajas, con tasas menores que en el conjunto de la India. Kannan indica que tal vez el crecimiento haya sido mayor que el publicado por las estadísticas porque éstas consideran el producto interior del estado, que no incluye las remesas. Por tanto, tal vez Kerala tenga un nivel de ingreso per cápita más elevado y, probablemente, un crecimiento mayor que el que reflejan las estadísticas.

También pone algunas condiciones al crecimiento. De este modo, Kerala no consiguió atraer inversiones hacia el sector industrial a gran escala. Esto tal vez se deba a la percepción de Kerala como una región con relaciones laborales conflictivas. En lugar de inversiones en el sector industrial, Kerala experimentó un aumento en la inversión de bienes y servicios no transables, así como un aumento del mercado de bienes y servicios producidos fuera de Kerala.

Un problema adicional, que Kannan no menciona, consiste en que el crecimiento impulsado por remesas aumente la volatilidad de la economía a causa de la influencia de factores externos sobre la cantidad de remesas recibidas, tales como la guerra de Iraq.

Además, dentro de Kerala, las tasas de desempleo han permanecido elevadas a pesar del crecimiento económico y la migración continuada. En cuanto a los hombres, la tasa es 2,5 veces más elevada, mientras que entre las mujeres es 9 veces más elevada, comparada con el conjunto de la India. La creación de empleo se ha producido principalmente en el sector informal, con lo que la calidad del empleo es baja.[209]

Kannan[210] concluye que el potencial pleno de Kerala no se alcanzará hasta que se supere el reto de la productividad laboral y la creación de empleo en puestos de trabajo seguros y decentes. Identifica cuatro factores a favor de Kerala:

- Bajo crecimiento poblacional y una disminución de la población dependiente.
- Una fuerza laboral con buenos niveles de educación.
- Una transformación estructural de la economía que se aleja de la agricultura.
- Migración laboral internacional y la experiencia y habilidades adquiridas en el extranjero.

Kannan también identifica cuatro factores no favorables:

- Desarrollo humano que conduce a crecimiento económico, pero es necesario que existan factores críticos y complementarios como la provisión de electricidad.
- Falta de apoyo al cambio tecnológico.
- Calidad de la educación.
- Imagen negativa de los inversores hacia Kerala.[211]

---

209. *Ibíd*; págs. 335-339.
210. *Ibíd*; pág. 339.
211. *Ibíd*; págs. 341-342.

Transformación estructural de la economía de Kerala (comparada con el resto de la India) medida según ingresos y empleo en distintos sectores

	Primario	Secundario	Terciario
1983			
Ingresos	35 (41)	25 (22)	40 (37)
Empleo	50 (69)	22 (13)	28 (18)
1987-88			
Ingresos	35 (35)	22 (24)	43 (41)
Empleo	52 (66)	20 (15)	28 (19)
1993-94			
Ingresos	32 (33)	20 (24)	48 (43)
Empleo	49 (65)	21 (14)	30 (21)
1999-2000			
Ingresos	26 (28)	19 (24)	55 (48)
Empleo	32 (60)	28 (16)	40 (24)

Fuente: Kannan, K.P. (2007), «From Human Development to Economic Growth. Kerala's Turnaround in Growth Powered by Human Development, Remmitances and Reform» en Vaidayanathan A. y K.L. Krishna (eds.), Institutions and Markets in India's Development, Oxford University Press.
Para ingresos: Gobierno de la India (2003a)
Para empleo: Para Kerala: NSSO Informe n.º 341/3, Report on the Third Quinquennial Survey on Employment and Unemployment, febrero 1988; Sarvekshana, Special Issue, State Series, Kerala, enero 1992; NSSO Informe n.º 409, Report on the Fifth Quinquennial Survey on Employment and Unemployment in India, marzo 1997, y NSSO Informe n.º 458, Report on Sixth Quinquennial Survey on Employment and Unemployment in India.
Para el conjunto de la India: 1983: Sarvekshana, Issue n.º 35, vol. XI, n.º 4, abril 1988.
Para 1987-88: Sarvekshana, número especial, septiembre 1990. Para 1993-94 y 1999-2000: Igual que para Kerala
Nota: Las cifras en paréntesis son para el conjunto de la India.

Según Kanna, el mayor reto es la alta tasa de desempleo entre la población con niveles de educación en Kerala.[212] Aunque el auge del sector de Tecnologías de la Información (TI) en la India también convirtió a Kerala en una plataforma para la

---

212. *Ibíd.*, pág. 344.

subcontratación de servicios TI, especialmente por la saturación de ciudades como Bangalore y Hyderabad, los empleos en este sector no han sido capaces de absorber el superávit de trabajadores con niveles de educación en Kerala. Esto se debe principalmente a que las personas con altos niveles de educación en Kerala no disponen de las habilidades técnicas necesarias. Además, los trabajos en el sector de TI no pueden solucionar el problema de las altas tasas de desempleo entre los grupos de población con menos ingresos, que raramente tienden a poseer las habilidades necesarias para trabajos técnicos.

9. EL EFECTO DEL ENTORNO Y LAS INSTITUCIONES EN LA ACTIVIDAD EMPRESARIAL

Kerala ha alcanzado buenos resultados en el ámbito social gracias a un gran número de procesos históricos. Además de una fuerte tradición en política social que se remonta a finales del siglo XIX, los factores que más han influido en los resultados en desarrollo humano desde la creación del estado en 1957 han sido la movilización de las masas y la acción pública directa. Algunos críticos sostienen que los logros sociales son insostenibles a largo plazo debido a la elevada deuda incurrida por el Gobierno y la debilidad de la economía. Uno de los objetivos principales de esta sección empírica es investigar las causas subyacentes del bajo crecimiento en Kerala. Más específicamente pretende señalar los factores clave dentro de la región que impiden la actividad empresarial de la población con altos niveles de educación y calificaciones. Un segundo objetivo de la investigación, relacionado con el primero, es mostrar las estrategias seguidas por las empresas líderes en un entorno hostil a los negocios.

La principal hipótesis que se plantea en esta sección empírica del estudio sugiere que independientemente de los logros alcanzados en la formación de capital humano, el entorno de negocios en Kerala es bastante más hostil que en otras regiones dentro y fuera de la India. Parece que las condiciones principales que restringen el crecimiento de la productividad y la actividad empresarial en Kerala son: la volatilidad laboral (huelgas y prácticas laborales restrictivas), los altos salarios, la intervención de los partidos políticos, la débil política de desarrollo industrial impulsada por el Gobierno (por ejemplo, la obtención de licencias y permisos, la falta de incentivos como subvenciones, acceso a créditos de inversión, etcétera), unas tarifas eléctricas elevadas, la falta de infraestructuras adecuadas y el alto precio de la tierra. ¿Cómo se pueden probar empíricamente estos supuestos?

9.1. Metodología

En el estudio se mide la actividad empresarial examinando el patrón y los motivos tras las decisiones acerca de nuevas inversiones realizadas en regiones vecinas por líderes empresariales de Kerala. El comportamiento de la organización, es decir, la empresa, según la teoría de Herbert Simon, los costes de transacción, siguiendo la tradición de Coarse, y las teorías económicas evolutivas ofrecen un marco teórico que permite examinar la cuestión de por qué algunas empresas y empresarios no han conseguido triunfar en Kerala, mientras que otros sí han triunfado, a pesar de emprender iniciativas empresariales en el mismo entorno.

Sin embargo, el enfoque clave consiste en identificar los vínculos causales entre los puntos mencionados anteriormente y la casi obsoleta dinámica actividad empresarial en la región. Esta identificación se ha llevado a cabo mediante la realización de entrevistas a 50 empresas líderes entre octubre de 2000 y marzo de 2001, con encuestas de seguimiento en el año 2008 a las cinco empresas líderes. En la mayoría de los casos se visitaron las instalaciones de las empresas, tanto en Kerala como en Tamil Nadu, se entrevistó a los dueños de las empresas, a miembros del equipo de gestión, a representantes de los sindicatos de trabajadores y a los trabajadores. Los datos básicos de las empresas se obtuvieron a partir de la *Dhanam Business Magazine* y de *Business Keepika*, dos revistas de negocios líderes en Kerala. Desde 1998, *Dhanam* ha publicado reportajes sobre las principales 100 y 50 empresas líderes de Kerala. La percepción que otros empresarios tienen de estas empresas, tanto dentro como fuera del sector de actividad, es el principal criterio utilizado por *Dhanam* para seleccionar empresas líderes.

9.2. Limitaciones y fortalezas del modelo de encuesta en la industria

Existe un número de restricciones asociadas con el enfoque de cuestionario-entrevista utilizado en este estudio sobre las empresas de Kerala. Por ejemplo: 1) el jefe de personal entrevistado puede exagerar las declaraciones acerca del rendimiento de la empresa y omitir detalles sobre las disputas con los trabajadores para evitar que se le tache de incompetente; 2) los propietarios y gerentes pueden restringir o esconder información de la empresa a través del jefe de personal a fin de evitar que la empresa parezca problemática; 3) los sentimientos patrióticos por parte de los entrevistados también pueden entorpecer la tarea del investigador, de quien temen que realice informes desfavorables en la prensa extranjera acerca de cómo funcionan en Kerala las empresas, los sindicatos de trabajadores y el Gobierno; 4) es posible que se perciba al entrevistador como un agente del Gobierno que trata de buscar información incriminatoria acerca de las dudosas cuentas y beneficios/pérdidas de la compañía publicados en sus informes oficiales; 5) si se entrevista a un gerente de alto rango, es posible que éste sea reacio a revelar información sobre el funcionamiento de la empresa, bajo el temor de que el entrevistador haya sido contratado por el dueño de la empresa para poner a prueba su fidelidad, y, finalmente y no sin importancia, 6) los criterios que sigue la revista *Dhanam* a la hora de seleccionar las 100 empresas líderes son más bien débiles en términos puramente empíricos. Por ejemplo, las empresas de sus listas no han sido seleccionadas basándose en el número de trabajadores, su facturación anual, beneficios altos de forma sostenida sobre costes durante un periodo de 5 años, o el crecimiento de la empresa en términos del número de filiales o alianzas con multinacionales. Los criterios principales utilizados por esta revista para seleccionar las 100 y 50 empresas líderes en Kerala son la percepción pública y la opinión de expertos de sectores industriales.

El rasgo positivo del formato encuesta utilizado en este estudio es que permite obtener información de primera mano acerca de los obstáculos que los empresarios, gerentes, trabajadores y sindicatos afrontan día a día. En algunos casos, los datos primarios de este tipo pueden ser más fiables que las estimaciones de las causas del bajo crecimiento que se derivan de modelos y análisis de datos macro y mico secundarios. El tipo de encuesta llevada a cabo en este estudio también es más efectivo que los cuestionarios enviados por correo o las entrevistas telefónicas, pues permite al investigador observar físicamente la empresa. Cada entrevista personal duró entre 2 y 4 horas, incluyendo reuniones con los dueños, gerentes, representantes de los sindicatos y los trabajadores. Aunque la selección de la revista *Dhanam* de las empresas líderes no se basa en un criterio empíricamente riguroso, aquel que los principales economistas considerarían adecuado para un estudio de estas características, los datos que proporcionan son valiosos, dado que no existe una alternativa mejor para obtener información del funcionamiento de las empresas en la región. Por tanto, los datos proporcionados por *Dhanam* proveen un punto de partida útil a partir del cual obtener más información sobre los empresarios líderes en la región. La conclusión obtenida por la revista *Dhanam* acerca de las empresas y empresarios líderes coincide, en su mayor parte, con las conclusiones a las que se llega en este estudio.

9.3. ENTREVISTAS A EMPRESAS

En esta sección se presentará un resumen de las entrevistas llevadas a cabo en las ocho empresas manufactureras líderes, tanto públicas como privadas, durante dos periodos (entre octubre de 2000 y febrero de 2001, y entre febrero y mayo de 2008), y se identificarán algunos de los obstáculos a los que se enfrentan estas empresas. En secciones posteriores se presentarán resúmenes de las experiencias de otros empresarios. Al final del capítulo se incluye una tabla con los resultados completos de las entrevistas a las 50 empresas.

9.3.1. Poppy Umbrella

La primera entrevista incluida en esta sección destaca los retos a los que se enfrentó Davis Thayyil, presidente de Poppy Umbrella, basado en Allepy, una de las empresas líderes de Kerala, de tamaño medio. Según el señor Thayyil, las razones principales de la baja productividad de su empresa y el motivo del traslado de algunas plantas fuera de Kerala, son, por orden de importancia: 1) infraestructura deficiente; 2) tensiones laborales; 3) altos salarios, y 4) mejores incentivos financieros por parte de otros Gobiernos.

Thayyil señala que: «la experiencia de Poppy Umbrella en las transacciones financieras ha sido de cortos periodos de repago para préstamos bancarios y peores condiciones, en términos de tipos de interés, que las ofrecidas en otros estados. Además de esta desventaja, el Gobierno apoya prácticas laborales injustas, defendidas por los sindicatos. El Gobierno también interfiere en el día a día de la empresa en Kerala. El periodo entre 1975 y 1985 se destacó por grandes huelgas en Poppy Umbrella, pero los problemas laborales no han disminuido en nuestra empresa ni en Kerala, aunque el Gobierno y la prensa quieran sugerir lo contrario. Las industrias no vendrán hacia acá».

El salario promedio en Poppy Umbrella de Kerala es de 3.000 rupias mensuales. La facturación anual es de 1.050 millones de rupias, y la facturación anual en las plantas situadas fuera de Kerala es de 850 millones de rupias.

Poppy Umbrella trasladó sobre todo las unidades dedicadas a la producción fuera de Kerala hace unos 15-20 años. Davis Thayyil insiste en que Poppy Umbrella consideraría trasladarse de nuevo a Kerala sólo si se cumpliesen las condiciones siguientes. En primer lugar, los estándares de infraestructura deberían mejorar significativamente. En segundo lugar, las demandas de salarios se deberían reducir hasta alcanzar los estándares de la industria. Y, finalmente, se debería reducir la intervención del Gobierno.

Como consecuencia del entorno hostil y los pocos incentivos en Kerala, Poppy Umbrella ha creado 550 puestos de trabajo en Rajasthan y 120 en Mumbai (Bombay). Aproximadamente el 70% de la fuerza laboral de Poppy Umbrella está formada por mujeres, con edades entre los 26 y 50 años. A excepción de Kerala, pocos trabajadores marchan de la empresa. El tipo de tareas llevadas a cabo requiere un nivel intermedio de cualificación.

El presidente de Poppy Umbrella sostiene que sus beneficios han aumentado un 15% como resultado del traslado de unidades de producción a Rajasthan. Las plantas localizadas fuera de Kerala se especializan en tres áreas principales: Futex, la filial de Poppy Umbrella en Rajasthan, fabrica los ejes y el varillaje de los paraguas; Fuma, otra filial en Rajasthan, produce la cubierta de los paraguas, y, finalmente, Konica, la unidad de Mumbai, fabrica los mangos de los paraguas.

Cuando se le preguntó acerca de si la inestabilidad laboral interrumpía la productividad en Poppy Umbrella y si, en definitiva, había resultado nociva para el desarrollo de la empresa en los últimos 10 diez años, el señor Thayyil dijo que el problema seguía siendo igual de complejo en 2008 que en el año 2000, cuando el primer nivel de estudios en los trabajos de investigación se llevó a cabo. Cuando se le interrogó sobre si Poppy Umbrella estaba recibiendo un mayor o un menor apoyo del Gobierno del estado de Kerala para sus actividades, en forma de incentivos financieros, fiscales y subvenciones en 2008 que en 2000, Thayyil respondió que las condiciones no habían cambiado, y que eran igual de pobres que hacía ocho años. Por otra parte, la deficiente infraestructura física y la distancia entre los mercados donde los productos de Poppy se venden, siguen afectando al comportamiento de la empresa. Los atascos de las infraestructuras, afirma que son los mismos que en 2000.

El cambio más significativo que se ha producido en el entorno empresarial de Kerala con respecto al rendimiento de Poppy Umbrella durante los últimos ocho años, se dice que es debido a la globalización. De acuerdo con Davis Thayyil, la liberalización de la economía gracias al Gobierno central ha beneficiado, más que ha perjudicado, el rendimiento de Poppy Umbrella durante el último decenio. Una mayor competencia internacional, añade, ha mejorado claramente el rendimiento de Poppy Umbrella, pero, no obstante, el Gobierno del estado de Kerala no aplica el principio de igualdad.

Las cifras de facturación anuales de Futex y Fuma son de 300 y 350 millones de rupias, respectivamente, mientras que la facturación anual de Konica es de 200 millones. Los salarios son entre el 12 y el 25% menores en Rajasthan, y la producción per cápita de las filiales de la región es más elevada, según el presidente de Poppy Umbrella. Como consecuencia de la elevada tasa de ahorro en cuanto a la producción en cuanto a otras regiones, la única planta situada en Kerala es la unidad de montaje. La fabricación de los componentes de los paraguas se realiza en Rajasthan y Mumbai, pues requiere grandes inversiones. Además, los esquemas de desarrollo industrial e incentivos que el Gobierno de Rajasthan ofreció a Poppy Umbrella en 1985 fueron muy atractivos. Thayyil afirma que las condiciones y la política industrial ofrecidas por el Gobierno de Kerala han continuado siendo muy desfavorables. Los factores clave que llevaron a Poppy a trasladarse a Rajasthan y Mumbai incluyen mejores infraestructuras (electricidad y vías de transporte), contratos fiables y duraderos con los sindicatos de trabajadores y mejores incentivos financieros. Las políticas de licencias y permisos del Gobierno de Rajasthan eran mucho más eficientes y ventajosas para Poppy Umbrella. La política de licencias de Kerala es aún bastante mala. Por ejemplo, en 1985 cuando Poppy Umbrella abrió una filial en Rajasthan, el Gobierno de la región estaba interesado en saber cuántos puestos de trabajo y tareas auxiliares (a través de vínculos con la planta principal) se crearían. Mientras, el Gobierno de Kerala no mostró ningún interés similar. Davis Thayyil afirma que: «cuando Poppy Umbrella empezó en Rajasthan en 1985, el Gobierno nos pidió el pago de un impuesto del 6% sobre las ventas. Actualmente este impuesto es del 0%. Al Gobierno de Rajasthan le preocupa más que creemos empleo. En Kerala, cuanto más vendes, más te castigan. En 1995, el impuesto sobre ventas era del 4%; en 2001 la tasa aumentó al 8%. Cuanto más te castiguen, más esfuerzos harás para escapar del castigo invirtiendo en otras regiones».

El Gobierno de Kerala introdujo hace unos años un esquema de impuesto sobre ventas uniforme del 8%. Según Davis Thayyil, casi todos los estados han adoptado esta política, mientras que el Gobierno de Rajasthan ha asegurado a Poppy Umbrella que no aumentarán el impuesto sobre ventas de paraguas a pesar del esquema de impuesto sobre ventas uniforme. Como resultado de esta política flexible, otros fabricantes de paraguas han empezado a abrir filiales en Rajasthan. Aparte de la fabricación de paraguas, la otra industria de Rajasthan es la de la piedra y el mármol.

La sucursal de fabricación de Poppy, Futex, que emplea a 250 personas en su planta totalmente automatizada de Rajasthan, ha creado 40.000 puestos de trabajo en la región en industrias auxiliares, como las industrias para fundas de paraguas.

Como consecuencia directa de las inversiones de Poppy Umbrella en este sector, Rajasthan se ha convertido en el centro de materias primas destinadas a paraguas de la India. La ironía es que Rajasthan es uno de los sitios en los que es menos probable que llueva. Aproximadamente el 85% del mercado de Poppy se encuentra en Kerala. Por ejemplo, los comerciantes de componentes de paraguas en Rajasthan determinan el precio de los insumos para el resto de la India. Esto indica hasta qué punto la industria de paraguas es influyente en Rajasthan. Incluso se fundó la Federación de Fabricantes de Paraguas en Rajasthan.

9.3.2. Grupo Birla: Kerala Spinners y Grasim Industries

En comparación con Poppy Umbrella, que se trasladó a otras regiones por la infraestructura deficiente y las tensiones laborales, el señor Lalichal Arakal, director gerente de Kerala Spinners, una compañía del Grupo Birla basada en Allepy, afirma que el alto coste laboral es el principal obstáculo para un crecimiento de la productividad en su empresa. Entre otros factores clave que tienen efectos negativos sobre la productividad destaca el elevado coste del transporte (los mercados de Kerala Spinners están lejos).

El Grupo Birla dispone de dos unidades de producción en Kerala, una en Allepy, y otra en Calicut. La unidad de Allepy, Kerala Spinners, tiene 800 empleados, y la unidad de Calicut, Grasim Industries, tiene 3.200 empleados. Entre las dos unidades proporcionan empleo a 4.000 personas, 70% con cualificaciones, el 30% con baja cualificación. Aproximadamente el 95% de la fuerza laboral es masculina, con una edad promedio de 36 a 50 años.

Kerala Spinners está especializada en la producción de textiles. La unidad de Calicut, en la provisión de insumos para la producción de textiles, pero actualmente está cerrada por problemas laborales, y lo ha estado en los últimos 18 meses. Sin embargo, los trabajadores continúan en nómina mientras se soluciona la disputa en el juzgado.

Según Lalichal Arakal, la volatilidad laboral es aún un factor que ha influido en el Grupo Birla a la hora de abrir unidades de producción en otros estados del Sur de la India fuera de Kerala. El Grupo Birla parece tener la misma preocupación, y estos factores están disuadiendo al grupo empresarial a realizar más inversiones en Kerala. Se calcula que los costes salariales son mucho más bajos en las unidades del Grupo en Tamil Nadu y Karnataka.

Además de las unidades en Kerala, el Grupo Birla dispone de dos unidades químicas y de automóviles en Tamil Nadu. En Karnataka, el Grupo dispone de una unidad de pulpa de fibra que emplea a 3.000 personas. Ninguna de estas unidades ha presentado conflictos laborales, por lo que el Grupo Birla en ningún momento se plantea trasladarlas a Kerala. El coste salarial en Tamil Nadu es considerablemente menor porque es más productivo; así, aunque los salarios son parecidos a los de las unidades de Kerala, la producción por empleado es más elevada. Además, es más fácil acceder a mano de obra barata en Tamil Nadu debido a sus elevados niveles de pobreza.

El Grupo Birla se fundó en Kerala en 1967. En los últimos siete años, Kerala Spinners ha experimentado tres conflictos laborales importantes. El más reciente ocurrió en mayo de 2000, con lo que se rechaza la hipótesis de que desde los años ochenta los problemas laborales en Kerala han desaparecido. Antes de la última década, Kerala Spinners y Grasim Industries experimentaron serios conflictos laborales cada año desde 1967. La principal causa de los conflictos recientes tiene que ver con el pago de primas. Una vez al año, la compañía ofrece primas a sus empleados. El Gobierno de Kerala exige a la empresa dar primas de, al menos, el 8,33% del sueldo. Birla ha cumplido con este requerimiento año tras año. El conflicto radica en que los trabajadores demandan una prima del 30-40% anual. Incluyendo la prima, el salario promedio de Kerala Spinners es de 7.300 rupias al mes. Normalmente, las primas se basan en la rentabilidad de la empresa. En el caso de las unidades de Kerala Spinners, los trabajadores continúan reclamando grandes cantidades por primas, incluso durante los años en los que la empresa ha tenido pérdidas y la productividad se ha mantenido o, incluso, ha disminuido. Las tensiones laborales fueron la causa principal del cierre de la unidad de Calicut. Birla también ha sufrido problemas laborales en la unidad de Allepy. En las unidades de Kerala del Grupo Birla, la productividad total de los factores es un 50% menor que las normas de la industria. Dada la importancia del Grupo Birla en la India, junto con el Grupo Tata, sería obvio pensar que el Gobierno de Kerala se esforzase en atraer más inversiones de estos Grupos, en lugar de disuadirlos.

En los últimos años se ha utilizado un mecanismo para minimizar los conflictos laborales que consiste en diseñar acuerdos a largo plazo, de 3 a 5 años. El principal objetivo es acordar términos legales vinculantes (flexibilidad para trasladarse a otras unidades de la misma fábrica, alcanzar tasas de producción deseadas, salarios y primas) que facilitarían la colaboración entre las partes y el trabajo conjunto hacia la misma causa. Generalmente, en casi todas las empresas de Kerala el tema de las primas se cubre con acuerdos a largo plazo. La razón principal del conflicto de mayo de 2000 en la planta de Calicut fue el incumplimiento del acuerdo por parte de los sindicatos de los trabajadores. Como resultado de su mala experiencia en Kerala, así como por la aceptación firmada por parte de la India de los acuerdos del GATT en abril de 2001, el Grupo Birla está considerando salir del sector textil. La competencia de empresas extranjeras y el aumento de insumos a bajo precio harán imposible que Kerala Spinners continúe en el negocio.

9.3.3. *V-Guard Industries*

Seguidamente se comentará la entrevista realizada a Kochouseph Chitilapilly, dueño y director gerente de V-Guard Industries. El señor Chitilapilly sostiene que, sin lugar a dudas, el alto coste laboral y la conflictividad laboral son las principales razones por las que trasladó la producción fuera de Kerala. Un tercer factor que menciona es el incumplimiento de los objetivos de producción de Kerala. V-Guard Industries tiene una facturación anual de 1.050 millones de rupias.

Las actividades manufactureras que V-Guard Industries ha trasladado fuera de Kerala son: la producción de bienes eléctricos, trasladada a Tamil Nadu y Karnataka, y la producción de textiles, trasladada a Nitiripur, en Tamil Nadu. Estas actividades se trasladaron a estados vecinos en la primera mitad de los años noventa. La única condición que V-Guard Industries consideraría para trasladar nuevamente las fábricas a Kerala sería una drástica reducción del poder y la interferencia de los sindicatos de trabajadores, así como una menor intervención por parte del Gobierno y los partidos políticos para extraer rentas.

Como resultado de los problemas laborales y la intervención de los partidos políticos en Kerala, V-Guard Industries ha creado aproximadamente 1.250 empleos en Tamil Nadu y Karnataka. La edad media de los trabajadores de V-Guard Industries fuera de Kerala oscila entre los 22 y 25 años. El 80% de la fuerza laboral es femenina, con un nivel de cualificación intermedio.

V-Guard Industries se fundó en 1977. En la época de su formación, sólo contaba con tres trabajadores especializados en la producción de estabilizadores de voltaje y reguladores. En siete años, la empresa creció rápidamente hasta 200 empleados. En 1984, la presencia de los sindicatos de trabajadores en la empresa se acentuó. En 1985, la empresa entró en una fase de crecimiento, que coincidió con un aumento de las huelgas y otras formas de interrupción de la producción. La principal fuente del conflicto fue la presión por parte del grupo de gerentes para aumentar la producción; los trabajadores no estaban de acuerdo en alcanzar esos objetivos. Los gerentes de la unidad de Kerala eran conscientes de que se trataba de una carga justificable. Los proveedores de materias primas eran de Tamil Nadu y Bangalore; el contacto regular con éstos les permitió darse cuenta de que en la unidad de Kerala se podía esperar más en términos de producción.

La primera huelga de V-Guard Industries se produjo en 1985; duró 21 días e interrumpió de forma importante los flujos financieros y la producción. Actuó como un aviso para el señor Chitilapilly, que se prometió a sí mismo que esta situación no se debía repetir si quería triunfar en el negocio.

El tipo de especialización de V-Guard Industries no requiere una línea de montaje de producción, lo cual reclamaría grandes inversiones en equipamiento y maquinaria. V-Guard Industries no tenía una planta de procesamiento. Así, no era una mala opción transferir trabajo y subcontratarlo en estados vecinos y unidades de Kerala más pequeñas.

Inicialmente subcontrató el trabajo de organizaciones benéficas. Los ingenieros técnicos de V-Guard Industries proporcionaron el entrenamiento necesario a estas unidades. Los empleados de V-Guard Industries ocupaban las posiciones clave (supervisión y calidad de control), mientras que el resto de trabajadores eran contratados. Chitilapilly vio en la subcontratación una buena alternativa a la producción a gran escala, que acababa en problemas laborales, y por tanto decidió extender el método en todas sus actividades.

En 1984, V-Guard Industries disponía de tres unidades subcontratadas para la producción de bienes eléctricos, bajo la marca de V-Guard, principalmente la manufactura de estabilizadores de voltaje y reguladores, situadas en Kochi y que proporcionan empleo a 200 personas. Cada unidad tenía entre 60 y 70 trabajadores. Los niveles de productividad de estas unidades eran elevados porque los salarios estaban vinculados al producto por trabajador. En 2001, V-Guard

Industries proporcionaba empleo a aproximadamente 2.500 personas, 1.250 de las cuales se encontraban en sus distintas unidades especializadas en textiles, fabricación de relojes de madera, artesanía de palos de madera y bienes eléctricos de Tamil Nadu y Karnataka. Sin embargo, oficialmente, V-Guard Industries sólo tenía 600 empleados en plantilla, ya que el resto quedaba clasificado como trabajo subcontratado.

Alrededor del 90% de las unidades de producción de V-Guard Industries se encuentran en zonas rurales en lugar de ciudades. Según Chitilapilly, el nivel esperado de salarios es mucho menor en las zonas rurales. Además, el riesgo de tensiones laborales en V-Guard Industries se reduce al emplear a mujeres. El 90% de la fuerza laboral de V-Guard Industries está compuesta por mujeres. Las empresas subcontratadas (organizaciones benéficas, iglesias y grupos de mujeres) reciben una cantidad específica por cada regulador de voltaje que producen. Por cada regulador producido por encima de lo requerido a diario reciben un precio más elevado. Éste es un incentivo efectivo para que los empleados aumenten el nivel de producción.

La industria de ropa de V-Guard Industries bajo la marca de V-Star utiliza el mismo concepto de producción que V-Guard. Aunque el centro de diseño y la cadena de tiendas de V-Star son oficialmente propiedad y están dirigidas por personal de V-Star, las unidades de producción están dispersas por distintos lugares de Kerala y compuestas por trabajadores subcontratados. La ropa para mujeres producida incluye *salwar camis* y *churidars*.[213]

---

213. *Salwar camis* y *churidars* son estilos de ropa de la India; el *salwar camis* consiste en una camisa larga, tipo blusón, acompañada de unos pantalones, y los *churidars* son una variante del *salwar*, mucho más ajustada en los tobillos. (*Nota del Traductor*.)

La inversión a gran escala en el año 2001 de V-Guard Industries, de 150 millones de rupias, se produjo en el estado vecino de Tamil Nadu en lugar de Kerala. Las tensiones laborales y la intervención del Gobierno fueron las razones principales de esta decisión. La fábrica de V-Guard Industries en Tamil Nadu está especializada en la fabricación de calentadores de agua, bombas de agua, controladores de nivel de agua y cables eléctricos. La producción en esta planta está altamente mecanizada, y sólo se necesitan 30 empleados para operar la fábrica. Chitilapilly sostiene que su poder de negociación con el Gobierno de Kerala es mayor tras la apertura de la fábrica en Tamil Nadu. Si los trabajadores de las unidades de Kerala se declaran en huelga, puede transferir producción a sus unidades en Tamil Nadu. Otros productores que no hayan realizado provisiones similares son mucho más vulnerables a huelgas y otros tipos de protestas, que pueden arruinarlos. Es interesante mencionar que Chitilapilly es conocido por ser el mayor contribuyente de Kerala.

9.3.4. Kitex Limited

La cuarta entrevista seleccionada de la lista de 50 entrevistas cuenta la experiencia vivida por el señor M.C. Jacob, presidente de Kitex Limited. Jacob es uno de los líderes industriales de Kerala. Ha operado en el sector textil durante varias décadas, y en los últimos años también ha trasladado unidades de producción fuera de Kerala. Jacob cita las interferencias políticas y la corrupción de los partidos políticos en complicidad con los sindicatos de trabajadores como las principales razones del traslado de la producción a estados vecinos como Tamil Nadu. Jacob invirtió más de 10 millones de dólares US en Tamil Nadu en el año 2000 para instalar capacidad productiva. Las principales actividades de Kitex son:

el tejido de hilos, la producción de telas grises y camisetas y la fabricación de colchas. Kitex también dispone de otras empresas como Kitex Garments, que fabrica camisetas, tejanos y *lungis*.[214] Esta unidad tiene 1.200 empleados y una facturación anual de 360 millones de rupias. Kitex Weaving es otra empresa de Kitex fundada en junio de 2000, especializada en la producción de bolsas para el colegio y paraguas. Tiene 300 empleados y una facturación anual esperada de 200 millones de rupias.

Además de estas actividades manufactureras, Kitex también ofrece trabajo contratado a comunidades locales a través de organizaciones benéficas, conventos, organizaciones de mujeres e incluso hogares privados. Como se ha mencionado anteriormente, V-Guard Industries también realiza esta práctica laboral. El principal objetivo de esta iniciativa, según Jacob, es generar una mayor producción y al mismo tiempo crear posibilidades de ingreso para amas de casa y miembros con pocos recursos de la comunidad. Kitex proporciona los materiales necesarios con los que producir paraguas y bolsas de colegio. Las instituciones privadas deben comprar sus propias máquinas de coser. A cambio, se les paga 10 rupias por cada bolsa de colegio y 3 rupias por paraguas.

La facturación anual de todas las industrias del señor M.C. Jacob es de 1.740 millones de rupias, de los cuales 400 millones se generan en las empresas con base en Tamil Nadu, que emplean a 800 personas. El salario medio mensual es de 2.500-3.000 rupias, y los beneficios para los trabajadores incluyen alojamiento y comida gratis. Las tres industrias de Kitex en Kerala proporcionan empleo a 2.500 trabajadores

---

214. *Lungis* es una pieza tradicional del Sur de la India que llevan los hombres alrededor de la cintura. (*Nota del Traductor.*)

semi-cualificados. Además de estos beneficios, la empresa proporciona formación durante tres meses con un salario de 1.000 rupias al mes. En el caso de Jacks Aluminium, empresa que forma parte de Kitex, el periodo de formación puede llegar a durar dos años. Durante el primer año, el empleado recibe 1.000 rupias al mes; y el segundo año, el sueldo aumenta a 1.500 rupias al mes.

La principal dificultad con la que se encontró el señor Jacob fue mantener la interferencia del Gobierno al mínimo. Según él, normalmente sus trabajadores no están descontentos con las condiciones, pero aun así, los partidos políticos, en colusión con los sindicatos de la empresa, coaccionan a los trabajadores a unirse al sindicato, amenazándoles tanto a ellos como a sus familias. Los partidos políticos utilizan estas tácticas agresivas para poder obtener rentas de los dueños de las industrias en forma de sobornos. Según Jacob:

> «En el caso del Partido del Congreso, el político corrupto se queda con el 90% del soborno, y el 10% restante pasa al partido. En el caso de los partidos de izquierdas (CPIM), el político se queda aproximadamente el 30-50% del soborno y pasa el resto al partido para financiar mítines y otras actividades».

Tanto los partidos de derechas como los de izquierdas interfieren en las operaciones de las industrias. El motivo, como se ha mencionado, es simple: la extracción de rentas en forma de sobornos.

La estrategia acostumbra a seguir los siguientes pasos: coacción a los empleados por parte de los sindicatos para reclamar un aumento del 30% de la prima o del sueldo. Los partidos políticos asociados con estos sindicatos proponen que se negocie un acuerdo aceptable entre los trabajadores y los gerentes mediante la reducción de este porcentaje del 30 hasta el 15%. A cambio de los servicios de mediación, los partidos políticos esperan el pago proveniente de los gerentes de la empresa. Si éstos rechazan las demandas o no permiten que los trabajadores se organicen en sindicatos, se declaran huelgas y otras actividades que perjudican la producción para forzar a la empresa a acceder a las demandas de los trabajadores y los partidos políticos. En las empresas en las que no existen sindicatos, los partidos políticos ejercen presión sobre los empresarios a fin de que se permita la formación de sindicatos en la empresa. Si según los trabajadores los sueldos no son satisfactorios, se emprenden actividades como el trabajo mínimo o huelgas. Este tipo de tensiones ha tenido efectos negativos en la producción y ha acabado con grandes pérdidas, como en el caso de Kitex. En cambio, en Tamil Nadu, si los empleados no están satisfechos con sus salarios, lo notifican y se cambian a otra empresa que les ofrezca mejores condiciones. Además, no protestan ni reclaman mayores sueldos si saben que los gerentes de la empresa no pueden satisfacer sus demandas.

Según Jacob, el nivel de interferencia política en las empresas de Kitex ha disminuido desde los años noventa. Sin embargo, esta reducción no ha impedido que continuara invirtiendo en Tamil Nadu. Tener plantas de producción en Tamil Nadu actúa como un mecanismo de salvaguardia para Kitex si las unidades de Kerala se han de cerrar a causa de tensiones laborales. Además, también aumenta la posición negociadora de Kitex con los partidos políticos y los sindicatos. Un día después de la entrevista mantenida para este estudio, el señor M.C. Jacob viajó con destino a Tamil Nadu con el objetivo de abrir otra fábrica textil, con un capital de inversión inicial de 240.000 dólares US.

9.3.5. Indian Aluminium Company Limited (Grupo Birla)

Además de a Kerala Spinners, también se realizó una entrevista a Sureka Zacharia, jefe de personal de Indian Aluminium Company Limited (INDAL), otra empresa del Grupo Birla, especializada en fundir metales y con más de 50 años de historia. Sureka Zacharia mantiene que el principal obstáculo para el crecimiento de la productividad de INDAL es la práctica laboral restrictiva.

Aún existen tensiones laborales en la planta de Kalamasheri de INDAL, pero solamente ocurren durante la fase de renovación de los acuerdos a largo plazo entre los trabajadores y los gerentes de la empresa. No ha habido huelgas desde 1979. La disminución de ingresos en la empresa se debe principalmente al aumento de las tarifas eléctricas. En 1998, una planta de Kalamasheri tuvo que cerrar a causa de estos aumentos, y 132 puestos de trabajo se vieron en peligro.

En 1999 se alcanzó el acuerdo a largo plazo entre los trabajadores y los gerentes tras 22 meses de negociaciones y sin contrato. Como resultado del aumento de las tarifas eléctricas, los gerentes de la empresa pidieron mayor flexibilidad a los trabajadores para ser trasladados y asumir nuevas posiciones en la empresa. A cambio, se premió a los trabajadores con un aumento de 2.000 rupias al mes. Como concesión a los trabajadores el Gobierno no permitió más despidos en INDAL. Los trabajadores aplaudieron esta decisión, aunque incluso sin intervención del Gobierno no hubiesen permitido tal acción por parte de la empresa. Tampoco se permitió la subcontratación de trabajo. A cambio de estas concesiones, los gerentes de la empresa pidieron que los trabajadores siguiesen ciertas normas de producción y añadieron más responsabilidades a sus funciones de trabajo para evitar los tiempos muertos.

INDAL consiguió despedir a 140 trabajadores en 1999 a través de un esquema voluntario. Desde el punto de vista de los gerentes hubiese sido necesario despedir a 132 trabajadores más que no proporcionan valor añadido a la empresa.

El equipo gerente de INDAL sostiene que la subcontratación de trabajo sería más barata que el pago a un trabajador permanente y el tener que controlar su nivel de producción. Los costes de transacción derivados del seguimiento y control de los tránsfugas son demasiado elevados para INDAL y otras empresas de Kerala. Éste es el motivo por el que incluso las grandes empresas como INDAL están a favor de subcontratar trabajo y proporcionar trabajadores por contrato, de forma similar a V-Guard y Kitex, y otras empresas de media y pequeña escala.

Sorprendentemente, los principales obstáculos al crecimiento de la productividad en INDAL durante los años de operación en Kerala no fueron las huelgas o los cierres patronales, sino que fueron las prácticas laborales restrictivas. Desde 1943 hasta 1997, las prácticas laborales restrictivas fueron habituales en INDAL. Según Zacharia, durante el periodo mencionado la mayoría de trabajadores estuvieron trabajando al 50% de su capacidad. Esto se debe, en parte, al hecho de que no se negociaron normas de trabajo en los anteriores acuerdos a largo plazo. En cuanto a las normas, los trabajadores normalmente obtuvieron las mejores condiciones, es decir, trabajar lo mínimo posible. Pero cuando INDAL empezó a tener grandes pérdidas a mediados de los noventa, la posición de los gerentes de la empresa ante los acuerdos a largo plazo fue más severa. El ultimátum ofrecido a los trabajadores consistió en cerrar las unidades con pérdidas y sufrir despidos, o bien aceptar grupos de trabajo autónomos. Esto significaba que cada equipo de producción funcionaría de forma independiente, con pautas claras, y continuaría vinculado con el departamento de servicios. En otras palabras, se introdujo la descentralización dentro de la empresa como vía para otorgar más poder a los gerentes y a los trabajadores mediante un proceso de reducción de jerarquías. Bajo esta estructura, las unidades productoras tienen más oportunidades de realizar decisiones independientes y se les asigna mayores responsabilidades. Además, no tienen a nadie que controle su rendimiento, sino que cada equipo de producción es responsable ante los gerentes.

Las tres mayores amenazas al crecimiento de la productividad de INDAL son: la intervención de los partidos políticos, la incapacidad de introducir enmiendas en las leyes laborales obsoletas, y el aumento exorbitante de las tarifas eléctricas en los últimos años. Durante años, el Gobierno ha insistido en la necesidad de realizar cambios en las leyes laborales, pero éstos no se han materializado, lo que podría ser debido a la falta de una política industrial integrada por parte del Gobierno. Las tarifas eléctricas han aumentado un 150% desde 1995. La razón principal por la que INDAL abrió una planta en Kerala fue precisamente por el bajo coste de la electricidad de origen hidroeléctrico. Si el Gobierno de Kerala está realmente preocupado por el hecho de que INDAL cierre sus operaciones como resultado de los costes eléctricos, tendría que tomar ciertas medidas, pero éstas no han llegado.

9.3.6. Paragon Footwear

Otro ejemplo importante de una empresa local destacada es Paragon Footwear. Una entrevista a fondo con el señor M.K. Thomas, presidente de Paragon Footwear, revela que las tensiones laborales y la intervención del Gobierno a través de los sindicatos de trabajadores en las plantas de Kerala son los principales factores que impiden el crecimiento de la productividad, y que han forzado a Paragon Footwear a abrir filiales fuera de Kerala.

Paragon Footwear se dedica a la manufactura de calzado (chancletas de goma y zapatos) con una facturación anual de 50 millones de dólares US (en 2001). La primera filial de Paragon Footwear se abrió en Kerala en 1981. En 1994 y 2000 dos fábricas más se trasladaron fuera de Kerala.

En total, se han creado aproximadamente 500 puestos de trabajo en las filiales fuera de Kerala. En Kerala tiene 1.000 empleados. El salario medio de los trabajadores es de 3.000 rupias al mes, más otras primas y un paquete de beneficios. Paragon Footwear no considera la opción de volver a trasladar a Kerala las filiales que abrió fuera de la región.

La totalidad de la fuerza laboral está formada por hombres, entre 31 y 35 años. El nivel de cualificación necesario es intermedio o de formación profesional. Paragon Footwear ha experimentado un aumento del 35% en los beneficios como resultado del traslado de sus plantas a las regiones vecinas de Tamil Nadu, Karnataka y Andhra Pradesh.

Paragon es una empresa manufacturera con seis unidades. La última unidad se abrió en Hyderabad (Andhra Pradesh) en el año 2000. La infraestructura es mejor en Hyderabad que en Kerala, pero la principal razón del traslado fue las intervenciones de los trabajadores y los partidos políticos. Las unidades de Bangalore (Karnataka) y Tamil Nadu se establecieron en 1981 y 1994, respectivamente. El traslado de plantas fuera de Kerala reafirma la idea que sugiere que las tensiones laborales y el papel nocivo de los sindicatos de los trabajadores son hechos reales. La experiencia reciente de problemas laborales forzó a Paragon Footwear a trasladar algunas de sus filiales a otras regiones. Según Thomas:

> «Tenemos la sensación de vivir sobre una bomba de relojería. Pensamos que podríamos reducir el riesgo de una explosión en la productividad de nuestra empresa trasladando nuestras actividades fuera de Kerala. Los partidos políticos son nuestros principales adversarios. Si cualquier partido nos pide que hagamos contribuciones y no cooperamos, son capaces de crear grandes agitaciones en nuestra empresa gracias a los vínculos que tienen con los sindicatos de trabajadores. Cuando saben que tenemos plantas productivas fuera de Kerala, dejan de molestar».

Aproximadamente el 50% de toda la producción de Paragon Footwear se realiza en Kerala. Thomas afirma que la decisión de trasladar producción fuera de Kerala fue tomada para garantizar que, en caso de problemas en Kerala, la actividad de la empresa no se tuviese que suspender. En otras palabras, las filiales se abrieron inicialmente como una salvaguardia contra las tensiones laborales y los conflictos entre los sindicatos y los gerentes de la empresa. Y mantiene que:

> «Si concentrásemos todos nuestros negocios en Kerala, los funcionarios del Gobierno y los sindicatos explotarían a su ventaja la situación para reclamar más remuneración y más sobornos. Los dos principales partidos de la coalición, la UDF (United Democratic Front) [Frente Democrático Unido] y la LDF (Leftist Democratic Front) [Frente Democrático de Izquierdas] son igualmente corruptos. Para empeorar la situación, la población de Kerala no tiene una actitud empresarial profesional. Por ejemplo, si los partidos políticos llaman a una huelga, los trabajadores estarán encantados de seguirles, pues significa que pueden tomarse un día sin trabajar e incluso cobrar. No son conscientes, ni les

preocupan las consecuencias de sus acciones sobre la empresa que les ofrece empleo».

Paragon Footwear no tiene intención de volver a trasladar sus filiales a Kerala. La materia prima principal, el caucho, es más barata y de más fácil acceso en Kerala. Aun así, prefieren estar situados en otras zonas de la India y sacar ventaja de los menores costes de márketing y transporte por la proximidad a sus mercados de la zona. Por tanto, a pesar de los menores costes por la materia prima en la planta de Kerala a causa del fácil acceso a la materia prima, Paragon Footwear prefiere mantener unidades en otras regiones. Los principales mercados de los productos de Paragon Footwear están en Andhra Pradesh y Maharashtra, con lo que establecerse allí reduce sus costes de producción. Las unidades de Hyderabad (Andhra Pradesh) y Bangalore (Karnataka) sirven a los mercados de Maharashtra y a otras regiones del Norte de la India. Además, anticipándose a la volatilidad de la fuerza laboral, Paragon Footwear estableció pequeñas unidades dispersas en Kerala, una estrategia similar a la seguida por V-Guard Industries. Cuando empezó sus actividades en 1975, Paragon Footwear estableció alrededor de 50 unidades para evitar problemas laborales mediante la reducción de la concentración de los sindicatos y las tensiones laborales. Hasta 1998, Paragon Footwear no tuvo grandes problemas relacionados con las tensiones laborales en sus 50 unidades. Thomas afirma que fue capaz de evitar problemas importantes trasladando la producción a otras unidades y cerrando temporalmente las unidades que presentaban problemas al inicio de los conflictos. Los trabajadores de esas unidades eran conscientes de las opciones disponibles para Paragon Footwear, con lo que tendieron a minimizar los conflictos. Los políticos quisieron aumentar su posición de negociación tratando de agrupar las

50 unidades, con 1.000 empleados, bajo el control de los sindicatos, pero la empresa evitó que esto ocurriera. La decisión de tratar de sindicar las 50 unidades empezó cuando hubo problemas en una de las 50 unidades. Paragon Footwear cerró la unidad y no la reabrió en un año. Cuando abrió la unidad nuevamente, despidió a 30 de los empleados conflictivos y les ofreció un generoso paquete de despido; había un total de 40 trabajadores en la unidad. Paragon Footwear no tiene representantes sindicales en ninguna de las 50 unidades de pequeña producción en Kerala.

En Bangalore (Karnataka), Paragon Footwear cuenta con unidades de producción de hasta 150 empleados. Thomas lamenta que:

> «En Kerala, incluso una unidad de 40 trabajadores es demasiado grande, los problemas laborales pueden empezar en cualquier momento. En cambio, en otros estados las unidades de 50 trabajadores no presentan problemas. Aunque la corrupción política también es un problema en otras regiones, no está tan extendida como en Kerala. Al menos ésta ha sido nuestra experiencia, y supongo que la de muchos otros empresarios. El problema empieza en la etapa de construcción. En el momento en el que construimos una puerta alrededor de la propiedad de la empresa, los partidos políticos empiezan a reclamar dinero. Tenemos que pagar anualmente a los políticos de Kerala. Si no lo hacemos, habrá huelgas. En otros estados solamente tenemos que pagar a las autoridades los impuestos una vez al año. Lo mismo ocurre con los partidos políticos».

En Kerala, hay tantos partidos políticos que sólo la gestión de los pagos es costosa. Los salarios entre las plantas de Paragon Footwear son aproximadamente los mismos, aunque la planta de Bangalore (Karnataka) ofrece salarios ligeramente más elevados.

9.3.7. Eastern Curry Powder

Eastern Curry Powder es uno de los últimos casos, con sumario de juzgado incluido, de una empresa líder de Kerala que ha tenido que trasladar parte de su producción a otros estados como consecuencia de las tensiones laborales. Eastern Curry Powder se fundó en 1989. Según su presidente, durante los primeros diez años no tuvieron problemas laborales. Una filial de la empresa en Adimaly empezó a tener problemas en noviembre de 1998. El problema persistió hasta que se cerró la planta en febrero de 2000. Esta filial tenía una fuerza laboral de 486 empleados: 440 eran mujeres, y el resto hombres. Doce hombres empezaron la agitación laboral y obligaron bajo amenazas a otros trabajadores a unirse a las protestas. Todo esto se consiguió con el apoyo de los sindicatos. Los trabajadores que no quisieron unirse a la protesta recibieron amenazas personales. Finalmente, la mayoría de trabajadores se unieron a la protesta e interrumpieron la producción.

Según Eastern Curry Powder, la tensión laboral (huelgas, fuertes sindicatos de trabajadores que interrumpen la producción) fue la principal razón por la que trasladó sus plantas de producción fuera de Kerala, a Tamil Nadu. Eastern Curry Powder tiene una facturación anual de 15 millones de dólares US. La principal actividad de la empresa incluye la manufactura y procesamiento de especias. En febrero de 2000 se abrió una nueva planta de procesamiento y envasado de especias. La única condición por la que la empresa consideraría volver a Kerala, sería tras una reducción de la interferencia y poder de los sindicatos de trabajadores.

De acuerdo con los datos generales de la empresa, en diciembre de 2000 Eastern Curry Powder tenía 500 empleados en las filiales de Tamil Nadu y 40 empleados en dos plantas de Andhra Pradesh, con edades comprendidas entre los 20 y los 30 años; el 70% de la fuerza laboral es femenina. El trabajo requiere baja cualificación. Es demasiado pronto para saber si los beneficios son mayores en las plantas situadas fuera de Kerala.

9.3.8. Fertilizers and Chemicals Limited

El ejemplo final de la sección se centra en Fertilizers and Chemicals Limited (FACT), una empresa pública del Gobierno central líder en su sector, que ha encontrado grandes dificultades a la hora de aumentar el crecimiento de la productividad en sus operaciones de Kerala. Según su presidente, el mayor obstáculo ha sido una fuerza laboral sin incentivos para trabajar duramente. La seguridad laboral está garantizada gracias al hecho de que la empresa es del Gobierno. El segundo factor del bajo crecimiento radica en que los gerentes de la empresa no pueden contratar a los mejores trabajadores del mercado. Al ser una empresa pública, el 15% de su fuerza laboral tiene que estar formada por miembros de castas suplementarias, el 7% por tribus suplementarias y otras castas retrasadas, el 27% por militares retirados, el 24% por minusválidos físicos, y el 3% por grupos desfavorecidos. En empresas privadas no se imponen estas condiciones. Por tanto, pueden seleccionar a los individuos más cualificados para la tarea requerida. Como consecuencia de esta ley laboral en las empresas públicas, se tiende a tener demasiados empleados, con el aumento consecuente de los costes de producción. A diferencia de otras empresas privadas entrevistadas en este estudio, el descontento laboral en FACT es un tema obsoleto. La producción es baja porque los sueldos no están ligados a ningún tipo de incentivo o esquema de primas. Los sueldos están garantizados, independientemente de las tasas de producción.

Las opciones para reducir la plantilla son limitadas. Los cambios de trabajadores entre distintos departamentos según la demanda y los cambios estructurales también presentan problemas. La presencia de 21 sindicatos de trabajadores, 11 de los cuales están reconocidos, hace que sea virtualmente imposible negociar de forma efectiva para alcanzar un resultado satisfactorio. La situación actual, en la que los sindicatos tienen tanto poder, conduce a negociaciones que son una pesadilla burocrática. Los costes de transacción son, en efecto, demasiado elevados.

9.4. Resultados agregados de la encuesta en la industria

De las 50 empresas entrevistadas en Kerala, 19 han trasladado plantas de producción a estados vecinos u otras regiones del país. De estas 19, 14 han mencionado que los altos costes salariales son la principal razón del traslado; y 10 también han indicado que la intervención de los partidos políticos junto con los sindicatos de trabajadores ha sido la segunda principal razón del traslado. Los partidos políticos, filiales de los principales partidos políticos conservadores y socialistas, intervienen y a menudo provocan conflictos con las empresas con el propósito de extraer rentas mediante sobornos y pagos anuales. La estrategia consiste en presionar a los sindicatos para que reclamen aumentos salariales o primas anuales del 30%. Si el representante de los sindicatos no accede a las demandas del partido, éste se venga al estilo mafioso, de modo que a menudo los sindicatos se ven forzados por los partidos políticos a crear conflictos entre los trabajadores y los gerentes de la empresa. Cuando los gerentes no acceden a las demandas de los trabajadores, el partido político vinculado al sindicato que pueda conseguir el mejor acuerdo con los gerentes negociando en nombre de los trabajadores se asegura lealtad al partido y votos de los trabajadores. A cambio de este favor, los propietarios de la empresa también tienen que pagar a los partidos políticos respectivos para poder llegar a un acuerdo aceptable. Nueve de las 50 empresas también mencionan los débiles incentivos del Gobierno y la infraestructura deficiente como la tercera razón principal del traslado de su producción fuera de Kerala. En el caso de Poppy Umbrella, la falta de incentivos del Gobierno fue la principal razón por la que trasladó su producción a Rajasthan.

La distribución de la creación de empleo en otros estados de la India por parte de empresas de Kerala es la siguiente: Tamil Nadu (5.130), Karnataka (1.495), Andhra Pradesh (840), Rajasthan (550) y Mumbai (120). Así, en total, se exportaron un total de 8.135 puestos de trabajo durante los años noventa a causa del conflictivo entorno empresarial de Kerala. Además, se estima que solamente en Rajasthan se han creado un total de 40.000 trabajos auxiliares por el traslado de Poppy Umbrella. Teniendo en cuenta que Kerala presenta una de las tasas de desempleo más elevadas del país cuando se compara con otras regiones, sobre todo para trabajadores cualificados, la pérdida de trabajo a causa del entorno hostil debería preocupar a las autoridades responsables de formular políticas.

Un hallazgo, tal vez de igual importancia, es que 23 de las empresas entrevistadas que no trasladaron su producción a otros estados citan que los factores que actúan como barreras para el crecimiento de su productividad son: la volatilidad del trabajo, los elevados salarios, la intervención de los partidos políticos en colusión con los sindicatos, y la falta de una política industrial integrada del Gobierno.

Empresa	Descripción	Sector	Empleados	Facturación anual (millones dólares US)	Inversión inicial (millones dólares US)	Empleos fuera de Kerala	Razones del traslado	Barreras al crecimiento
Gaanam Hotels Ltd.	Hotel con 150 habitaciones, Sangeetha	Servicios	90	N.D.	2.125			–Poco apoyo del Gobierno –Demasiada volatilidad laboral –Altos salarios –Intervención de los partidos políticos
Penthouse Aparell Ltd. (parte de Gaanam)	Fábrica de ropa fundada en 1997	Textiles		N.D.	0,638	200 en Karnataka	–Menores costes laborales –Mejores incentivos financieros –Sin problemas de volatilidad laboral	
Foster Foods (Craze Biscuits)	Produce galletas. Fundada en 1992. Premio del Presidente a la mejor empresa pequeña de la India en el año 2000	Alimentos y bebida	225	N.D.	1.276			–Rigidez laboral –Poca disponibilidad a aceptar nuevas responsabilidades

▶

Empresa	Descripción	Sector	Empleados	Facturación anual (millones dólares US)	Inversión inicial (millones dólares US)	Empleos fuera de Kerala	Razones del traslado	Barreras al crecimiento
Al Gayathri Trading Company Ltd.	Envasado de té y exportación	Alimentos y bebidas	~60 a tiempo completo ~350 con contrato	10	N.D.			
Poppy Umbrella*	Fabricante de paraguas	Manufactura			22.324	~550 en Rajasthan ~120 en Mumbai ~40.000 trabajos aux. en Rajasthan		
SD Pharmacy	Producción y márketing de medicinas ayurvédicas	Farmacéutico	400	1,701	N.D.			
Western India Plywoods Ltd.	Contrachapado y chapa de madera dura	Manufactura		11,616				Cerró temporalmente en 1999 debido a tensiones laborales, huelgas durante los acuerdos

Empresa	Descripción	Sector	Empleados	Facturación anual (millones dólares US)	Inversión inicial (millones dólares US)	Empleos fuera de Kerala	Razones del traslado	Barreras al crecimiento
Kerala Spinners (Birla Group)	Hiladora de ropa	Textil		~5.913 en Kerala ~60 en el conjunto de la India		1.250 en Tamil Nadu y Karnataka a causa de tensiones laborales	–Altos costes laborales –Volatilidad laboral –Altos costes de transporte	
V-Guard Industries	Material eléctrico	Manufactura	2.500, de los que sólo 600 están en plantilla			1.250 en Tamil Nadu y Karnataka	–Altos costes laborales –Intervención de partidos políticos que interfieren en los sindicatos de trabajadores	
V-Star	Ropa femenina	Textil				200 en Tamil Nadu	–Altos costes laborales –Intervención de partidos políticos que interfieren en los sindicatos de trabajadores	

Empresa	Descripción	Sector	Empleados	Facturación anual (millones dólares US)	Inversión inicial (millones dólares US)	Empleos fuera de Kerala	Razones del traslado	Barreras al crecimiento
Kitex Ltd.*	Manufactura de ropa	Textil	900	5,069		Filial en Tamil Nadu desde año 2000, inversión 10 millones dólares US	–Altos costes laborales –Intervención de partidos políticos que interfieren en los sindicatos de trabajadores	
Kitex Garments	Camisas, pantalones, bolsos y paraguas	Textil	1.200	7,603				–Altos costes laborales –Intervención de partidos políticos que interfieren en los sindicatos de trabajadores
Kitex Weaving	Tejidos de ropa	Textil	300	4,224				–Altos costes laborales –Intervención de partidos políticos que interfieren en los sindicatos de trabajadores

▶

Empresa	Descripción	Sector	Empleados	Facturación anual (millones dólares US)	Inversión inicial (millones dólares US)	Empleos fuera de Kerala	Razones del traslado	Barreras al crecimiento
Anna Aluminium	Utensilios para cocinar	Manufactura	500	6,336				–Altos costes laborales –Intervención de partidos políticos que interfieren en los sindicatos de trabajadores
Chackson Pressure Cookers	Utensilios para cocinar	Manufactura	150	2,534				–Altos costes laborales –Intervención de partidos políticos que interfieren en los sindicatos de trabajadores
Sara Spices	Envasado de especias	Alimentos y bebidas	300	1,267				–Altos costes laborales –Intervención de partidos políticos que interfieren en los sindicatos de trabajadores

▶

Empresa	Descripción	Sector	Empleados	Facturación anual (millones dólares US)	Inversión inicial (millones dólares US)	Empleos fuera de Kerala	Razones del traslado	Barreras al crecimiento
Jack's Metals	Procesamiento de metales	Metalúrgico				400 en Tamil Nadu (inversión de millones de dólares US)	–Altos costes laborales –Intervención de partidos políticos que interfieren en los sindicatos de trabajadores	
Jack's Weaving	Tejido de ropa	Textil		5,069		400 en Tamil Nadu	–Altos costes laborales –Intervención de partidos políticos que interfieren en los sindicatos de trabajadores	
Superstar Distilleries and Foods Ltd.	Destilería de alcohol y otras bebidas	Alimentos y bebidas	–120 a tiempo completo –160 a tiempo parcial	6				–Poco apoyo del Gobierno –Intervención de partidos políticos en los sindicatos de trabajadores

▶

Empresa	Descripción	Sector	Empleados	Facturación anual (millones dólares US)	Inversión inicial (millones dólares US)	Empleos fuera de Kerala	Razones del traslado	Barreras al crecimiento
Patspin India Ltd. (GTN Group)	Hilar tejidos	Textil		4,224		800 en Tamil Nadu	–Altos costes laborales –Menores costes de insumos –Mejores incentivos financieros	
Indian Aluminium Company Ltd. (INDAL), Birla Group	Fundición de metales	Metalúrgico	650	22,175				–Tensiones laborales –Interferencia de los sindicatos –Interferencia de los partidos políticos –Prácticas laborales restrictivas –Leyes laborales obsoletas
Harrison Malayalam Plantations Ltd.	Plantación de té y caucho	Agricultura	27.000					–Leyes laborales obsoletas

Empresa	Descripción	Sector	Empleados	Facturación anual (millones dólares US)	Inversión inicial (millones dólares US)	Empleos fuera de Kerala	Razones del traslado	Barreras al crecimiento
Kerala Chemicals and Proteins Ltd.	Producción de gelatina para empresas farmacéuticas	Químico	240	13,939				–Prácticas laborales restrictivas –Leyes laborales obsoletas
Excel Glasses (Parjit Group)	Botellas de vidrio, productos químicos y manufactura de contenedores	Manufactura de vidrio y farmacéutica	650	10,560		Unidades químicas y de contenedores en Maharashtra	–Elevadas tarifas eléctricas –Volatilidad laboral –Altos costes salariales	
Parragon Footwear*	Calzado	Manufactura de calzado	1.000	42,239		500 en Tamil Nadu	–Altos costes salariales –Tensiones laborales –Infraestructura deficiente –Interferencia de los partidos políticos y sindicatos	

Empresa	Descripción	Sector	Empleados	Facturación anual (millones dólares US)	Inversión inicial (millones dólares US)	Empleos fuera de Kerala	Razones del traslado	Barreras al crecimiento
Eastern Group*	Especias y curry en polvo	Alimentos y bebidas		15		500 en Tamil Nadu y 40 en Andhra Pradesh	–Altos costes laborales –Tensiones laborales –Infraestructura deficiente –Interferencia de los partidos políticos y sindicatos	
Premier Tyres	Manufactura de ruedas	Manufactura de ruedas		27,455				–Rigidez laboral –Sindicatos de trabajadores inflexibles –Intervención de partidos políticos –Altos costes laborales

▶

Empresa	Descripción	Sector	Empleados	Facturación anual (millones dólares US)	Inversión inicial (millones dólares US)	Empleos fuera de Kerala	Razones del traslado	Barreras al crecimiento
Colombo Umbrella	Fabricante de paraguas	Manufactura	600	4,224				–Baja productividad laboral –Tensiones laborales –Altos costes laborales –Infraestructura deficiente –Altos tipos de interés
FACT (Fertilizers and Chemicals Ltd.)	Fertilizantes y productos químicos	Químico	7.334	265,671				–Trabajadores ineficientes –Excesiva protección gubernamental de los trabajadores –Interferencia sindical

▶

Empresa	Descripción	Sector	Empleados	Facturación anual (millones dólares US)	Inversión inicial (millones dólares US)	Empleos fuera de Kerala	Razones del traslado	Barreras al crecimiento
Travancore Cements Ltd.	Cemento y pinturas	Químico y minerales						Cerrada por: Huelgas a causa de disputas entre trabajadores y equipo gerente –Intervención de partidos políticos –Excesiva interferencia de los sindicatos
INDSIL Electrosmelts Ltd.	Empresa de fundición	Metalúrgico						–Competencia internacional de países del Golfo Pérsico –Controles de contaminación estrictos 7,608 – Volatilidad laboral – Menores costes laborales – Tamil Nadu – Mejor acceso a materias primas (revisar original, página 29)

Empresa	Descripción	Sector	Empleados	Facturación anual (millones dólares US)	Inversión inicial (millones dólares US)	Empleos fuera de Kerala	Razones del traslado	Barreras al crecimiento
Precot Textiles Ltd. (Precot Mills Group)	Manufactura de textiles	Textil	800	42,265		–200 en Tamil Nadu –800 en Andhra Pradesh	–Intervención de los partidos políticos –Tensiones laborales –Prácticas laborales restrictivas	
Arya Vaidya Pharmacy Ltd.	Productos farmacéuticos ayurvédicos tradicionales y naturales	Farmacéutico		3,170		280 en Tamil Nadu	–Poco apoyo del Gobierno –Altos costes laborales	
Elite Group (Fabrics, Distilleries and Beverages)*	Fabricación de pan	Alimentos, bebidas y textil	500	26,416		Unidad automática de fabricación de pan en Tamil Nadu desde 2001	Tensiones laborales	
Casino Group*	Cadena de hoteles y restaurantes	Servicios						

Empresa	Descripción	Sector	Empleados	Facturación anual (millones dólares US)	Inversión inicial (millones dólares US)	Empleos fuera de Kerala	Razones del traslado	Barreras al crecimiento
Amalgam Enterprises (empresa conjunta con compañías extranjeras)	Procesamiento, envasado y exportación de mariscos	Alimentos y bebidas	2.000	100				–No tienen sindicatos en ninguna de las plantas de Kerala, ni problemas laborales
Oiga Agencies	Utensilios para cocinar y de manufactura	Manufactura	–500 en 1985 –62 en 2001					–Elevado coste de la tierra –Tarifas eléctricas elevadas –Falta de protección del Gobierno en conflictos entre la empresa y los sindicatos
Milma (Cooperativa lechera)	Productos lácteos	Alimentos y bebidas	573					–Aún persiste volatilidad laboral –Baja productividad –Altos salarios

Empresa	Descripción	Sector	Empleados	Facturación anual (millones dólares US)	Inversión inicial (millones dólares US)	Empleos fuera de Kerala	Razones del traslado	Barreras al crecimiento
Indus Motor Company Ltd.	Vendedores de automóviles	Servicios	360	42,265				–Problemas laborales con los acuerdos a largo plazo –Intervención de los partidos políticos –Tarifas eléctricas elevadas –Alto coste de la tierra –Procesos burocráticos lentos
Balmer Lowrie and Co. Ltd. (empresa 100% pública)	Fabricante de contenedores para barcos	Manufactura	350					Cerró en 2000 por: –Altos costes laborales –Prácticas laborales restrictivas –Baja productividad

Empresa	Descripción	Sector	Empleados	Facturación anual (millones dólares US)	Inversión inicial (millones dólares US)	Empleos fuera de Kerala	Razones del traslado	Barreras al crecimiento
Hindustan Pesticides Ltd. (empresa 100% pública)	Fabricante de pesticidas	Químico	700					–Baja productividad por el empleo garantizado por el Gobierno –Intervención de los sindicatos
Sud Chemis India (50/50 empresa conjunta entre Gobierno central y empresa alemana)	Catalista químico para productos petroquímicos	Petroquímico	145	4.227				–Altos costes laborales –Prácticas laborales restrictivas –Sindicatos de trabajadores e intervención de los partidos políticos
Popular Automobiles (Kutikanam Group)	Herramientas para maquinaria y reconstrucción de motores	Manufactura	800	126.796		Algunas unidades en Karnataka	–Tensiones laborales –Interferencias de los sindicatos –Mejores incentivos fiscales y financieros	

▶

Empresa	Descripción	Sector	Empleados	Facturación anual (millones dólares US)	Inversión inicial (millones dólares US)	Empleos fuera de Kerala	Razones del traslado	Barreras al crecimiento
Synthite Ltd.*	Extractos de especias, colorantes alimentarios naturales y resinas oleosas	Alimentos y bebidas	384	32,333		–100 en Tamil Nadu –45 en Karnataka		
Sun Metals Indsil Auto Components Ltd.	Componentes de automóvil	Fabricación		5,917		200 en Tamil Nadu	–Altos costes laborales –Infraestructura deficiente –Pocos incentivos del Gobierno –Mal acceso a materias primas	
Binani Zinc	Industria de procesamiento de zinc	Metalúrgico	467	51,775				
Appolo Tyres	Manufactura de ruedas	Manufactura de ruedas	2.000	116,230			Traslado a Gujarat (1991) y Pune (1995) para mejorar posición negociadora con sindicatos y partidos políticos	–Tensiones laborales –Altos salarios

Empresa	Descripción	Sector	Empleados	Facturación anual (millones dólares US)	Inversión inicial (millones dólares US)	Empleos fuera de Kerala	Razones del traslado	Barreras al crecimiento
TCM Ltd.	Manufactura de productos químicos	Químico	350			Dos plantas en Tamil Nadu (1966 y 1979)	–Acceso a materias primas –Baja productividad laboral –Rigidez laboral –Altos costes energéticos	
R.K. Latex (joint venture con Malaysian private company)	Productor de caucho	Productor de caucho		10				–Altos impuestos en látex (11%) –Infraestructura deficiente –Altos intereses para préstamos –Débil apoyo del Gobierno –Intervención política

Notas:
Las empresas con menos de 500 trabajadores se clasifican como pequeñas empresas. Las que tienen más de 500 trabajadores, a excepción de Harrison Malayalam y FACT, se clasifican como grandes empresas.
Las cifras de facturación anual se refieren al año 2000.
* Se refiere a empresas identificadas por la revista *Dhanam Business Magazine* como pertenecientes a las 50 empresas líderes en Kerala en 1999.
N.D.: Datos no disponibles

9.5. Lecciones que aprender

El presidente de Almagam Enterprises encontró la manera de evitar los sindicatos de trabajadores en su empresa. Se trata de un logro loable, teniendo en cuenta que Amalgam da trabajo a 2.000 empleados. ¿Cómo lo consiguió? Siguió la táctica de proporcionar préstamos a sus empleados durante periodos de importancia crítica en los que los bancos no querían prestar dinero a grupos de alto riesgo. Según su presidente, existen tres periodos en los que los trabajadores piden préstamos: en los nacimientos, muertes y bodas. A través de los préstamos concedidos, el presidente de Amalgan consigue lealtad de sus trabajadores, así como una especie de peonaje y servidumbre por deudas.

Por otro lado, Ramesh, dueño y gerente de SD Pharmacy, utiliza otra estrategia distinta para mantener los sindicatos fuera de su empresa, que cuenta con 200 trabajadores. En primer lugar, Ramesh divide a los trabajadores en unidades de 50 trabajadores para la producción especializada de medicina oriental. La descentralización de la fuerza laboral se lleva a cabo como una medida de salvaguardia contra las huelgas. En segundo lugar, solamente emplea a hombres casados. Según él, en la India los hombres casados son más responsables que los solteros. En tercer lugar, no emplea a familiares de trabajadores, ya que si los tiene que despedir crearía problemas. Por último, el factor más importante es la provisión del 40% del sueldo en especies (alimentos y medicinas). Afirma que, de este modo, «aunque el trabajador malgaste en alcohol u otros vicios el 60% del sueldo, las necesidades básicas de la familia quedan cubiertas». Aunque estas estrategias pueden parecer rígidas y draconianas, muestran las habilidades necesarias adoptadas por los empresarios que triunfan y se adaptan al complejo entorno empresarial. Otra estrategia innovadora utilizada por Chitilapilly, dueño de V-Guard Industries, y tal vez el empresario más próspero de Kerala, consiste en la subcontratación de trabajo a varias organizaciones benéficas. Este método también implica que el tamaño de cada unidad de producción es menor que las unidades de fábrica a gran escala anteriormente responsables de toda la producción. V-Guard Industries fue capaz de implantar este método porque sus productos no requieren una línea de montaje. Como ya se ha mencionado, los técnicos e ingenieros de V-Guard Industries proporcionan la formación necesaria a las unidades de producción pequeñas, y los empleados de V-Guard Industries mantienen posiciones de supervisión y calidad de control. De este modo, del total de 2.500 empleados por V-Guard, solamente 600 constan en plantilla. El dueño de Kitex Garments, M.C. Jacob, utiliza una estrategia similar de descentralización. El equipo de técnicos de Kitex Garments proporciona a los grupos de trabajo subcontratados formación y materiales (máquinas de coser y componentes de paraguas) a cambio de sueldos. Esta estrategia se emplea con el objetivo de evitar tensiones laborales y aumentar los márgenes de beneficios mediante el acceso a mano de obra más barata. Tanto V-Guard Industries como Kitex Garments han experimentado serios problemas laborales en sus empresas, han aprendido a adaptarse y a encontrar estrategias con las que superar los obstáculos. Las dos empresas también han instalado plantas de producción en la región vecina de Karnataka como un mecanismo de salvaguardia ante posibles interrupciones de la producción en Kerala. Otras empresas familiares que triunfan, como Synthite Limited, proporcionan a los empleados incentivos tales como el acceso a créditos blandos para comprar una vivienda, créditos que los bancos privados no les proporcionarían. Todas estas estrategias pueden verse como estrategias de supervivencia y adaptación al medio llevadas a cabo por empresarios con el objetivo de sobrevivir y prosperar en un entorno de negocios hostil.

9.6. Implicaciones de los resultados de la investigación

Discernir entre la realidad y la ficción en debates retóricos como el que ocupa a este estudio puede ser una tarea de dimensiones considerables. En la mayoría de casos, la verdad reside entre los dos polos extremos de la discusión, y la poseen individuos de ambos lados del espectro político. Es posible realizar un paralelismo similar al caso de Kerala con el fin de explicar las causas del bajo crecimiento de la productividad y las oportunidades limitadas para los empresarios de la región; una región que se caracteriza por haber alcanzado un desarrollo humano envidiable, libertad política, una tasa de ahorro elevada y una fuerza laboral altamente cualificada. No existe una única causa del bajo crecimiento de la productividad y la falta de espíritu emprendedor en Kerala.

En esta investigación se han identificado las complejas relaciones a nivel institucional en el entorno de negocios entre empresas (empresario-propietario-gerente), los sindicatos de los trabajadores y los partidos políticos. Todos ellos compiten entre sí como fuerzas que actúan sobre el rendimiento empresarial y el crecimiento de la productividad. El fracaso institucional sería el concepto que mejor explicaría esta tendencia. Utilizando términos de biología evolutiva se podría considerar que cada uno de los grupos mencionados construye barreras al crecimiento de la productividad y, consecuentemente, reduce sus probabilidades de supervivencia y reproducción si no aprende a adaptarse al entorno. Un resumen breve de las percepciones y las tensiones reales que existen entre los gerentes, los sindicatos de los trabajadores y los partidos políticos servirá para iluminar mejor el problema.

9.6.1. La empresa

En la mayoría de las empresas manufactureras de Kerala, la relación entre los trabajadores y los gerentes es demasiado jerárquica. Casi no existen oportunidades para que los trabajadores puedan participar en las decisiones de productividad. Normalmente, los gerentes de la empresa dan órdenes que los trabajadores deben seguir sin cuestionar. La naturaleza de la estructura burocrática de una empresa familiar, de una alianza entre el sector público y el privado, o de una empresa pública, tiende a ser de arriba hacia abajo. Incluso los gerentes de bajo nivel o los jefes de distintas divisiones son tratados como oficinistas alabados por el director general de una empresa controlada por accionistas. La mentalidad de la relación entre los trabajadores y los empresarios propietarios o gerentes de la empresa se puede resumir como la de «nosotros contra ellos».

9.6.2. Trabajadores sindicados

Los sindicatos de trabajadores acostumbran a ser poco cooperantes y poco flexibles en los conflictos entre trabajadores y gerentes de la empresa. Además, consideran a los propietarios y gerentes como los enemigos o explotadores, y existe un sentimiento de falta de unidad entre los sindicatos de la misma empresa. A veces, dependiendo del número de empleados de la empresa, hay hasta diez distintos sindicatos de trabajadores que compiten por su legitimidad en la empresa, aunque sólo se permite cuatro sindicatos por empresa. Legalmente es posible mantener los sindicatos fuera de las empresas con unidades de producción de menos de 20 empleados. Los principales sindicatos de trabajadores acostumbran a estar vinculados a partidos políticos. Esta falta de coordinación y cooperación entre los distintos sindicatos impide un diálogo efectivo entre los trabajadores y los gerentes de la empresa. Por otro lado, los trabajadores suelen considerar que los gerentes se muestran indiferentes a sus necesidades y, por tanto, adoptan una actitud de hacer lo mínimo posible a través de prácticas laborales restrictivas, excepto que se les fuerce a lo contrario mediante mecanismos de control y aplicación creados por sus superiores. Irónicamente, los trabajadores parecen ajenos al hecho de que trabajar lo mínimo posible les puede llevar a la extinción si la empresa tiene que cerrar por pérdidas.

9.6.3. Partidos políticos

Según los empresarios, el nivel de corrupción de los partidos políticos en Kerala es más elevado que en otras regiones de la India. El comportamiento de los políticos en sus relaciones con las empresas puede verse como un comportamiento equivocado de cara a su propia supervivencia a largo plazo. Su principal objetivo es extraer el máximo de rentas de la empresa en forma de sobornos para ellos mismos y para transferir el resto al partido político al que pertenecen. La percepción que tienen los políticos de los gerentes y propietarios de empresas es la de proveedores de fondos, por un lado, y de desconfianza, por otro. Existe la convicción general entre los políticos y sindicatos de trabajadores que si se dejase actuar libremente a los empresarios, éstos explotarían a los trabajadores, imponiendo duras condiciones laborales y bajos salarios. Curiosamente, los mecanismos que han puesto en marcha los políticos para controlar y equilibrar la explotación de los trabajadores parecen haber conseguido el efecto opuesto para ellos mismos y para los trabajadores. El abuso continuado sobre los empresarios por parte de los partidos políticos a través de la colusión con los sindicatos ha llevado a que las empresas descentralicen la producción para evitar la presencia de sindicatos y trasladen sus fábricas a estados vecinos.

Tal y como sugerirían las teorías de economía evolutiva, como resultado de su conducta sin escrúpulos y colusión con sindicatos dentro de las empresas, la competencia entre partidos políticos en Kerala amenaza su elección o reelección. De forma similar, se puede considerar que la empresa también pone en peligro sus probabilidades de aumentar la competitividad en los mercados, sus beneficios y su crecimiento sostenido por no tener en cuenta el efecto significativo que suponen las prácticas laborales justas y la implantación de mecanismos de compensación e incentivos adecuados en las relaciones entre los gerentes y los trabajadores. Los sindicatos de trabajadores también parecen evitar la oportunidad de estar representados en empresas nuevas y en las que ya existen como consecuencia de su comportamiento oportunista y colusivo con los partidos políticos. Finalmente, se puede considerar que los trabajadores pasan por alto que para mantener sus puestos de trabajo y conseguir promociones en la empresa no se deben reclamar salarios y primas sin alcanzar los objetivos de productividad fijados. Para sobrevivir y triunfar en este entorno hostil y politizado, cada uno de los grupos mencionados tendría que realizar compromisos, coordinarse mejor, reconocer la necesidad de establecer un objetivo colectivo y aprender a adaptarse y a seguir estrategias de acuerdo con las condiciones del entorno.

La transformación del entorno de negocio, a través de reformas institucionales amplias desde el Gobierno, infraestructuras, empresas y sindicatos, podría contribuir en gran medida al fomento de las iniciativas empresariales y al crecimiento de la productividad en la región. Sin embargo, como pasa a menudo con este tipo de objetivos nobles, esta transformación sería muy difícil de implementar como una política. Con esto, no se sugiere aquí que este objetivo no se puede alcanzar, sino que, mientras tanto, los empresarios de Kerala pueden utilizar estrategias alternativas para seguir siendo competitivos y alcanzar crecimientos en la productividad y en los beneficios.

En el caso de muchas de las empresas que triunfan en Kerala, la mejor estrategia consiste en trasladarse parcial o totalmente a un entorno que permita mayores perspectivas para la supervivencia y el éxito empresarial, mediante unos mejores incentivos y competitividad de mercado. Diez de las 50 empresas identificadas por la revista *Dhanam* que se han entrevistado en este estudio han hecho precisamente esto; disponen de filiales en estados vecinos y otras regiones de la India. Si una nueva generación de empresarios jóvenes siguiese sus pasos e imitase estas estrategias al crear empresas, en un futuro próximo las perspectivas para el desarrollo industrial endógeno de Kerala serían más bien pobres.

9.7. Conclusión del Estudio de Empresa

A través del trabajo de campo que estudia las causas del bajo crecimiento de la productividad y la actividad empresarial en Kerala, esta investigación ha mostrado que las condiciones hostiles del entorno y las barreras institucionales pueden tener un impacto negativo en los sectores productivos de la economía. Por otro lado, esta investigación ha mostrado que las difíciles condiciones del entorno a veces proporcionan oportunidades de generación de riqueza para empresarios innovadores que se adaptan y desarrollan estrategias de cara a sobrevivir en las duras condiciones institucionales. El estudio también muestra que las empresas y sus empresarios no deben estudiarse aisladamente, en un sentido económico puro, sino que se debe examinar el proceso de iniciativa empresarial junto con el contexto social que determina los distintos tipos y formas de resultados empresariales.

Los resultados de este estudio proporcionan información útil a posibles nuevos empresarios de cualquier parte del mundo sobre la importancia de adaptarse al entorno de negocio, recopilar la información necesaria y desarrollar estrategias no solamente para sobrevivir, sino también para triunfar en un entorno complejo caracterizado por varios tipos de obstáculos institucionales (restricciones burocráticas, acceso al financiamiento para inversiones, infraestructura deficiente, etcétera). La comprensión y un profundo conocimiento por parte del empresario de las reglas del contexto social en el que se realizará el nuevo negocio es un factor crítico, especialmente si la empresa se situará en un entorno hostil. Según Jack y Anderson (2002), este conocimiento se puede adquirir juntándose y mezclándose con la estructura social local, o bien entrando en cooperación con una empresa que ya existe del entorno escogido. Los teóricos de los recursos dependientes como J. Pfeffer y G. Sanacik (1978) sugieren que la diferenciación y la diversificación fomentan la supervivencia de la organización y su crecimiento. Los seguidores de esta escuela de pensamiento mantienen que las organizaciones o empresas de nueva creación deben desempeñar un papel activo en la adaptación al entorno.

Las estrategias adoptadas por empresas que triunfan en Kerala muestran que el traslado de plantas de producción fuera del estado les sirve de mecanismo de salvaguardia contra los sobornos; si las empresas reciben la amenaza de cerrar, la opción de trasladar todas las actividades de producción a una planta fuera de Kerala sirve como elemento disuasorio ante la interferencia burocrática. Además, es importante destacar que de las 19 empresas que han trasladado parte de sus plantas fuera de Kerala, casi todas han abierto nuevas empresas o han mantenido sus filiales en Kerala. El punto relevante aquí es que si se opera en una zona de terremotos, no es demasiado acertado construir un edificio de ladrillos. Sería más efectivo construir edificios de madera que pueden tambalearse sin caer, y pueden soportar movimientos de tierra. De forma similar, si los precios de la tierra son elevados, la estrategia óptima de negocio sería construir hacia arriba, o bien establecer una empresa en un área en la que los precios no sean tan elevados. Finalmente, si los costes laborales son más elevados que los estándares de mercado, la opción adecuada sería crear empresas no intensivas en mano de obra, mover las plantas de producción hacia áreas de bajo coste, o proporcionar incentivos para aumentar la productividad con aumentos salariales correspondientes. Tanto si empresarios novatos, nacientes, habituales o empresarios con varios negocios crean una empresa en un ambiente hostil, la mejor estrategia para la supervivencia consiste en adaptarse al entorno a fin de coincidir con el contexto social y físico. Si se ha conseguido articular este mensaje a través de la investigación de Kerala, el objetivo modesto de investigar el comportamiento empresarial en un contexto social de un país en desarrollo habrá servido de cara a ampliar el conocimiento y comprensión del efecto de las condiciones del entorno en la actividad empresarial.

10. CONCLUSIÓN

La aplicación de un marco conceptual de necesidades básicas ha sido particularmente útil para demostrar los notables logros conseguidos en Kerala en el área de Desarrollo Humano. Los indicadores de Desarrollo Humano, como la esperanza de vida, mortalidad infantil y tasas de natalidad, son más útiles que indicadores como el PNB o PIB a la hora de evaluar mejoras en el nivel de vida, ya que miden factores que están al alcance de un alto porcentaje de la población, y por tanto se encuentran registrados estadísticamente. Un alto nivel de PNB o PIB per cápita, por otro lado, podría significar que la riqueza está restringida a un pequeño porcentaje de la población, aunque estadísticamente aparentaría estar distribuida de manera igualitaria. Esto no sería posible con indicadores de Desarrollo Humano, como tasas de alfabetismo o esperanza de vida, ya que muchas más personas necesitarían experimentar mejoras en estas áreas para que estos incrementos se registrasen en las estadísticas. El factor de esperanza de vida, por ejemplo, no muestra incrementos si sólo los miembros de la élite viven más años. Además, por más fortuna que tengan, no pueden vivir mucho más allá de los 85 años.

El análisis crítico de las teorías de Desarrollo Humano y necesidades básicas llevado a cabo en este trabajo demuestra algunas de las enormes complejidades que se plantean a la hora de planear e implementar un modelo de crecimiento económico igualitario para países en vías de desarrollo. Un repaso de los estudios realizados en torno al tema de las necesidades básicas deja ver que en algunas zonas poco industrializadas se obtienen logros en el nivel de vida aunque los ingresos per cápita son muy bajos. El éxito en Kerala y Taiwán en cuanto a niveles de bienestar social conseguidos apoya esta aserción. Sin embargo, los economistas pertenecientes a la escuela neoclásica considerarían el progreso logrado por estas dos regiones, pobres en términos de nivel de vida, como un claro caso de conflicto entre necesidades básicas y crecimiento. Puede surgir la discrepancia entre procurar las necesidades básicas de los grupos más pobres y el crecimiento económico si se requiere transferir capital de inversión de sectores productivos para alcanzar objetivos de desarrollo humano. Sin embargo, los ejemplos presentados en este estudio demuestran que es posible conseguir desarrollo humano sin estos condicionantes.

Los recursos pueden ser redistribuidos dentro de las diversas esferas sociales sin que el crecimiento se vea afectado. ¿Cómo lograrlo?, transformando la estructura de los sectores de crecimiento de manera que los grupos más necesitados puedan participar en actividades relacionadas con el desarrollo económico.[215] El bajo nivel de rendimiento de la mayoría de los sectores de la productividad económica de Kerala, restando el sector terciario, ha dado lugar a que los grupos más humildes tengan escasas oportunidades de participación en actividades relacionadas con el crecimiento.

Aunque es cierto que Kerala se ha convertido en el nuevo "Silicon Valley" de la India, después de Bangalore, y su crecimiento en tecnología de la información y servicios relacionados está prosperando notablemente, continúan perdurando los problemas en los sectores productivos de la eco-

---

215. Frances Stewart, 1985, *Planning to Meet Basic Needs*, pág. 211.

nomía, particularmente en el de la manufactura, debido a las razones descritas en este estudio. Por ejemplo, no todos los miembros del sector laboral de Kerala pueden aspirar a ser ingenieros de TI. El sistema educativo de Kerala aunque más igualitario que el de otros estados de la India en primaria y secundaria, no posee actualmente la capacidad de absorber la demanda de estudios universitarios, tanto en términos de calidad como de cantidad de centros. Existen nuevas instituciones privadas, conocidas como Universidades Paralelas, que han ido extendiéndose con rapidez a lo largo del estado para absorber la creciente demanda de alumnos que no han podido acceder a una plaza en las escasas universidades públicas. Sin embargo, estas instituciones no son económicamente accesibles a los más pobres. Además, estas denominadas Universidades Paralelas se consideran en general como «finishing schools», es decir, centros prestigiosos de educación general para mujeres jóvenes que aspiran a cotizar bien en el mercado de los matrimonios.

El impacto sobre las comunidades más marginadas del proceso de descentralización democrática denominado Campaña del Pueblo para el Noveno Plan, y tutelado por el Gobierno central, fue evaluado en 1996 dentro del marco de un estudio de campo para el cual se pasaron encuestas a 503 hogares distribuidos en cinco pueblos a lo largo de Kerala. Este estudio demostró que la participación a nivel socio-político continuaba siendo leve a pesar de la descentralización. De hecho, los datos indican que en términos de mejoras de bienestar social, la devolución de poder, de Gobierno central a local, no ha sido tan exitosa como se afirma desde la izquierda política.

La situación de limitado bienestar económico entre los grupos más pobres continúa en gran medida inalterada. El nivel de educación básica, sobre todo en las comunidades tribales y entre las castas más bajas, es extremadamente bajo. Se requiere, por tanto, más implicación directa por parte de las fuerzas gobernantes para reducir la brecha entre estos grupos marginados y la población en general. Si no se corrige este aspecto, tal como sugiere Paul Streeten, el modelo de desarrollo de Kerala no se puede considerar enteramente efectivo. Para que en Kerala se dé un desarrollo humano efectivo es necesario ante todo procurar las necesidades básicas de los más pobres. Los resultados obtenidos a través de las encuestas llevadas a cabo en cinco poblaciones de Kerala, en las que viven los segmentos más pobres de la población del estado, revelan que mientras se producen mejoras sociales notables en el estado en general, este fenómeno sigue ausente entre los grupos más pobres del estado.

En este estudio se plantea que, en el caso de Kerala, el escaso apoyo por parte del Gobierno central a la hora de contribuir en los proyectos de desarrollo humano autónomos, fuerza al Gobierno local de Kerala a utilizar sus propios fondos para mantener y mejorar sus servicios a la comunidad. La consecuencia de esto es que Kerala se encuentra con recursos limitados para invertir en los sectores productivos de la economía. La falta de financiación por parte del Gobierno central es también en gran medida la causa del grave déficit presupuestario que sufre el estado. Los datos de este estudio indican que el escaso crecimiento económico de Kerala no se debe tanto a la inversión en desarrollo humano por parte de los sucesivos gobiernos de Kerala, sino más bien a una continua falta de respaldo por parte del Gobierno central en el área de prestaciones sociales, que viene ya del periodo tras la formación del estado. Otra causa importante que explica el declive del crecimiento económico en Kerala se halla en las frecuentes interrupciones del suministro eléctrico que sufre el estado. La dependencia que tiene Kerala de sus fuentes de energía hidroeléctrica hace que las tasas de crecimiento económico estén directamente relacionadas con una buena o mala época de lluvias. Los datos presentados en este estudio muestran que los bajos niveles de lluvia durante la década de los ochenta coincidieron con un bajo rendimiento económico.

Un escrutinio de las diversas teorías en torno a las causas del bajo crecimiento económico en Kerala ha servido para examinar hasta qué punto el incremento de gastos en desarrollo humano ha interferido en el desarrollo económico. Tras un riguroso análisis de los datos en torno a los salarios eficientes en el sector industrial, en la pequeña y mediana empresa, la dotación de recursos y los síntomas de reivindicación laboral (huelgas…) en Kerala y comparando estos datos con el resto de India, encontramos la explicación más significativa al porqué del bajo rendimiento económico en Kerala en la estructura de su industria. Sin embargo, el trabajo reciente de Kannan, presentado en los capítulos 8-9 de este estudio, muestra que la tendencia al bajo rendimiento en Kerala ha llegado a su fin ya que al observar la larga trayectoria de inversión en desarrollo humano (el período entre 1987 y 2003) se comienzan a percibir los frutos en términos de crecimiento económico. Los resultados generales obtenidos al comparar los indicadores de rendimiento en Kerala antes y después del periodo de formación con los estados de Tamil Nadu y Karnataka, tienden a dar apoyo a la hipótesis planteada en este trabajo. Un análisis empírico de las barreras al crecimiento económico en Kerala, mediante entrevistas personales llevadas a cabo en 50 de las empresas más destacadas del estado, muestra que los jornales elevados y la inestabilidad laboral continúan siendo serios problemas en el estado, a pesar de lo que sugieren los expertos. Además, al hacer un análisis en el ámbito de las empresas, también queda expuesto el papel del estado (a través de las complicidades entre partidos políticos y sindicatos) al limitar la iniciativa privada. Los datos obtenidos al estudiar las empresas de manufactura de Kerala reflejan que el estado puede desempeñar un papel importante en el momento de impulsar la iniciativa privada entre empresarios autóctonos, así como entre inversores extranjeros, invirtiendo más en desarrollo de infraestructuras y reduciendo barreras burocráticas para obtener las licencias necesarias de cara a establecer nuevas empresas. En términos generales, este estudio muestra que no hay una causa singular que explique el bajo rendimiento económico de Kerala. La excesiva intervención del Gobierno local en el desarrollo industrial del estado, los altos costes laborales en comparación con otros estados contiguos, la corrupción dentro de los partidos políticos, las leyes laborales inflexibles y desfasadas, la complicidad entre sindicatos laborales y gobernantes, la relación entre el Gobierno central y el local del estado y los fallos en el suministro eléctrico se encuentran entre el abanico de causas del lento desarrollo económico de Kerala.

En cuanto al desarrollo de empresas privadas, Kerala continúa presentando más dificultades que otras regiones de la India, incluso para el emprendedor autóctono más ágil. Muchos de estos obstáculos han sido descritos exhaustivamente a lo largo de este estudio. Estos retos pueden en parte explicar por qué muchos jóvenes emprendedores de Kerala emigran a otras regiones del país para establecer empresas u ocupar cargos directivos en firmas prestigiosas. El Gobierno local de Kerala tiene, además, la reputación de entorpecer activamente la inversión extranjera directa, a diferencia de otras regiones vecinas como Karnataka, Andhra Pradesh y Tamilnadu. A pesar de las condiciones relativamente adversas, el paisaje empresarial de Kerala ha cambiado, sin duda a mejor, a lo largo de los últimos 10 años, en gran medida debido a la política de liberación económica propulsada por el Gobierno nacional. La globalización económica ha facilitado nuevas oportunidades de inversión para empresas locales, y ello ha dado lugar a la creación de nuevos puestos de trabajo, sobre todo en el sector informal. Una consecuencia de esto es que el poder adquisitivo de los más pobres entre los pobres ha mejorado, tal y como demuestran los datos obtenidos en este estudio en diversas pequeñas aldeas o *panchayats*. La pregunta que se debe plantear el Gobierno local de Kerala no es tanto si existe más o menos rendimiento económico a corto plazo (los últimos diez años), sino más bien si el número de empleos continuará creciendo a medio y largo plazo y, sobre todo, si la calidad de empleo es adecuada en términos de desarrollo sostenible y creación de mejoras en las vidas de los grupos más pobres. De no ser así, los admirables logros de Kerala en términos de desarrollo humano estarán siempre puestos en cuestión. Esto supondrá una tragedia, dado el considerable progreso obtenido en las áreas sociales a través de la intervención directa del Gobierno local. Paradójicamente, el papel del Gobierno de Kerala debe disminuir dentro de la esfera económica para facilitar un mayor equilibrio entre el crecimiento económico del estado y su desarrollo social.

ANEXO I

	Tasas de alfabetización			Tasas de natalidad			Tasas de mortalidad infantil			Tasas de alfabetización femenina		
	1981	1991	2001	1981	1991	2001	1981	1991	2001	1981	1991	2002*
Maharashtra	53,5	64,9	66,7	34,8	43,0	58,3	79	59	48	29,8	25,2	20,3
Punjab	46,4	58,5	61,2	33,7	42,2	55,9	81	56	55	30,2	26,3	20,8
Haryana	41,7	55,9	58,0	22,3	32,7	47,8	101	75	62	35,9	30,9	26,6
Gujarat	49,9	61,3	57,4	32,3	40,6	48,2	116	67	49	34,2	28,0	24,7
Tamil Nadu	52,5	52,3	65,4	35,0	44,6	57,6	91	58	32	27,9	19,5	18,5
West Bengal	46,3	57,7	59,6	30,3	38,4	51,7	91	65	40	32	25,7	20,5
Karnataka	43,9	56	58,4	27,7	37,0	50,1	69	73	52	29,1	25,5	22,1
Kerala	75,3	80,8	82,9	65,7	75,2	78,2	37	17	13	24,9	17,4	16,9
Rajasthan	28,4	38,5	49,7	11,4	16,3	36,2	108	90	68	40,1	34,0	30,6
Andhra Pradesh	34,1	44,1	53,3	20,4	27,3	44,7	86	71	59	30,8	24,3	20,7
Madhya Pradesh	32,2	44,2	52,8	15,5	23,1	41,6	142	104	72	38,5	34,9	30,4
Uttar Pradesh	31,4	41,5	46,8	14,0	20,0	35,0	150	98	79	38,4	36,2	31,6
Orissa	38,8	49,1	54,6	21,1	28,8	43,9	135	115	76	34	27,2	23,2
Bihar	30,3	38,5	38,2	13,6	18,1	26,9	118	73	66	37,2	32,0	30,9
Desviación Estandar	12,5	11,7	10,4	14,0	15,1	12,4	30,7	24,2	18,1	4,5	5,5	5,03

Fuente: Censo de la India.
Para tasas de mortalidad infantil de 2001, estimaciones IIPS basadas en datos de RCH data.
* Ministerio de Sanidad y Bienestar para la Familia, Gobierno de la India.

Cuadro 1. Población por debajo del umbral de la pobreza en los estados

	1973-74	1977-78	1983	1987-88	1993-94	1999-00
Maharashtra	53,24	55,88	43,44	40,41	36,86	25,02
Punjab	28,15	19,27	16,18	13,2	11,77	6,16
Haryana	35,36	29,55	21,37	16,64	25,05	8,74
Gujarat	48,15	41,23	32,79	31,54	24,21	14,07
Tamil Nadu	54,94	54,79	51,66	43,39	35,03	21,12
West Bengal	63,43	60,52	54,85	44,72	35,66	27,02
Karnataka	54,47	48,78	38,24	37,53	33,16	20,04
Kerala	**58,79**	**52,22**	**40,42**	**31,79**	**25,43**	**12,72**
Rajasthan	46,14	37,42	34,46	35,15	27,41	15,28
Andhra Pradesh	48,86	39,31	28,91	25,86	22,19	15,77
Madhya Pradesh	61,78	61,78	49,78	43,07	42,52	37,43
Uttar Pradesh	57,07	49,05	47,07	41,46	40,85	31,15
Orissa	66,18	70,07	65,28	55,58	48,56	47,15
Bihar	61,91	61,55	62,22	52,13	54,96	42,6
Std Deviation	10,8	14,0	14,5	12,1	11,4	12,6

Fuente: NSSO, varias rondas quinquenales.

Cuadro 2. Tasas generales de alfabetización: Kerala y la India (1901-1981)

Año del censo	Kerala (%)			La India (%)		
	Hombres	Mujeres	Población	Hombres	Mujeres	Población
1901	19,15	3,15	11,14	9,83	0,60	5,35
1911	22,25	4,43	13,31	10,56	1,05	5,92
1921	27,88	10,26	19,02	12,21	1,81	7,16
1931	30,89	11,99	21,34	15,59	2,93	9,50
1941	NA	NA	NA	24,90	7,30	16,10
1951	49,79	31,41	40,47	24,95	7,93	16,67
1961	54,97	38,90	46,85	34,44	12,95	24,02
1971	66,62	54,31	60,42	39,45	18,69	29,45
1981	75,26	65,73	70,42	46,62	24,73	36,03
1991	80,8	75,2	78,0	52,8	32,1	42,9
2001	82,86	78,24	80,49	63,98	45,75	55,18

Cuadro 3. Ingresos per cápita de los 14 estados más importantes de la India (según valores de 1993-94 en rupias)

	Ingresos per cápita						Valoración del desarrollo (%)		
	1980-81	Posición	1990-91	Posición	2000-01	Posición	1980-81 a 1990-91	1990-01 a 2000-01	1980-81 a 2000-10
Estados con ingresos altos	**7.397**		**9.870**		**13.499**		2,9	3,2	6,2
Punjab	8.442	1	11.776	1	15.071	1	3,4	2,5	6,0
Haryana	7.506	2	11.114	2	13.848	3	4,0	2,2	6,3
Karnataka	7.480	3	7.514	6	11.854	6	0,0	4,7	4,7
Mahrashtra	7.102	4	10.159	3	14.233	2	3,6	3,4	7,2
Gujarat	6.455	5	8.788	4	12.489	5	3,1	3,6	6,8
Estados con ingresos medios	**5.126**		**6.793**		**10.179**		2,9	4,1	7,1
Kerala	5.724	6	6.890	7	10.714	7	1,9	4,5	6,5
Tamil Nadu	5.273	7	7.874	5	12.994	4	4,1	5,1	9,4
Madhya Pradesh	5.098	8	6.366	10	7.195	11	2,2	1,2	3,5
West Bangal	4.952	9	5.991	11	9.796	9	1,9	5,0	7,1
AP	4.585	10	6.845	8	10.195	8	4,1	4,1	8,3
Estados con ingresos bajos	**3.784**		**4.966**		**5.783**		2,8	1,5	4,3
Rajasthan	4.254	11	6.760	9	8.175	10	4,7	1,9	6,8
Orissa	4.169	12	4.388	13	5.549	13	0,5	2,4	2,9
Uttar Pradesh	3.982	13	5.147	12	5.575	12	2,6	0,8	3,4
Bihar	2.733	14	3.568	14	3.831	14	2,7	0,7	3,4
Media de los 14 Estados	**5.554**		**7.370**		**10.109**	15	2,9	3,2	6,2

Fuente: La EPW Research Foundation.

Figura 1. NSDP/NDP real per cápita a precios de 1993-94: Kerala y la India

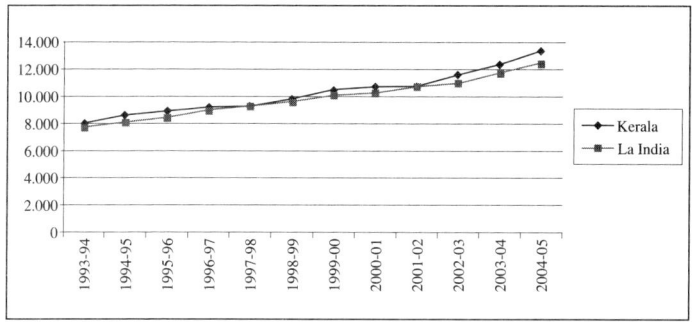

Fuente: Kerala Directorate of Economics & Statistics, y para la India, CSO.

Cuadro 4. Tasas anuales de crecimiento de NDP

	Kerala	La India*
1970-71 a 1979-80	1,97	2,41
1980-81 a 1989-90	2,87	5,60
1990-91 a 1999-00	6,12	5,67
2000-01 a 2003-04	5,81*	6,26

Fuente: EPW Research Foundation (según precios de 1980-81).
* Según precios de 1993-94.

Cuadro 5. Tasas anuales de crecimiento de NDP por sectores económicos

	Kerala			La India*		
	Agricultura y actividades afines	Industria	Servicios	Agricultura y actividades afines	Industria	Servicios
1970-71 a 1979-80	0,14	4,25	3,01	0,53	3,72	4,43
1980-81 a 1989-90	1,28	3,62	4,11	3,66	6,92	7,03
1990-91 a 1999-00	2,17	6,53	8,75	3,03	5,14	7,97
2000-01 a 2003-04*	-0,25	3,10	8,67	3,09	5,78	8,13

Fuente: EPW Research Foundation (según precios de 1993-94).
* Según precios de 1980-81.

Cuadro 6. Tasas anuales de crecimiento de NDP por fabricación

	Kerala	Karnataka	Tamil Nadu	La India
1970-71 a 1979-80	3,9	8,0	8,0	4,5
1980-81 a 1989-90	5,3	8,1	4,1	8,1
1990-91 a 1999-00	5,5	5,5	3,9	5,2
2000-01 a 2003-04*	**-4,45**	**13,02**	**-3,34**	**5,89**

Fuente: EPW Research Foundation (1980-81, precios constantes).
* Según precios de 1993-94.

Cuadro 7. Tasas anuales de crecimiento de NDP

	Kerala	Karnataka	Tamilnadu
1970-71 a 1979-80	1,97	3,77	3,51
1980-81 a 1989-90	2,87	5,57	5,42
1990-91 a 1999-00	6,12	7,95	6,50
2000-01 a 2003-04*	5,81	3,60	0,97

Fuente: EPW Research Foundation (1980-81, precios constantes).
* Según precios de 1993-94.

Cuadro 8. Cambios % anuales en NSDP/NDP por fabricación (según precios de 1993-94)

	Kerala			La India		
	Fabricación total	Fabricación registrada	Fabricación no registrada	Fabricación total	Fabricación registrada	Fabricación no registrada
1994-95	20,8	14,7	26,9	11,9	15,1	6,4
1995-96	8,5	12,5	4,9	14,3	14,2	14,6
1996-97	-3,7	-3,8	-3,7	8,4	9,0	7,4
1997-98	-3,4	2	-8,7	-1,1	-5,1	6,6
1998-99	6,5	12,5	0	0,5	-1,1	3,4
1999-00	5,5	8,1	2,3	6,4	7,2	5,2
2000-01	-4,5	-0,8	-9,2	8,5	8,8	8,0
2001-02	-11,6	-11,9	-11,2	2,2	4,6	-1,9
2002-03	-1,1	2	-5,4	7,7	8,9	5,6
2003-04	-0,7	2	-4,7	7,7	8,4	6,4
Promedio	**1,6**	**3,7**	**-0,9**	**6,7**	**7,0**	**6,2**

Fuente: EPW Research Foundation.

Cuadro 9. Contribución del sector manufacturero en NSDP

	Kerala	Karnataka	TN	La India*
1970-71 a 1979-80	13,3	11,7	21,3	12,6
1980-81 a 1989-90	14,9	15,0	26,1	14,4
1990-91 a 1999-00	15,2	16,8	20,9	15,4
2000-01 a 2003-04*	8,9	15,4	20,2	14,9

Fuente: EPW Research Foundation (1980-81, precios constantes).
* Según precios de 1993-94.

Cuadro 10. PIN per cápita Excluyendo Remesas (PINPCER) y Incluyendo Remesas (PINPCIR) (en rupias-precios actuales)

	Kerala PINPCER	% de (6)	Kerala PINPCIR	% de (6)	La India*
1	2	3	4	5	6
1991-92	5140	84	6004	98	6129
1992-93	5768	84	6818	99	6866
1993-94	7938	101	9278	118	7834
1994-95	9539	106	11646	129	9021
1995-96	11469	111	13882	135	10306
1996-97	13050	111	16257	138	11740
1997-98	14231	110	17814	138	12909
1998-99	16029	107	19571	131	14927
1999-2000	17709	109	22114	136	16203
2000-01	19951	118	23987	142	16878
2001-02	22668	125	26767	148	18100
2002-03	25764	134	30609	160	19185

Fuente: Gobierno de la India (2003ª, 2003b), citado por Kannan, p331, en A. Vaidyananathan and K.L. Krishna eds, Institutions and Markets in India's Development, 2007. Oxford University Press.
* Producto Interior Neto Per Capita.

ANEXO II. CUESTIONARIO

Sección A

Entrevistador: Cuestionario n.º:

1. Distrito:
2. Pueblo / área:
3. Muestra:
4. Entrevistado n.º:
5. Sexo del entrevistado: Hombre ☐   Mujer ☐

6. ¿Edad?

   (a) 18-24
   (b) 25-29
   (c) 30-34
   (d) 35-39
   (e) 40-44
   (f) 45-49
   (g) 50-54
   (h) 55-59
   (i) 60-64
   (j) 65+

7. ¿Cuál es su nivel de estudios?

   (a) ninguno
   (b) estudios primarios
   (c) bachillerato
   (d) diplomatura
   (e) estudios universitarios

8. ¿Cuál es su trabajo?

   (a) trabajo agrícola
      (I) ¿qué tipo de cultivos?
      (II) trabaja con la familia o granja propia, sin empleados
      (III) dirige una granja
      (IV) vigilante
      (V) empleado
   (b) comercial / vendedor / administrativo
   (c) fabricante / transportista
      (por ejemplo: sastre, costurera, conductor)
   (d) consultorías y empresas de servicios
      (por ejemplo: promotor, *catering*, hotel, peluquero, sirvienta)
   (e) profesor
   (f) gerente / administrador
   (g) cura o clérigo
   (h) en paro
   (i) otros (por ejemplo: estudiante, ama de casa, jubilado)

9. Lugar de nacimiento

   (a) Este distrito
   (b) Otro distrito

(c) Otra región
(d) Fuera de Kerala

Sección B: Preguntas en consejos de distrito, escrutinio de masas.

1. ¿Puede hablarme de algún proyecto o servicios que le hayan facilitado para su pueblo o localidad durante los últimos 5 o 6 años, incluyendo aquellos que hayan dejado de funcionar o hayan sido abandonados?

[Marque en la tabla siguiente según corresponda]

Columna 1	2 completado	3 abandonado	4 en funcionamiento

(a) Escuelas
(b) Hospitales
(c) Agua: cañerías, pozos
(d) Aseos
(e) Sanitarios
(f) Aparcamiento de camiones
(g) Carreteras
(h) Transportes
(i) Proyecto agrícola
(j) Otros
(k) Ninguno
(l) No Sabe / No Contesta

2. ¿Sabe quién trajo a su pueblo los proyectos o servicios que ha mencionado? (Por ejemplo: empresas particulares o el Gobierno u otras sociedades.)

Proyecto

(I)

(II)

(III)

(IV)

3. ¿Fue consultada la población de los distritos a la hora de elaborar los proyectos o pueden hacer sugerencias? (Por ejemplo: lugar adecuado, tamaño, diseño, etcétera.)

Proyecto:

(I)

(II)

(III)

(IV)

4. ¿Qué grado de satisfacción le proporcionan los proyectos antes mencionados?

Proyecto (I)
   Muy satisfecho
   Algo satisfecho
   Descontento [*exponga razones*]

Proyecto (II)
   Muy satisfecho
   Algo satisfecho
   Descontento [*exponga razones*]

Proyecto (III)
   Muy satisfecho
   Algo satisfecho
   Descontento [*exponga razones*]

Proyecto (IV)
   Muy satisfecho
   Algo satisfecho
   Descontento [*exponga razones*]

5. ¿Desde la elección de la Asamblea del Pueblo de los *panchayats*, ha notado algún cambio en la asistencia de los empleados de los consejos a su trabajo?

(Por ejemplo: personal del hospital, inspectores de mercado, inspectores de Hacienda, profesores.)

Su asistencia al trabajo ha sido:

1. No ha cambiado   2. Más frecuente   3. Menos frecuente

5(a). Si es más/menos frecuente, ¿por qué piensa que ha ocurrido?

6. Desde la elección de la Asamblea del Pueblo de los *panchayats*, ¿ha notado algún cambio en el número de traslados o destituciones de los empleados de los consejos de los que hemos hablado?

1. No ha cambiado   2. Más frecuente   3. Menos frecuente

6(a). Si es más o menos frecuente, ¿por qué cree que ha sucedido?

7. En general, ¿cuáles cree que son las necesidades más importantes de la población en esta área?

8. ¿Desde su punto de vista, ¿la Asamblea del Pueblo es capaz de satisfacer cualquiera de estas necesidades con sus proyectos o servicios?

9. Desde su punto vista, ¿la Asamblea del Pueblo lo ha hecho mejor que el viejo distrito o bloque de *panchayat*?

Sección C

Ahora me gustaría preguntar acerca de la participación y democracia en la Asamblea del Pueblo del *panchayat*:

10. ¿Votó en las elecciones del Pueblo del *panchayat*?

11. ¿Cree que las elecciones del *panchayat* fueron imparciales?

    1. Completamente imparciales
    2. Imparciales, pero con algunos problemas
    3. Injustas
    4. No sabe / no contesta

    [*Si "injustas"*, ¿alguna razón particular?]

12. ¿Votará en las próximas elecciones nacionales?

    Sí
    No
    No sabe / no contesta

    [*Si "no"*, ¿por qué motivo?]

13. ¿Está de acuerdo en incluir su pueblo o localidad en el distrito?

Sí   No

14. ¿Hizo campaña o trabajó para la elección de algún candidato en concreto en las últimas elecciones del consejo?

15. ¿Cuál es el nombre del actual asambleísta?

16. ¿Ha participado en las actividades de alguna asociación no oficial en los últimos dos años? Por ejemplo:
[*Lea o enseñe la lista*]

> asociación para el desarrollo del pueblo
> asociación juvenil
> asociación étnica o regional
> asociación de mujeres
> cooperativa agrícola
> asociación de comercio o grupo de negocios
> asociación profesional
> gremios, incluidos estudiantes
> asociaciones culturales
> grupos religiosos o eclesiásticos
> cualquier otro grupo (por ejemplo, de festejos)
> Sin grupo
> [*Si no es miembro de ningún grupo vaya a la pregunta 19; si lo es de alguno de estos grupos vaya a la pregunta 17.*]

17. ¿Participaba activamente en la asociación antes de que la Asamblea del Pueblo fuera elegida?

                Sí   No

18. ¿Ha participado, en los últimos dos años, en alguna de las siguientes actividades *ya sea* en su pueblo *o* [si es miembro de una asociación] con su asociación?

18(a). ¿Firmando una petición o una carta escrita al Gobierno del Consejo del Pueblo?

                Sí   No

[*Si "sí"*, ¿sobre qué?]

18(b). ¿Convocando una reunión con el Consejo del Pueblo para conseguir o tomar parte en algún objetivo?

                Sí   No

[*Si "sí"*, ¿sobre qué?]

18(c). ¿Tomando parte en alguna propuesta?

                Sí   No

[*Si "sí"*, ¿sobre qué?]

18(d). ¿Convocando alguna reunión para agradecer a algún asambleísta por su trabajo?

                 Sí   No

[*Si "sí"*, ¿sobre qué?]

18(e). ¿Tomando parte en un rechazo organizado para cooperar con el Consejo del Pueblo?

                 Sí   No

[*Si "sí"*, ¿sobre qué?]

19. ¿Ha participado personalmente en algún encuentro local oficial, comités o grupos de consulta desde que se fundó la Asamblea del Pueblo?

Por ejemplo:			
	Unit Committee Meetings	Sí	No
	CDR Meeting	Sí	No
	Village or town meeting to hear Assemblyman's report	Sí	No

[*Si "sí" a alguno, pregunte:*]

19(a). ¿Pudo decir algo en el encuentro?

20. ¿Con qué frecuencia se reúne su asambleísta con usted o con sus conciudadanos en consulta o reunión local desde que fue elegido?

Una vez al mes o más
Una vez cada 3-5 meses
Una vez cada 6-13 meses
Otras
Nunca

21. ¿Ha hablado alguna vez con su asambleísta acerca de problemas que afecten al pueblo, o a la asociación de la cual es usted miembro?

           Sí   No

[*Si "sí" pregunte*: ¿Qué tipo de problema?]

22. ¿Ha hablado personalmente en las oficinas del Pueblo del *panchayat* acerca de problemas que afectan a la asociación de la cual es usted miembro?

           Sí   No

[*Si "sí" pregunte*: ¿Qué tipo de problema?]

¿Fue antes o después de la elección de la Asamblea del Pueblo?

           Antes   Después

Encontró a la persona con la que contactó:

           Servicial   Inútil

¿Encontró que la persona con la que contactó era honesta y estaba preocupada por el asunto?

Sí   No

23. ¿Ha recurrido personalmente alguna vez a las oficinas de otro distrito para hablar acerca de problemas que afectan a su pueblo o la asociación de la cual usted es miembro?

[*Si "sí" pregunte*: ¿Qué tipo de problema?]

¿Fue antes o después de la elección de la Asamblea del Pueblo?

Antes   Después

Encontró a la persona con la que contactó:

Servicial   Inútil

Encontró que la persona con la que contactó era honesta y estaba preocupada por el asunto:

Sí   No

24. Según usted, ¿cuál es la contribución del nuevo Gobierno del *panchayat*?

25. ¿Cree que sus opiniones se toman en cuenta?

26. ¿Considera el proceso bueno para el pueblo?

[*Si "sí"*, ¿por qué?
Si "no", ¿cómo puede mejorarse?]

27. ¿Cree que la corrupción ha aumentado o disminuido?

28. ¿Cree que las cosas pueden hacerse más rápidas bajo el nuevo sistema del Gobierno *panchayat*?

Sección D

Preguntas sobre el nivel de vida

29. ¿Posee tierras a su nombre o a nombre de su cónyuge?

[*Si "sí"*, ¿qué tipo de terreno es? (por ejemplo: agrícola, urbanizable, en campo o en ciudad).
Si "no", ir a la pregunta 31.]

30. Si sí, ¿cuál es el precio de Mercado de su tierra?

31. Si vive de alquiler, ¿cuál es su renta mensual?

32. ¿Cuántos miembros de su familia viven en su casa?

33. ¿Cuántas habitaciones tiene su casa?

34. ¿De qué material está hecha su casa: ladrillo, cemento u otros materiales?

35. ¿Tiene el tejado de tejas o de paja?

36. ¿Posee alguno de los artículos detallados a continuación?

(a) ganado
(b) barca
(c) catamarán
(d) redes de pesca
(e) maquinaria agrícola

37. ¿Cuál o cuáles de los siguientes electrodomésticos y utensilios posee?

(a) estufa de petróleo
(b) estufa de gas
(c) nevera
(d) aire acondicionado
(e) cocina
(f) horno
(g) microondas
(h) tostadora
(i) teléfono
(j) plancha
(k) radio
(l) estéreo
(m) televisión (¿en blanco y negro o en color?)
(n) bicicleta
(o) motocicleta
(p) scooter
(q) *rickshaw*
(r) coche

38. ¿En qué categoría de ingresos se sentiría más cómodo de acuerdo con sus necesidades?

(a) 1.500-2.499 rupias
(b) 3.000-5.000 rupias
(c) 5.000-10.000 rupias
(d) 10.000-15.000 rupias
(e) 15.000-20.000 rupias
(f) Más

ANEXO III

El nuevo órgano rector ¿trabaja de una forma rápida y eficiente?

Lugar			Encuesta		
			2000	2008	Total
Allapuzha	El nuevo órgano rector ¿trabaja de una forma rápida y eficiente?	Ningún cambio significativo	31,3	39,1	34,9
		Algún cambio significativo	63,6	34,5	50,0
		Pequeño cambio	5,1	14,9	9,7
		Sin comentarios		9,2	4,3
		No contesta		2,3	1,1
	Total		100,0	100,0	100,0
Valiyathura	El nuevo órgano rector ¿trabaja de una forma rápida y eficiente?	Ningún cambio significativo	19,0	19,2	19,1
		Algún cambio significativo	51,0	51,5	51,3
		Pequeño cambio	30,0	29,3	29,6
	Total		100,0	100,0	100,0
Wayanad	El nuevo órgano rector ¿trabaja de una forma rápida y eficiente?	Ningún cambio significativo	17,5	29,8	23,2
		Algún cambio significativo	27,5	26,0	27,0
		Pequeño cambio	55,0	15,8	36,9
		Sin comentarios		27,5	12,7
		No contesta		,6	,3
	Total		100,0	100,0	100,0
Kozhikode	El nuevo órgano rector ¿trabaja de una forma rápida y eficiente?	Ningún cambio significativo	67,3	8,8	35,4
		Algún cambio significativo	11,9	4,4	10,4
		Pequeño cambio	20,8		13,0
		Sin comentarios		86,8	41,1
	Total		100,0	100,0	100,0

% encuestados

Chi-Square Tests

Statistics=Pearson Chi-Square

	Valor	df	Asymp. Sig. (2-caras)
Allapuzha	24,732	4	,000
Valiyathura	**,012**	**2**	**,994**
Wayanad	100,609	4	,000
Kozhikode	1,593E2	3	,000

Allapuzha

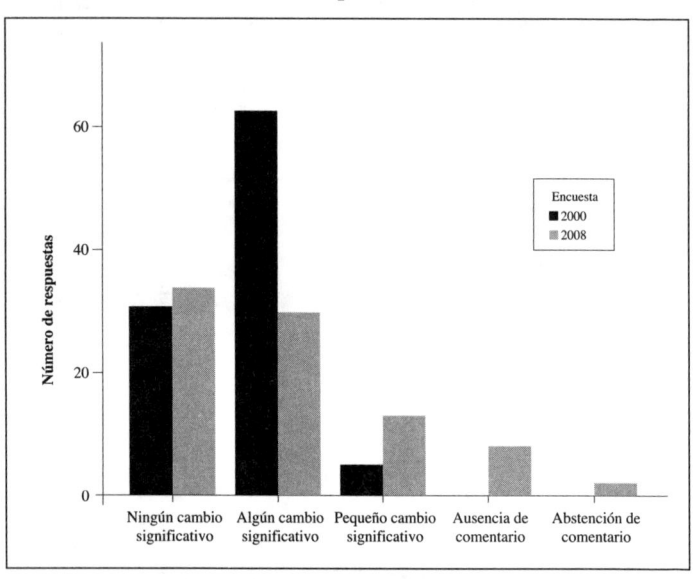

El nuevo órgano rector ¿trabaja de forma rápida y eficiente?

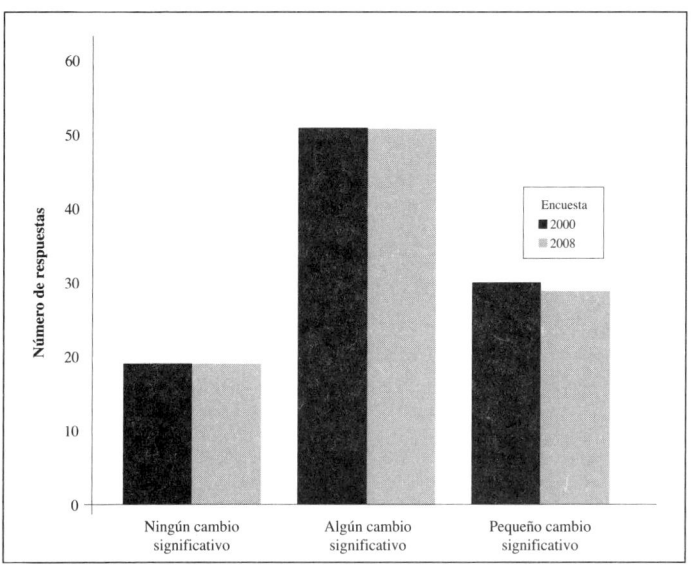

El nuevo órgano rector ¿trabaja de forma rápida y eficiente?

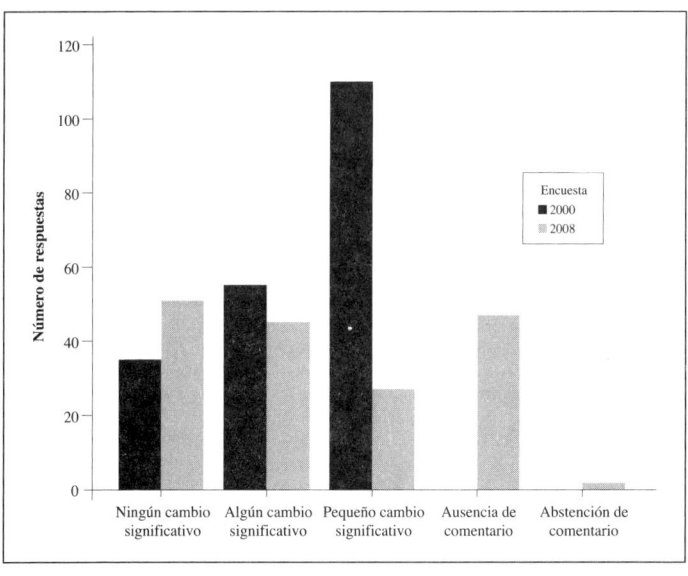

El nuevo órgano rector ¿trabaja de forma rápida y eficiente?

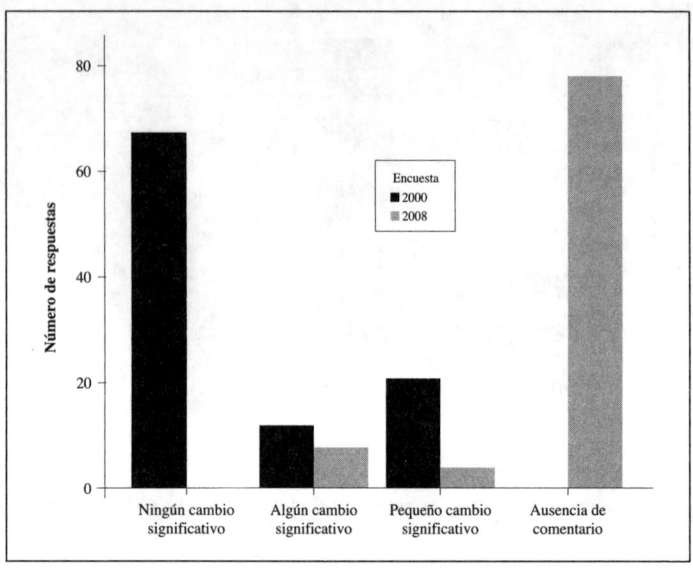

El nuevo órgano rector ¿trabaja de forma rápida y eficiente?

¿Cree que han aumentado o disminuido los sobornos por parte de los representantes del *Panchayat*?

Lugar		Encuesta		Total
		2000	2008	
Allapuzha	¿Cree que han aumentado o disminuido los sobornos por parte de los representantes del *Panchayat*?			
	Ningún cambio significativo	62,6	78,4	70,1
	Algún cambio significativo	23,2	10,2	17,1
	Pequeño cambio significativo	2,0	2,3	2,1
	Ausencia de comentario	12,1	5,7	9,1
	Abstención de comentario		3,4	1,6
	Total	100,0	100,0	100,0
Valiyathura	¿Cree que han aumentado o disminuido los sobornos por parte de los representantes del *Panchayat*?			
	Ningún cambio significativo	86,0	86,9	86,4
	Sin comentarios	14,0	13,1	13,6
	Total	100,0	100,0	100,0
Wayanad	¿Cree que han aumentado o disminuido los sobornos por parte de los representantes del *Panchayat*?			
	Ningún cambio significativo	41,3	34,1	37,9
	Algún cambio significativo	21,4	13,1	17,5
	Pequeño cambio significativo	3,0	6,2	4,5
	Ausencia de comentario	34,3	43,8	38,7
	Abstención de comentario		2,8	1,3
	Total	100,0	100,0	100,0
Kozhikode	¿Cree que han aumentado o disminuido los sobornos por parte de los representantes del *Panchayat*?			
	Ningún cambio significativo	18,8		9,9
	Algún cambio significativo	55,4	9,9	33,9
	Pequeño cambio significativo	5,9	4,4	5,2
	Sin comentarios	19,8	85,7	51,0
	Total	100,0	100,0	100,0

% encuestados

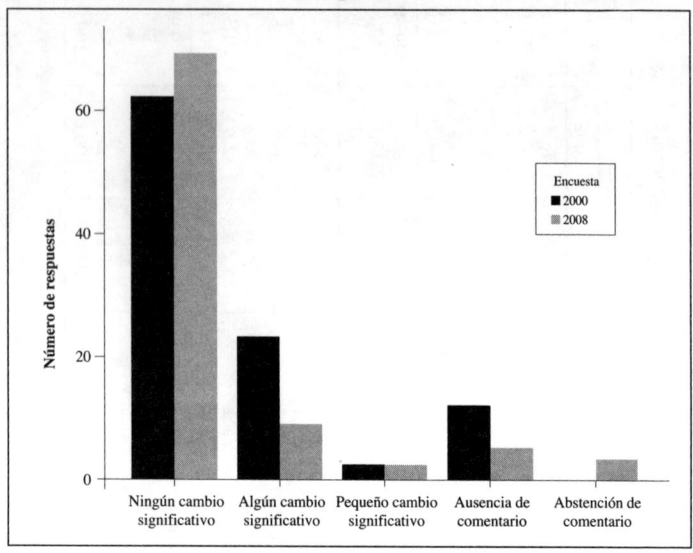

En su opinión, ¿han aumentado o disminuido los sobornos por parte de los representantes del *panchayat*?

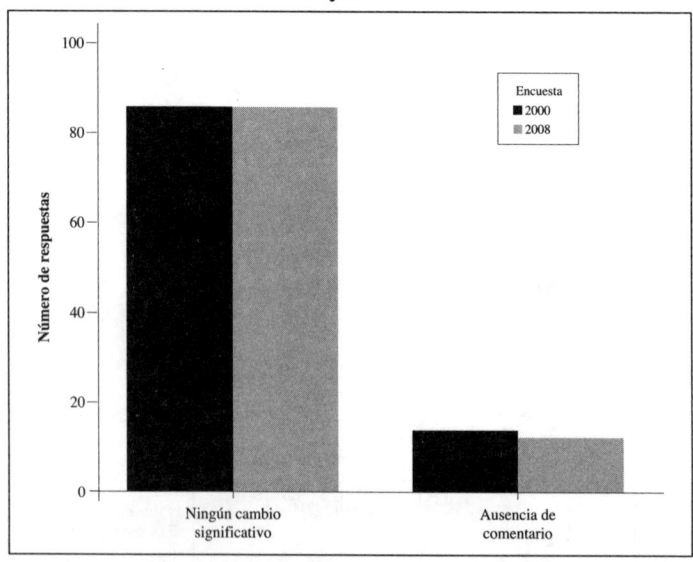

En su opinión, ¿han aumentado o disminuido los sobornos por parte de los representantes del *panchayat*?

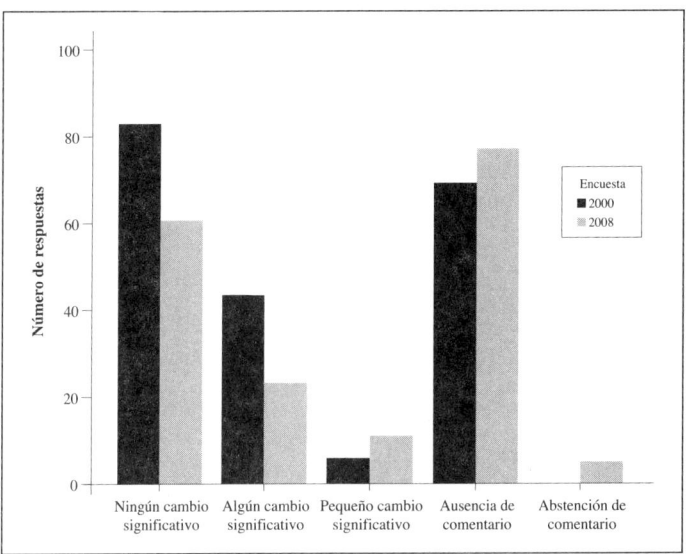

En su opinión, ¿han aumentado o disminuido los sobornos por parte de los representantes del *panchayat*?

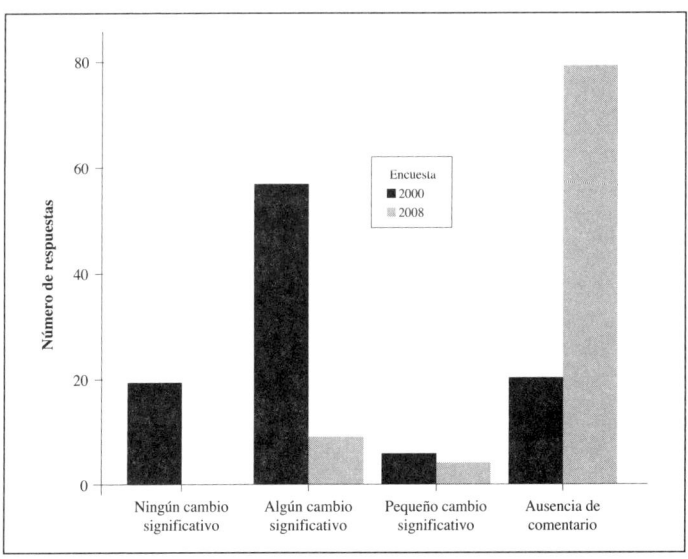

En su opinión, ¿han aumentado o disminuido los sobornos por parte de los representantes del *panchayat*?

¿Quién mostró mejor actuación, el actual Gobierno o el anterior?

Lugar			Encuesta		Total
			2000	2008	
Allapuzha	¿Quién mostró mejor actuación, el actual Gobierno o el anterior?	Actual	75,5	13,0	44,6
		Anterior	24,5	87,0	55,4
	Total		100,0	100,0	100,0
Valiyathura	¿Quién mostró mejor actuación, el actual Gobierno o el anterior?	Actual	19,8	20,0	19,9
		Anterior	80,2	80,0	80,1
	Total		100,0	100,0	100,0
Wayanad	¿Quién mostró mejor actuación, el actual Gobierno o el anterior?	Actual	28,7	64,3	46,6
		Anterior	71,3	35,7	53,4
	Total		100,0	100,0	100,0
Kozhikode	¿Quién mostró mejor actuación, el actual Gobierno o el anterior?	Actual	83,0	77,3	80,3
		Anterior	17,0	22,7	19,7
	Total		100,0	100,0	100,0

% encuestados

		Valor	df	Asymp. Sig. (2-caras)
Allapuzha	**Pearson Chi-Square**	**73,470**	**1**	**,000**
	Corrección continuada[a]	70,963	1	,000
	Ratio de probabilidad	79,843	1	,000
	Test exacto de Fisher			
	Asociación lineal a lineal	73,075	1	,000
	N para casos válidos[a]	186		
Valiyathura	**Pearson Chi-Square**	**,001**	**1**	**,970**
	Corrección continuada[a]	,000	1	1,000
	Ratio de probabilidad	,001	1	,970
	Test exacto de Fisher			
	Asociación lineal a lineal	,001	1	,971
	N para casos válidos[a]	181		
Wayanad	**Pearson Chi-Square**	**42,521**	**1**	**,000**
	Corrección continuada[a]	41,105	1	,000
	Ratio de probabilidad	43,495	1	,000
	Test exacto de Fisher			
	Asociación lineal a lineal	42,394	1	,000
	N para casos válidos[a]	335		
Kozhikode	**Pearson Chi-Square**	**,971**	**1**	**,324**
	Corrección continuada[a]	,643	1	,423
	Ratio de probabilidad	,970	1	,325
	Test exacto de Fisher			
	Asociación lineal a lineal	,966	1	,326
	N para casos válidos[a]	188		

a. Calculado solamente para tablas de 2x2.

No hay cambios significativos, ni en Valiyathura ni en Kozhikode.

Allapuzha

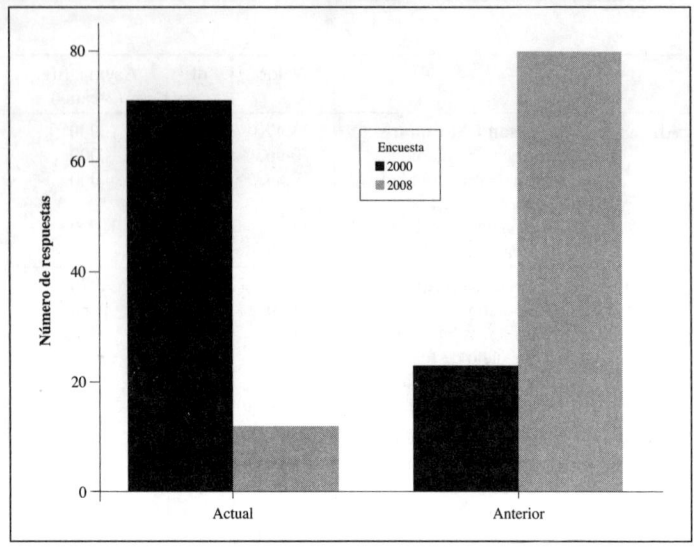

¿Quién mostró mejor actuación, el actual Gobierno o el anterior?

Valiyathura

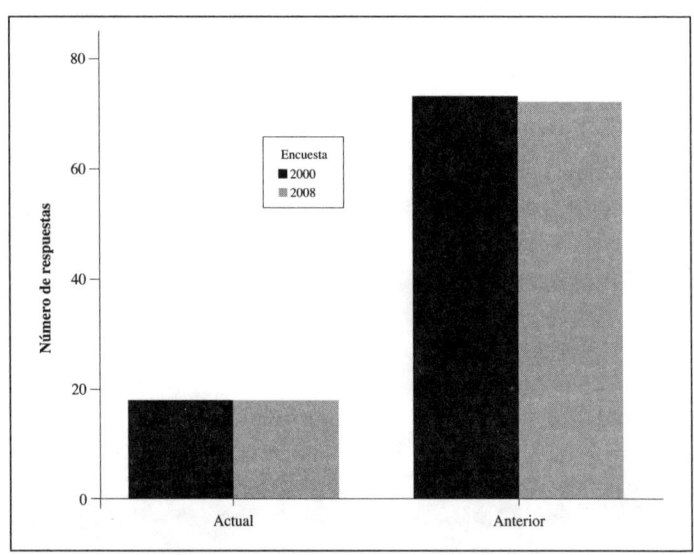

¿Quién mostró mejor actuación, el actual Gobierno o el anterior?

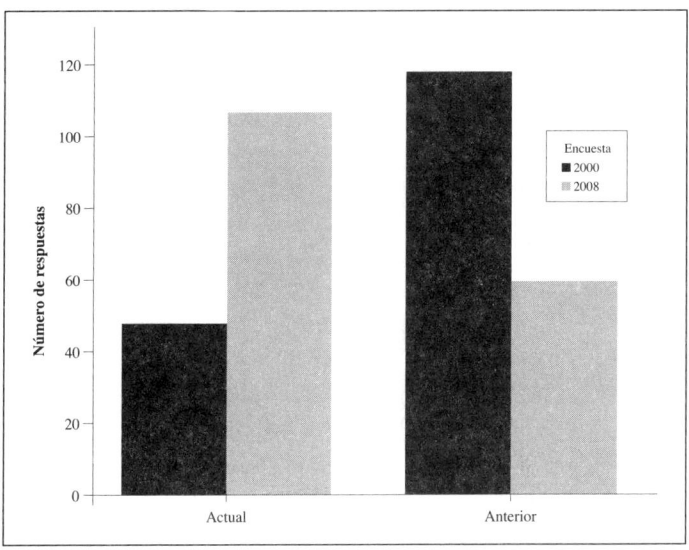

¿Quién mostró mejor actuación, el actual Gobierno o el anterior?

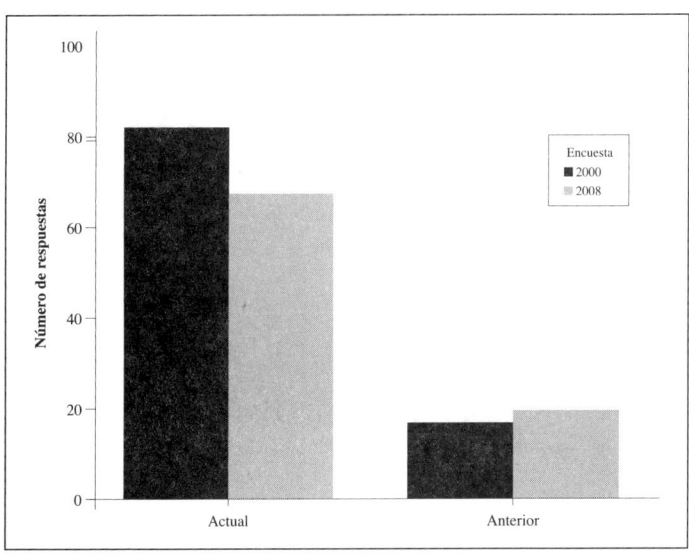

¿Quién mostró mejor actuación, el actual Gobierno o el anterior?

¿Votó en las últimas elecciones del *Grama Panchayat*?

Lugar			Encuesta		Total
			2000	2008	
Allapuzha	¿Votó en las últimas elecciones locales del *Grama Panchayat*?	Sí	99,0	98,9	98,9
		No	1,0	1,1	1,1
	Total		100,0	100,0	100,0
Valiyathura	¿Votó en las últimas elecciones locales del *Grama Panchayat*?	Sí	81,9	81,7	81,8
		No	18,1	18,3	18,2
	Total		100,0	100,0	100,0
Wayanad	¿Votó en las últimas elecciones locales del *Grama Panchayat*?	Sí	98,0	98,3	98,1
		No	2,0	1,7	1,9
	Total		100,0	100,0	100,0
Kozhikode	¿Votó en las últimas elecciones locales del *Grama Panchayat*?	Sí	97,0	97,8	97,4
		No	3,0	2,2	2,6
	Total		100,0	100,0	100,0

% encuestados

		Valor	df	Asymp. Sig. (2-caras)
Allapuzha	**Pearson Chi-Square**	**,010**	**1**	**,921**
	Corrección continuada[a]	,000	1	1,000
	Ratio de probabilidad	,010	1	,921
	Test exacto de Fisher			
	Asociación lineal a lineal	,010	1	,921
	N para casos válidos[a]	187		
Valiyathura	**Pearson Chi-Square**	**,001**	**1**	**,972**
	Corrección continuada[a]	,000	1	1,000
	Ratio de probabilidad	,001	1	,973
	Test exacto de Fisher			
	Asociación lineal a lineal	,001	1	,973
	N para casos válidos[a]	187		
Wayanad	**Pearson Chi-Square**	**,050**	**1**	**,823**
	Corrección continuada[a]	,000	1	1,000
	Ratio de probabilidad	,050	1	,823
	Test exacto de Fisher			
	Asociación lineal a lineal	,050	1	,824
	N para casos válidos[a]	370		
Kozhikode	**Pearson Chi-Square**	**,097**	**1**	**,756**
	Corrección continuada[a]	,000	1	1,000
	Ratio de probabilidad	,097	1	,755
	Test exacto de Fisher			
	Asociación lineal a lineal	,096	1	,757
	N para casos válidos[a]	190		

a. Calculado solamente para tablas de 2x2.

No hay cambios significativos en ningún sitio.

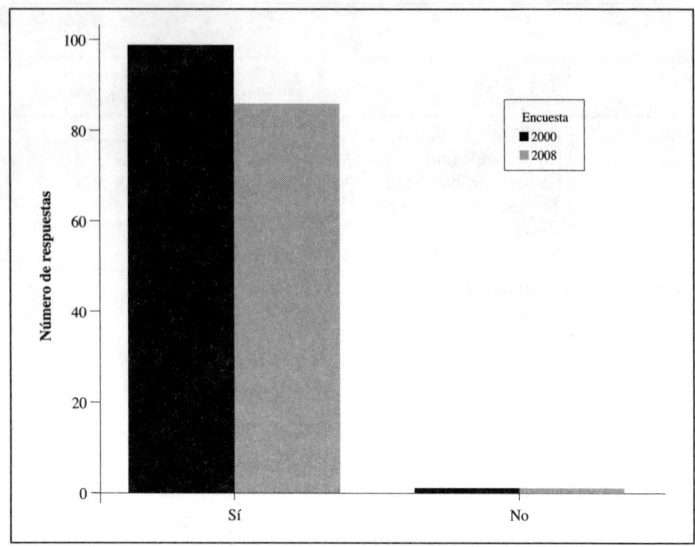

¿Votó en las últimas elecciones del *Grama Panchayat*?

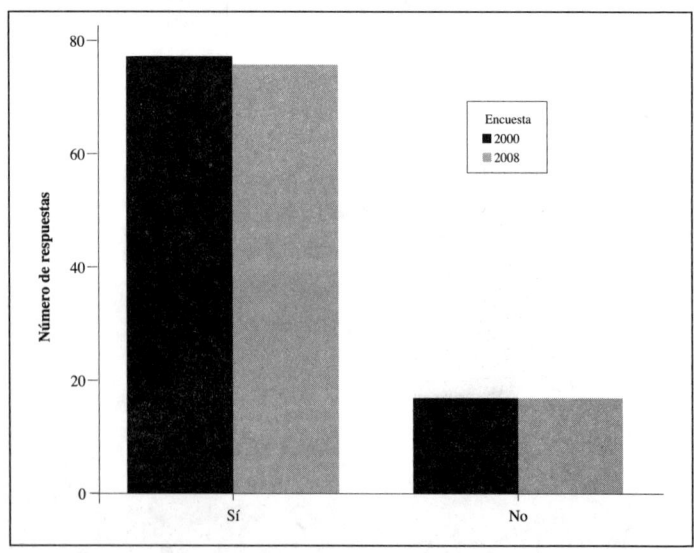

¿Votó en las últimas elecciones del *Grama Panchayat*?

Wayanad

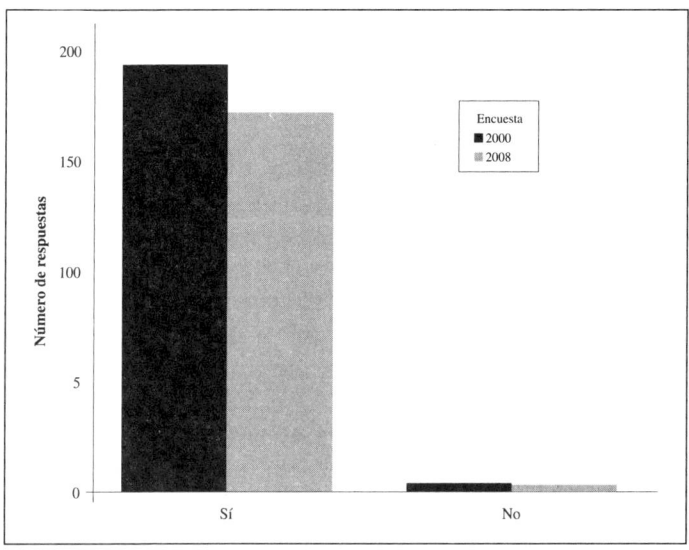

¿Votó en las últimas elecciones del *Grama Panchayat*?

Kozhikode

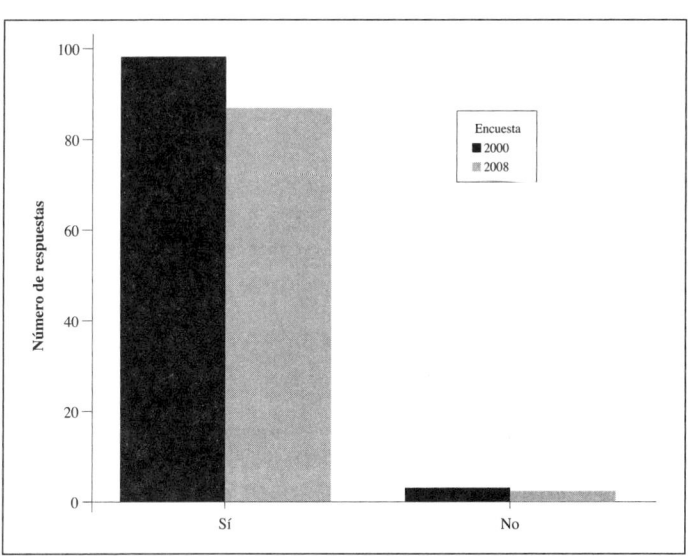

¿Votó en las últimas elecciones del *Grama Panchayat*?

		Encuesta		Total
		2000	2008	
¿Votó en las últimas elecciones del *Grama Panchayat*?	Sí	94,9	94,8	94,9
	No	5,1	5,2	5,1
Total		100,0	100,0	100,0

Encuesta tabulada (%)

	Valor	df	Asymp. Sig. (2-caras)
Pearson Chi-Square	,005	1	,945
Corrección continuada[a]	,000	1	1,000
Ratio de probabilidad	,005	1	,945
Test exacto de Fisher			
Asociación lineal a lineal	,005	1	,945
N para casos válidos[a]	934		

a. Calculado solamente para tablas de 2x2.

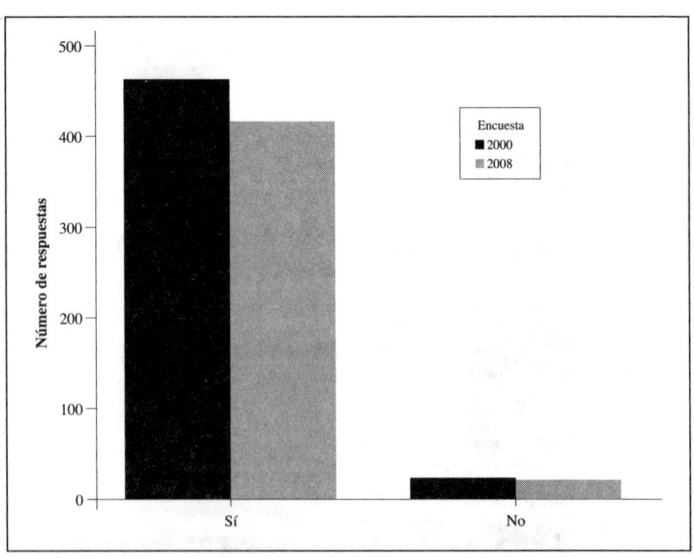

¿Votó en las últimas elecciones del *Grama Panchayat*?

¿Cree que velan por los intereses de la población?

Lugar			Encuesta		Total
			2000	2008	
Allapuzha	¿Cree que velan por los intereses de la población? Total	Sí No	84,4 15,6 100,0	50,0 50,0 100,0	83,7 16,3 100,0
Valiyathura	¿Cree que velan por los intereses de la población? Total	Sí No	78,3 21,7 100,0	78,3 21,7 100,0	78,3 21,7 100,0
Wayanad	¿Cree que velan por los intereses de la población? Total	Sí No	77,9 22,1 100,0	95,2 4,8 100,0	86,1 13,9 100,0
Kozhikode	¿Cree que velan por los intereses de la población? Total	Sí No	99,0 1,0 100,0	91,2 8,8 100,0	95,6 4,4 100,0

% encuestados

Chi-Square Tests

Statistics=Pearson Chi-Square

	Valor	df	Asymp. Sig. (2-caras)
Allapuzha	1,695	1	,193
Valiyathura	,000	1	1,000
Wayanad	16,730	1	,000
Kozhikode	6,363	1	,012

Allapuzha

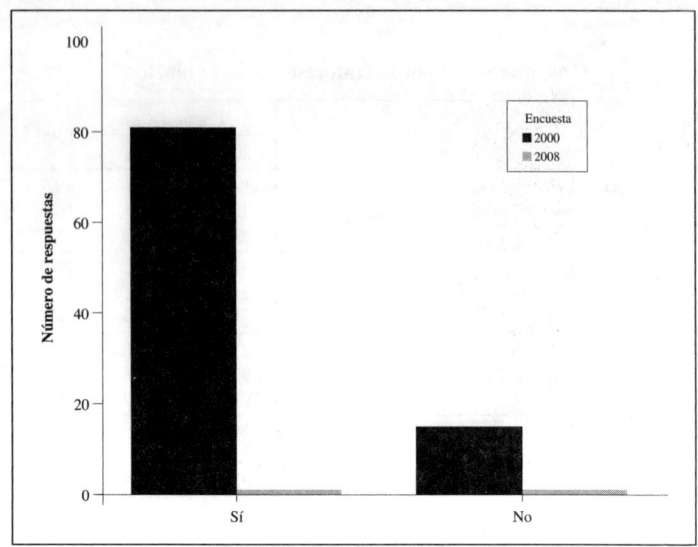

¿Cree que velan por los intereses de la población?

Valiyathura

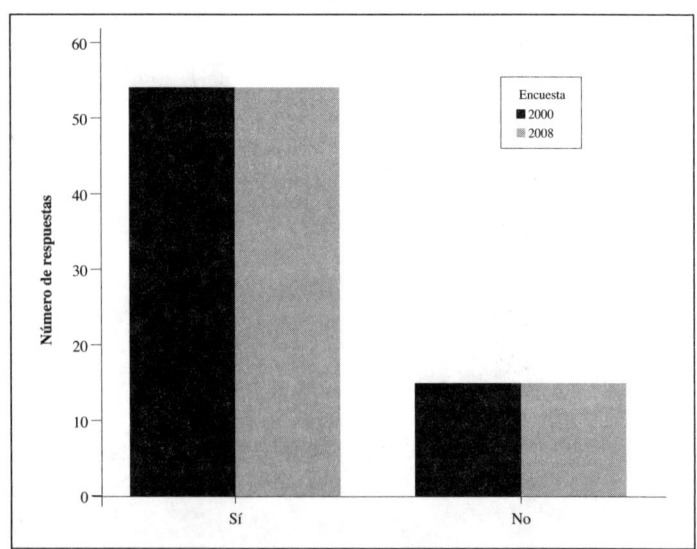

¿Cree que velan por los intereses de la población?

Wayanad

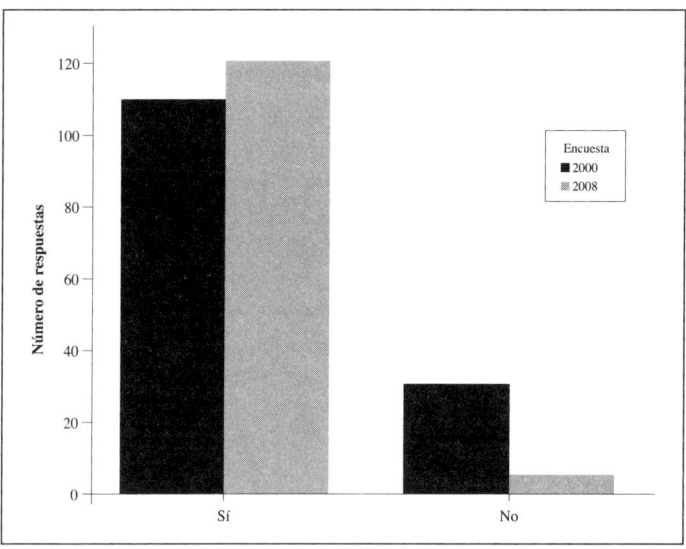

¿Cree que velan por los intereses de la población?

Kozhikode

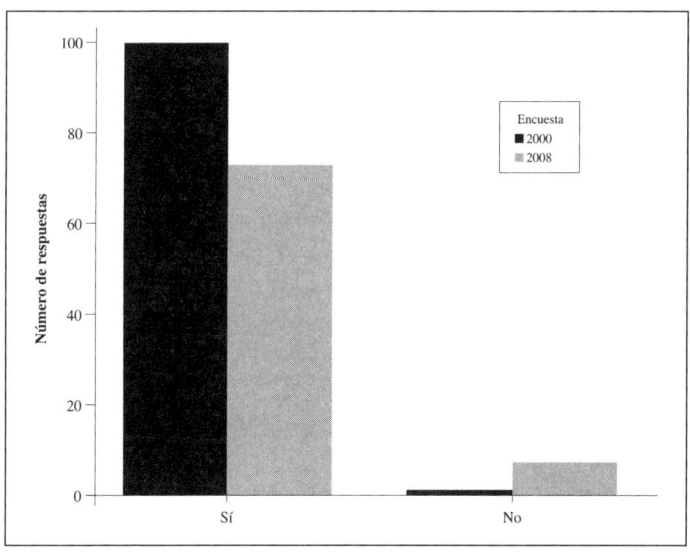

¿Cree que velan por los intereses de la población?

¿**Considera que los representantes del** *Grama Panchayat* **valoran su opinión?**

Lugar			Encuesta		Total
			2000	2008	
Allapuzha	¿Considera que los representantes del *Grama Panchayat* valoran su opinión?	Sí	63,5		63,5
		No	36,5		36,5
	Total		100,0		100,0
Valiyathura	¿Considera que los representantes del *Grama Panchayat* valoran su opinión?	No	100,0	100,0	100,0
	Total		100,0	100,0	100,0
Wayanad	¿Considera que los representantes del *Grama Panchayat* valoran su opinión?	Sí	55,6	83,7	67,1
		No	44,4	16,3	32,9
	Total		100,0	100,0	100,0
Kozhikode	¿Considera que los representantes del *Grama Panchayat* valoran su opinión?	Sí	48,5	66,7	54,2
		No	51,5	33,3	45,8
	Total		100,0	100,0	100,0

% encuestados

Chi-Square Tests

Statistics=Pearson Chi-Square

	Valor	df	Asymp. Sig. (2-caras)
Allapuzha	-		
Valiyathura	-		
Wayanad	19,395	1	,000
Kozhikode	2,746	1	,097

Allapuzha

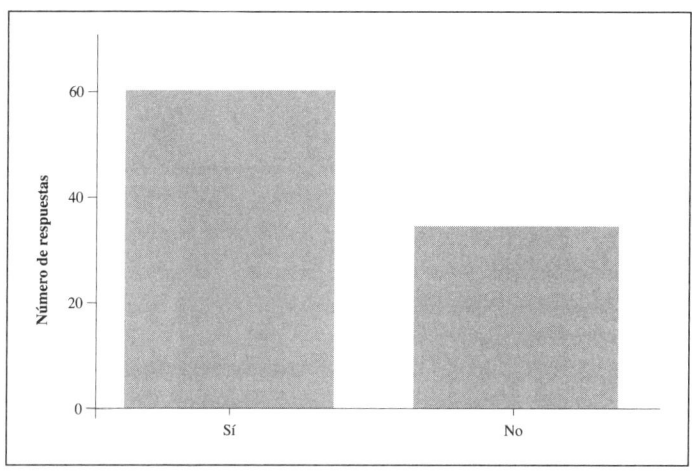

¿Considera que los representantes del *Grama Panchayat* valoran su opinion?

Valiyathura

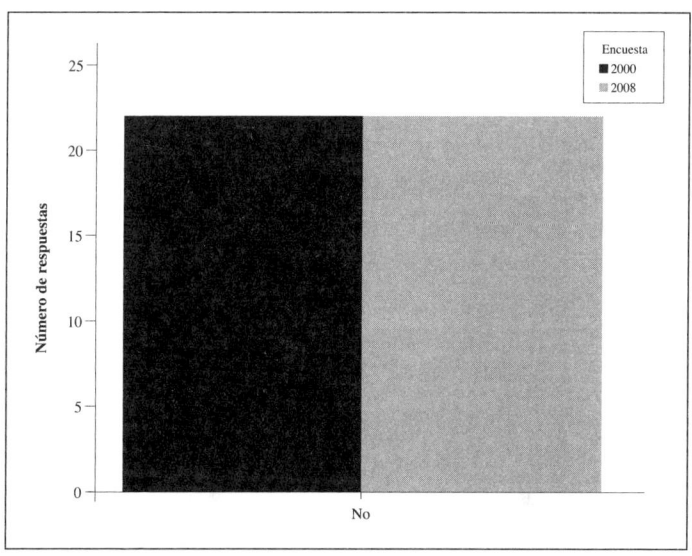

¿Considera que los representantes del *Grama Panchayat* valoran su opinion?

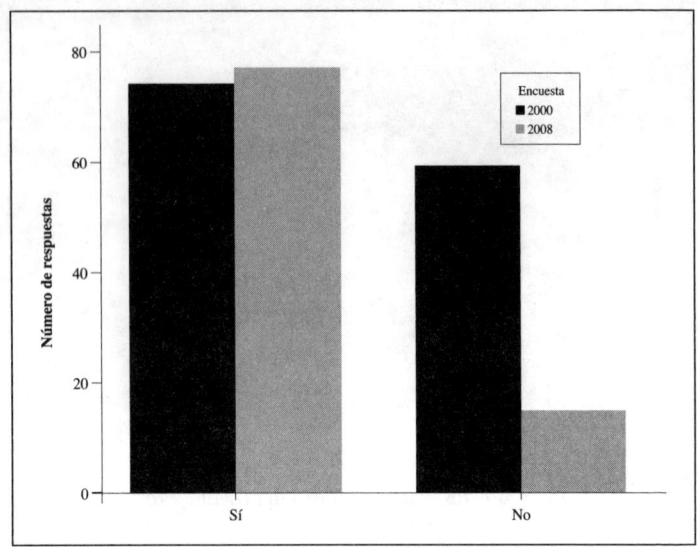

¿Considera que los representantes del *Grama Panchayat* valoran su opinion?

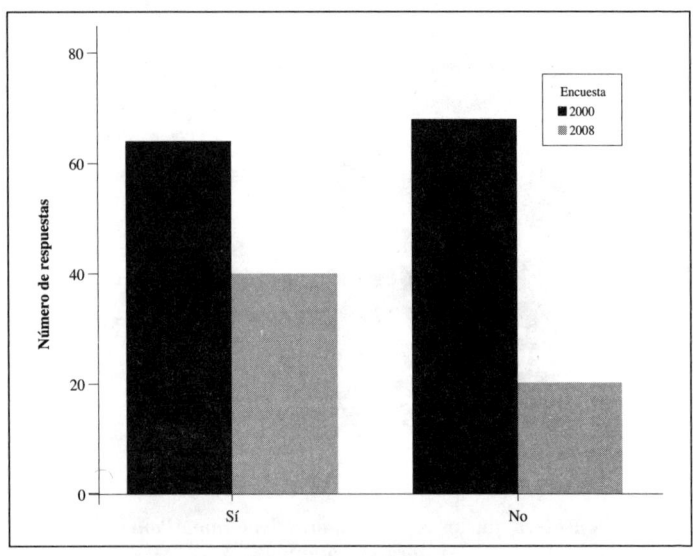

¿Considera que los representantes del *Grama Panchayat* valoran su opinion?

¿Considera que los representantes del *Grama Panchayat* actúan de manera imparcial?

Lugar			Encuesta		Total
			2000	2008	
Allapuzha	¿Imparcial?	Sí	54,2		54,2
		No	45,8		45,8
	Total		100,0		100,0
Valiyathura	¿Imparcial?	Sí	25,0	25,0	25,0
		No	75,0	75,0	75,0
	Total		100,0	100,0	100,0
Wayanad	¿Imparcial?	Sí	70,0	57,1	64,7
		No	30,0	42,9	35,3
	Total		100,0	100,0	100,0
Kozhikode	¿Imparcial?	Sí	33,3	87,5	72,7
		No	66,7	12,5	27,3
	Total		100,0	100,0	100,0

% encuestados

Chi-Square Tests

Statistics=Pearson Chi-Square

	Valor	df	Asymp. Sig. (2-caras)
Allapuzha	.		
Valiyathura	,000[a]	1	1,000
Wayanad	,894	1	,344
Kozhikode	3,227	1	,072

Allapuzha

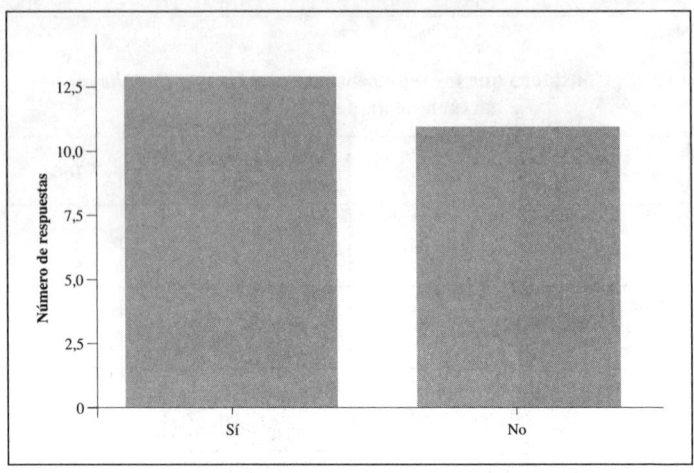

¿Considera que los representantes del *Grama Panchayat* actúan de manera imparcial?

Valiyathura

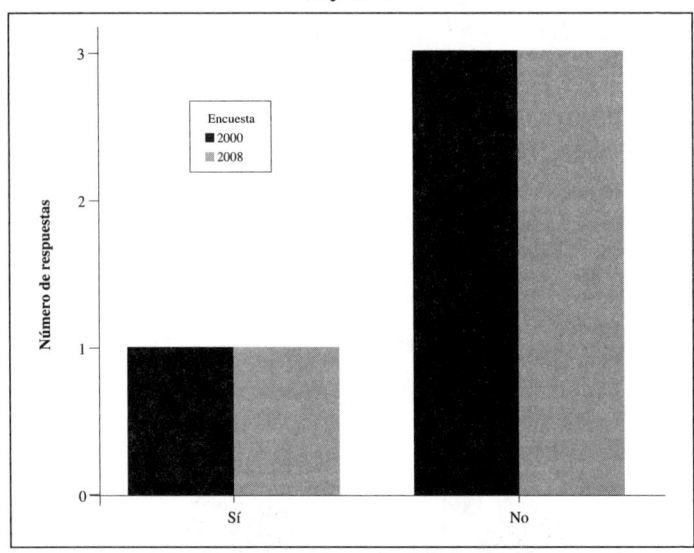

¿Considera que los representantes del *Grama Panchayat* actúan de manera imparcial?

Wayanad

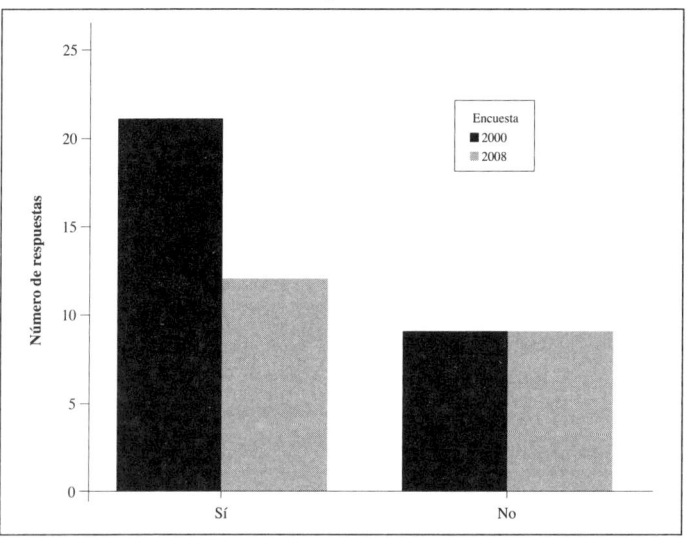

¿Considera que los representantes del *Grama Panchayat* actúan de manera imparcial?

Kozhikode

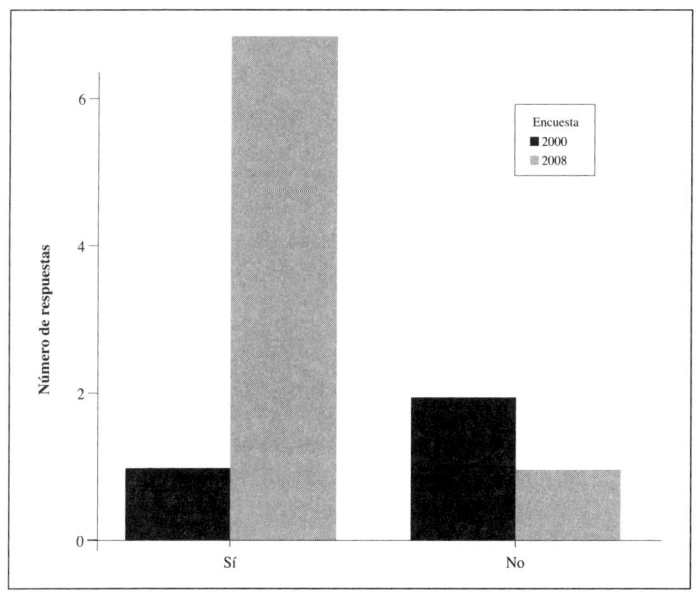

¿Considera que los representantes del *Grama Panchayat* actúan de manera imparcial?

¿Ha organizado alguna sesión para felicitar a los miembros del *panchayat* o a los funcionarios por sus logros?

Lugar			Encuesta 2000	Encuesta 2008	Total
Allapuzha	¿Ha organizado alguna sesión para felicitar a los miembros del *panchayat* o a los funcionarios por sus logros?	Sí No	10,0 90,0	1,1 98,9	5,9 94,1
	Total		100,0	100,0	100,0
Valiyathura	¿Ha organizado alguna sesión para felicitar a los miembros del *panchayat* o a los funcionarios por sus logros?	Sí No	1,9 98,1	2,0 98,0	2,0 98,0
	Total		100,0	100,0	100,0
Wayanad	¿Ha organizado alguna sesión para felicitar a los miembros del *panchayat* o a los funcionarios por sus logros?	Sí No	4,5 95,5	3,4 96,6	4,0 96,0
	Total		100,0	100,0	100,0
Kozhikode	¿Ha organizado alguna sesión para felicitar a los miembros del *panchayat* o a los funcionarios por sus logros?	Sí No	 100,0	2,2 97,8	1,0 99,0
	Total		100,0	100,0	100,0

% encuestados

		Valor	df	Asymp. Sig. (2-caras)
Allapuzha	Pearson Chi-Square	6,583	1	,010
	Corrección continuada[a]	5,081	1	,024
	Ratio de probabilidad	7,734	1	,005
	Test exacto de Fisher			
	Asociación lineal a lineal	6,547	1	,011
	N para casos válidos[a]	187		
Valiyathura	Pearson Chi-Square	,000	1	,992
	Corrección continuada[a]	,000	1	1,000
	Ratio de probabilidad	,000	1	,992
	Test exacto de Fisher			
	Asociación lineal a lineal	,000	1	,992
	N para casos válidos[a]	205		
Wayanad	Pearson Chi-Square	,269	1	,604
	Corrección continuada[a]	,065	1	,799
	Ratio de probabilidad	,271	1	,603
	Test exacto de Fisher			
	Asociación lineal a lineal	,268	1	,605
	N para casos válidos[a]	376		
Kozhikode	Pearson Chi-Square	2,268	1	,132
	Corrección continuada[a]	,630	1	,427
	Ratio de probabilidad	3,034	1	,082
	Test exacto de Fisher			
	Asociación lineal a lineal	2,256	1	,133
	N para casos válidos[a]	191		

a. Calculado solamente para una tabla de 2x2.

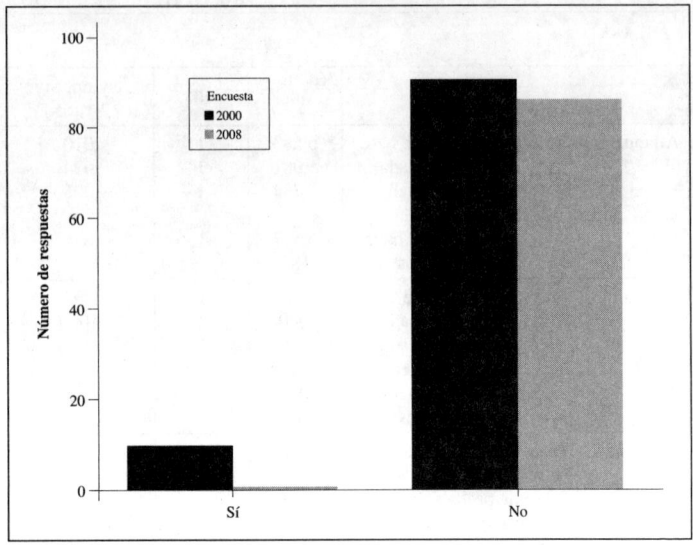

¿Ha organizado alguna sesión para felicitar a los miembros del *panchayat* o a los funcionarios por sus logros?

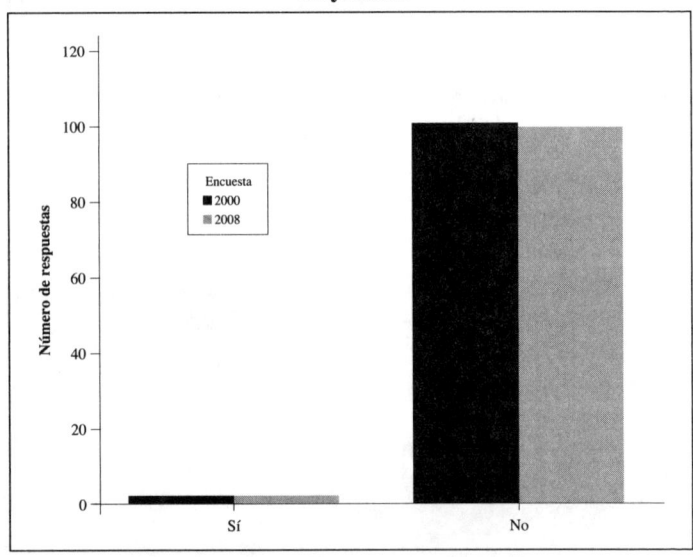

¿Ha organizado alguna sesión para felicitar a los miembros del *panchayat* o a los funcionarios por sus logros?

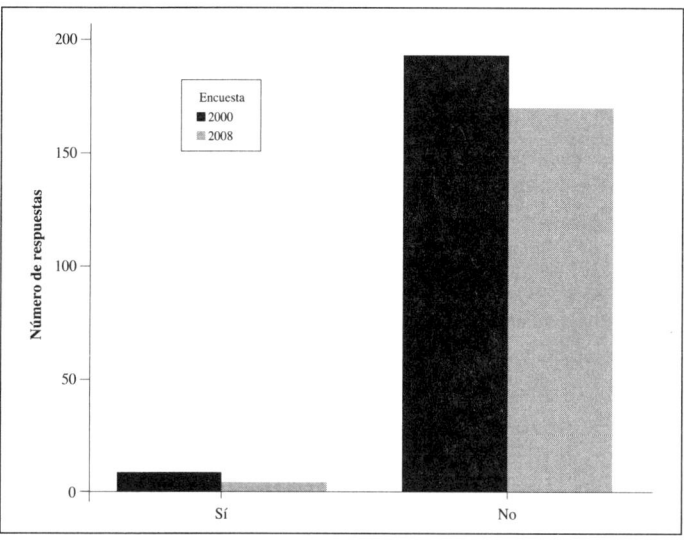

¿Ha organizado alguna sesión para felicitar a los miembros del *panchayat* o a los funcionarios por sus logros?

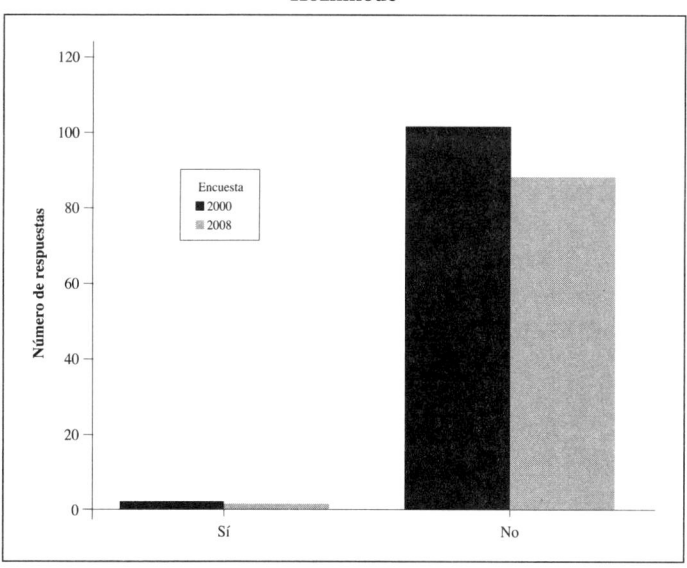

¿Ha organizado alguna sesión para felicitar a los miembros del *panchayat* o a los funcionarios por sus logros?

¿Ha organizado algún *meeting* para el Gobierno o para el *panchayat*?

Lugar			Encuesta		Total
			2000	2008	
Allapuzha	¿Ha organizado algún *meeting* para el Gobierno o para el *panchayat*?	Sí	7,0	2,3	4,8
		No	93,0	97,7	95,2
	Total		100,0	100,0	100,0
Valiyathura	¿Ha organizado algún *meeting* para el Gobierno o para el *panchayat*?	Sí	5,0	5,0	5,0
		No	95,0	95,0	95,0
	Total		100,0	100,0	100,0
Wayanad	¿Ha organizado algún *meeting* para el Gobierno o para el *panchayat*?	Sí	17,9	3,5	11,3
		No	82,1	96,5	88,7
	Total		100,0	100,0	100,0
Kozhikode	¿Ha organizado algún *meeting* para el Gobierno o para el *panchayat*?	Sí	4,0	2,2	3,1
		No	96,0	97,8	96,9
	Total		100,0	100,0	100,0

% encuestados

		Valor	df	Asymp. Sig. (2-caras)
Allapuzha	Pearson Chi-Square	2,194	1	,139
	Corrección continuada[a]	1,296	1	,255
	Ratio de probabilidad	2,345	1	,126
	Test exacto de Fisher			
	Associación lineal a lineal	2,182	1	,140
	N para casos válidos[a]	186		
Valiyathura	Pearson Chi-Square	,000c	1	,987
	Corrección continuada[a]	,000	1	1,000
	Ratio de probabilidad	,000	1	,987
	Test exacto de Fisher			
	Associación lineal a lineal	,000	1	,987
	N para casos válidos[a]	201		
Wayanad	Pearson Chi-Square	19,134	1	,000
	Corrección continuada[a]	17,723	1	,000
	Ratio de probabilidad	21,353	1	,000
	Test exacto de Fisher			
	Associación lineal a lineal	19,082	1	,000
	N para casos válidos[a]	372		
Kozhikode	Pearson Chi-Square	,491	1	,483
	Corrección continuada[ab]	,082	1	,775
	Ratio de probabilidad	,503	1	,478
	Test exacto de Fisher			
	Asociación lineal a lineal	,489	1	,485
	N para casos válidos[a]	192		

a. Calculado solamente para una tabla de 2x2.

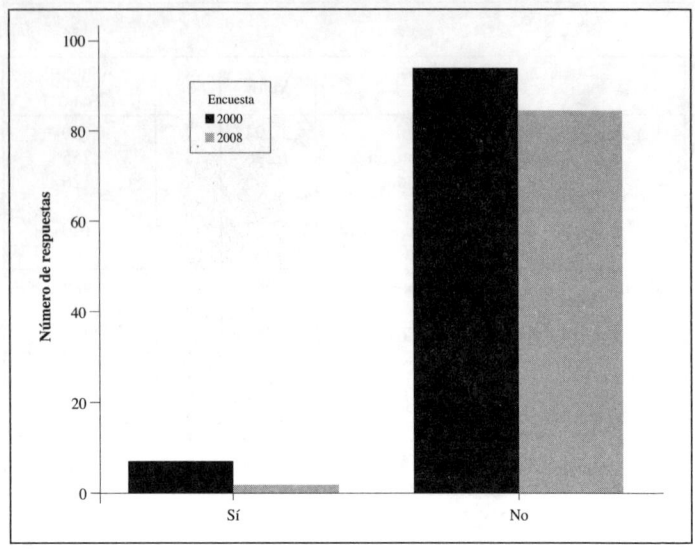

¿Ha organizado algún *meeting* para el Gobierno o para el *panchayat*?

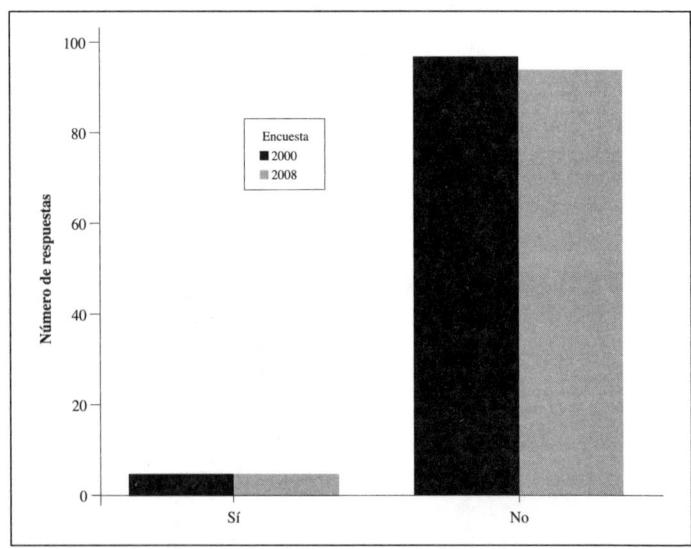

¿Ha organizado algún *meeting* para el Gobierno o para el *panchayat*?

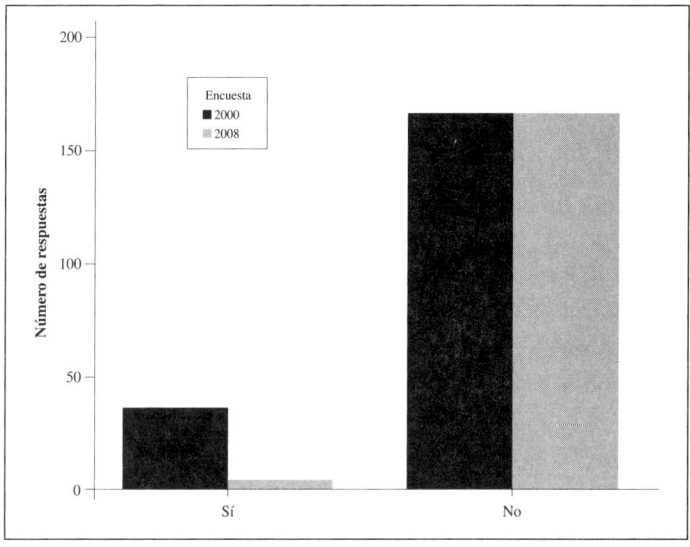

¿Ha organizado algún *meeting* para el Gobierno o para el *panchayat*?

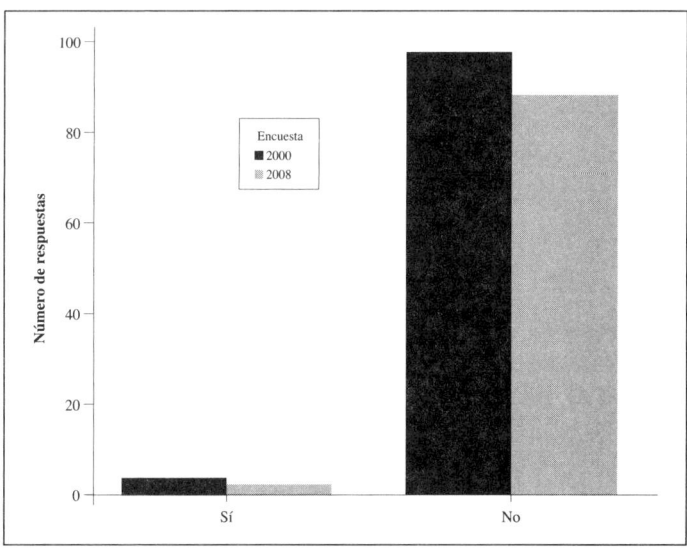

¿Ha organizado algún *meeting* para el Gobierno o para el *panchayat*?

¿Ha mandado alguna queja o alguna carta al Gobierno o al *Grama Panchayat*?

Lugar			Encuesta		Total
			2000	2008	
Allapuzha	¿Ha mandado alguna queja o alguna carta al Gobierno o al *Grama Panchayat*?	Sí	25,5	8,7	17,4
		No	74,5	91,3	82,6
	Total		100,0	100,0	100,0
Valiyathura	¿Ha mandado alguna queja o alguna carta al Gobierno o al *Grama Panchayat*?	Sí	30,1	30,4	30,2
		No	69,9	69,6	69,8
	Total		100,0	100,0	100,0
Wayanad	¿Ha mandado alguna queja o alguna carta al Gobierno o al *Grama Panchayat*?	Sí	30,3	8,4	19,9
		No	69,7	91,6	80,1
	Total		100,0	100,0	100,0
Kozhikode	¿Ha mandado alguna queja o alguna carta al Gobierno o al *Grama Panchayat*?	Sí	21,4	6,5	14,2
		No	78,6	93,5	85,8
	Total		100,0	100,0	100,0

% encuestados

		Valor	df	Asymp. Sig. (2-caras)
Allapuzha	Pearson Chi-Square	9.348	1	.002
	Corrección continuada[a]	8.213	1	.004
	Ratio de probabilidad	9.775	1	.002
	Test exacto de Fisher			
	Asociación lineal a lineal	9.299	1	.002
	N para casos válidos[a]	190		
Valiyathura	Pearson Chi-Square	.002	1	.963
	Corrección continuada[a]	.000	1	1.000
	Ratio de probabilidad	.002	1	.963
	Test exacto de Fisher			
	Asociación lineal a lineal	.002	1	.963
	N para casos válidos[a]	205		
Wayanad	Pearson Chi-Square	28.353	1	.000
	Corrección continuada[a]	26.994	1	.000
	Ratio de probabilidad	30.195	1	.000
	Test exacto de Fisher			
	Asociación lineal a lineal	28.278	1	.000
	N para casos válidos[a]	377		
Kozhikode	Pearson Chi-Square	8.649	1	.003
	Corrección continuada[a]	7.470	1	.006
	Ratio de probabilidad	9.133	1	.003
	Test exacto de Fisher			
	Asociación lineal a lineal	8.604	1	.003
	N para casos válidos[a]	190		

a. Calculado solamente para una tabla de 2x2.

Allapuzha

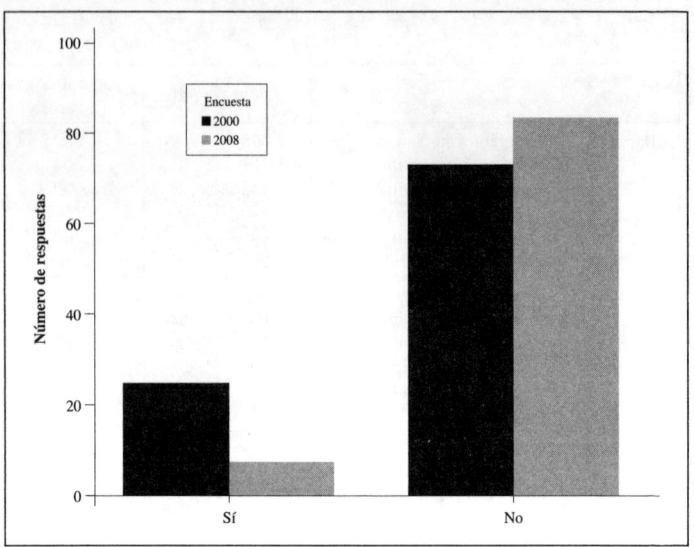

¿Ha mandado alguna queja o alguna carta al Gobierno o al *Grama Panchayat*?

Valiyathura

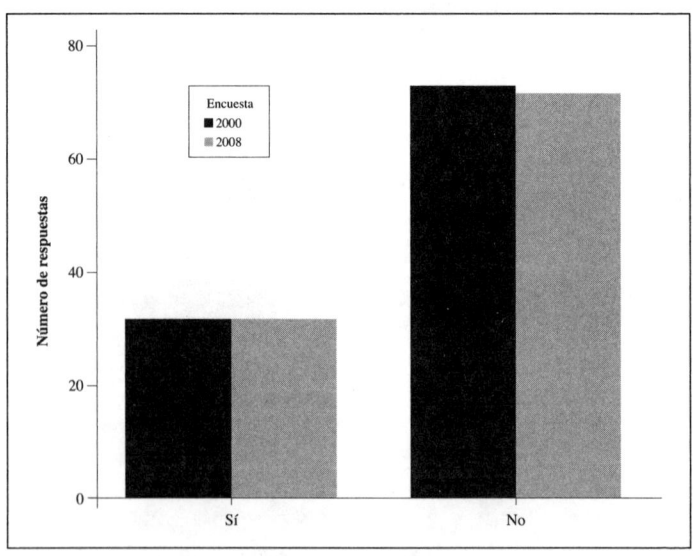

¿Ha mandado alguna queja o alguna carta al Gobierno o al *Grama Panchayat*?

Wayanad

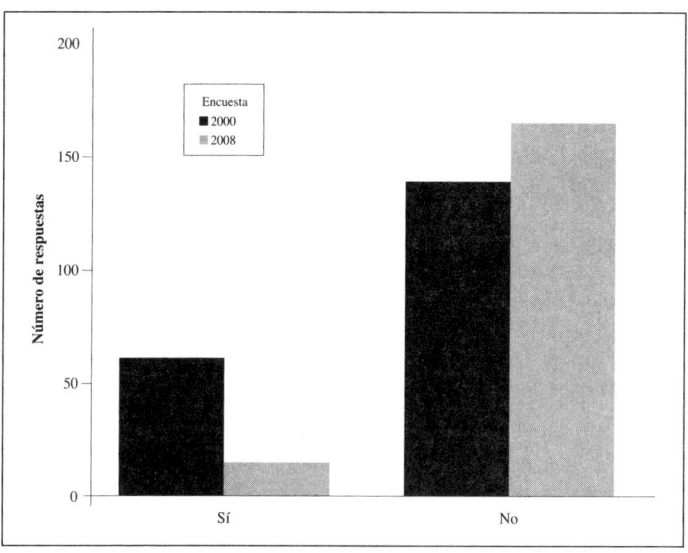

¿Ha mandado alguna queja o alguna carta al Gobierno o al *Grama Panchayat*?

Kozhikode

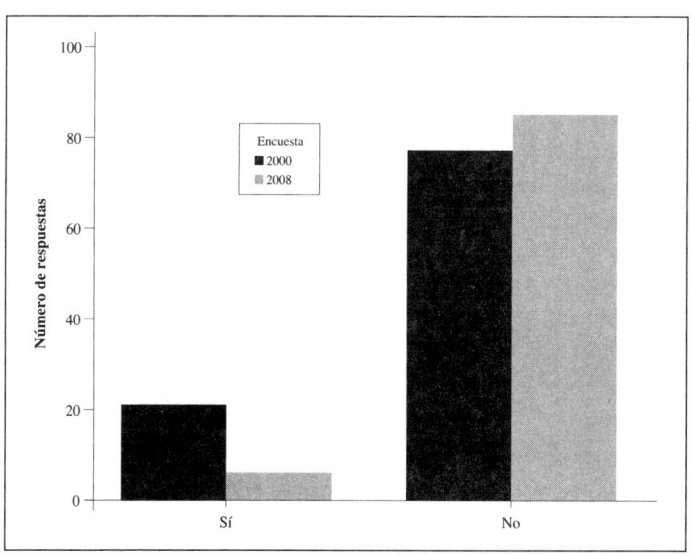

¿Ha mandado alguna queja o alguna carta al Gobierno o al *Grama Panchayat*?

¿Ha hecho llegar, alguna vez, a miembros del distrito electoral, sus necesidades o las necesidades de su distrito o de su organización?

Lugar			Encuesta 2000	Encuesta 2008	Total
Allapuzha	¿Ha hecho llegar, alguna vez, a miembros del distrito electoral, sus necesidades o las necesidades de su distrito o de su organización?	Sí	57,0	27,0	42,9
		No	43,0	73,0	57,1
	Total		100,0	100,0	100,0
Valiyathura	¿Ha hecho llegar, alguna vez, a miembros del distrito electoral, sus necesidades o las necesidades de su distrito o de su organización?	Sí	39,8	40,2	40,0
		No	60,2	59,8	60,0
	Total		100,0	100,0	100,0
Wayanad	¿Ha hecho llegar, alguna vez, a miembros del distrito electoral, sus necesidades o las necesidades de su distrito o de su organización?	Sí	49,0	58,0	53,3
		No	51,0	42,0	46,7
	Total		100,0	100,0	100,0
Kozhikode	¿Ha hecho llegar, alguna vez, a miembros del distrito electoral, sus necesidades o las necesidades de su distrito o de su organización?	Sí	24,8	18,7	21,9
		No	75,2	81,3	78,1
	Total		100,0	100,0	100,0

% encuestados

		Valor	df	Asymp. Sig. (2-caras)
Allapuzha	Pearson Chi-Square	17,344	1	,000
	Corrección continuada[a]	16,140	1	,000
	Ratio de probabilidad	17,716	1	,000
	Test exacto de Fisher			
	Asociación lineal a lineal	17,253	1	,000
	N para casos válidos[a]	189		
Valiyathura	Pearson Chi-Square	,003	1	,955
	Corrección continuada[a]	,000	1	1,000
	Ratio de probabilidad	,003	1	,955
	Test exacto de Fisher			
	Asociación lineal a lineal	,003	1	,955
	N para casos válidos[a]	205		
Wayanad	Pearson Chi-Square	3,099	1	,078
	Corrección continuada[a]	2,748	1	,097
	Ratio de probabilidad	3,105	1	,078
	Test exacto de Fisher			
	Asociación lineal a lineal	3,091	1	,079
	N para casos válidos[a]	381		
Kozhikode	Pearson Chi-Square	1,032	1	,310
	Corrección continuada[a]	,708	1	,400
	Ratio de probabilidad	1,039	1	,308
	Test exacto de Fisher			
	Asociación lineal a lineal	1,027	1	,311
	N para casos válidos[a]	192		

a. Calculado solamente para tablas de 2x2.

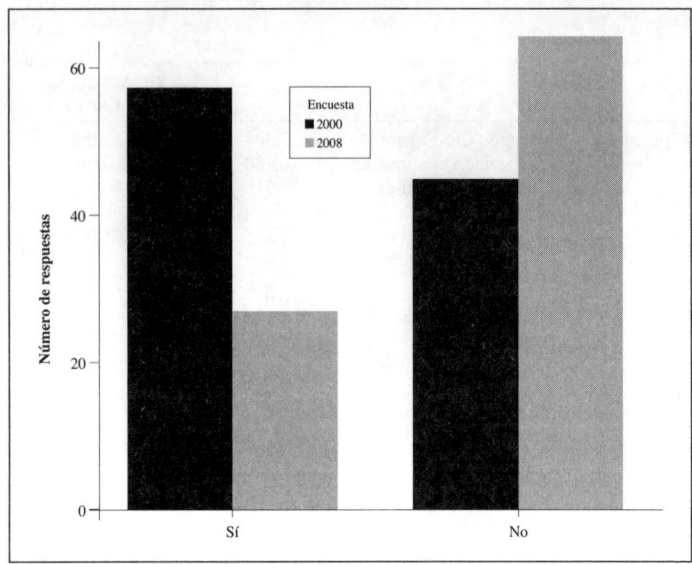

¿Ha hecho llegar, alguna vez, a miembros del distrito electoral, sus necesidades o las necesidades de sus distrito o de su organización?

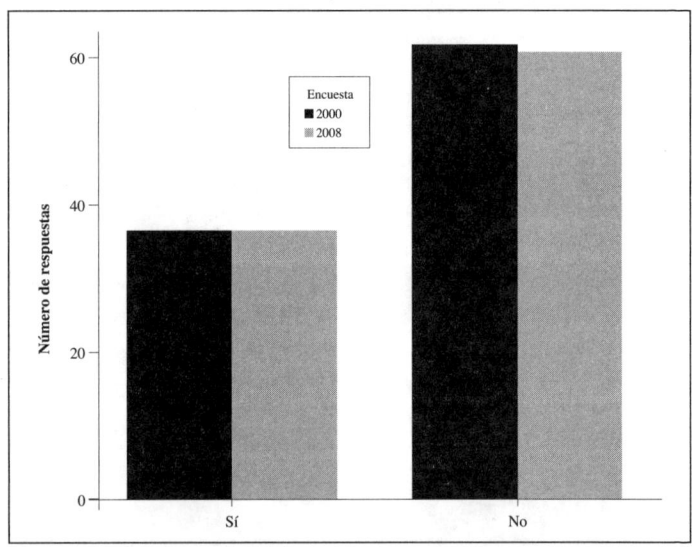

¿Ha hecho llegar, alguna vez, a miembros del distrito electoral, sus necesidades o las necesidades de sus distrito o de su organización?

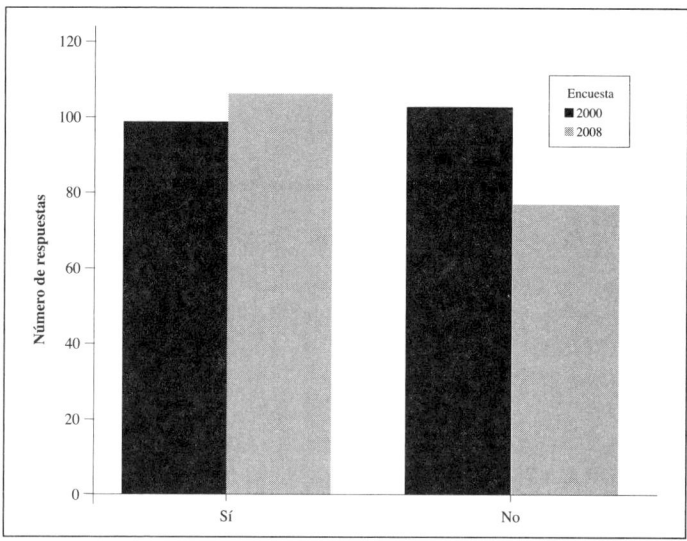

¿Ha hecho llegar, alguna vez, a miembros del distrito electoral, sus necesidades o las necesidades de sus distrito o de su organización?

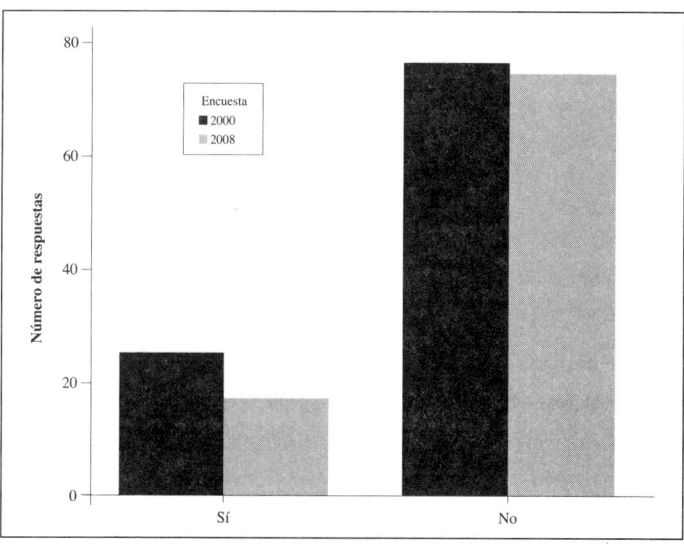

¿Ha hecho llegar, alguna vez, a miembros del distrito electoral, sus necesidades o las necesidades de sus distrito o de su organización?

¿Ha expresado algún malestar por la actividad del *Grama Panchayat*?

Lugar			Encuesta		Total
			2000	2008	
Allapuzha	¿Ha expresado algún malestar por la actividad del *Grama Panchayat*?	Sí	15,0	1,1	8,6
		No	85,0	98,9	91,4
	Total		100,0	100,0	100,0
Valiyathura	¿Ha expresado algún malestar por la actividad del *Grama Panchayat*?	Sí	1,9	2,0	2,0
		No	98,1	98,0	98,0
	Total		100,0	100,0	100,0
Wayanad	¿Ha expresado algún malestar por la actividad del *Grama Panchayat*?	Sí	16,3	1,1	9,3
		No	83,7	98,9	90,7
	Total		100,0	100,0	100,0
Kozhikode	¿Ha expresado algún malestar por la actividad del *Grama Panchayat*?	Sí	14,9	3,3	9,4
		No	85,1	96,7	90,6
	Total		100,0	100,0	100,0

% encuestados

		Valor	df	Asymp. Sig. (2-caras)
Allapuzha	Pearson Chi-Square	11,407	1	,001
	Corrección continuada[a]	9,706	1	,002
	Ratio de probabilidad	13,801	1	,000
	Test exacto de Fisher			
	Asociación lineal a lineal	11,346	1	,001
	N para casos válidos[a]	187		
Valiyathura	Pearson Chi-Square	,000	1	,992
	Corrección continuada[a]	,000	1	1,000
	Ratio de probabilidad	,000	1	,992
	Test exacto de Fisher			
	Asociación lineal a lineal	,000	1	,992
	N para casos válidos[a]	205		
Wayanad	Pearson Chi-Square	25,702	1	,000
	Corrección continuada[a]	23,930	1	,000
	Ratio de probabilidad	31,299	1	,000
	Test exacto de Fisher			
	Asociación lineal a lineal	25,634	1	,000
	N para casos válidos[a]	377		
Kozhikode	Pearson Chi-Square	7,397	1	,007
	Corrección continuada[a]	6,109	1	,013
	Ratio de probabilidad	8,105	1	,004
	Test exacto de Fisher			
	Asociación lineal a lineal	7,358	1	,007
	N para casos válidos[a]	191		

a. Calculado solamente para tablas de 2x2.

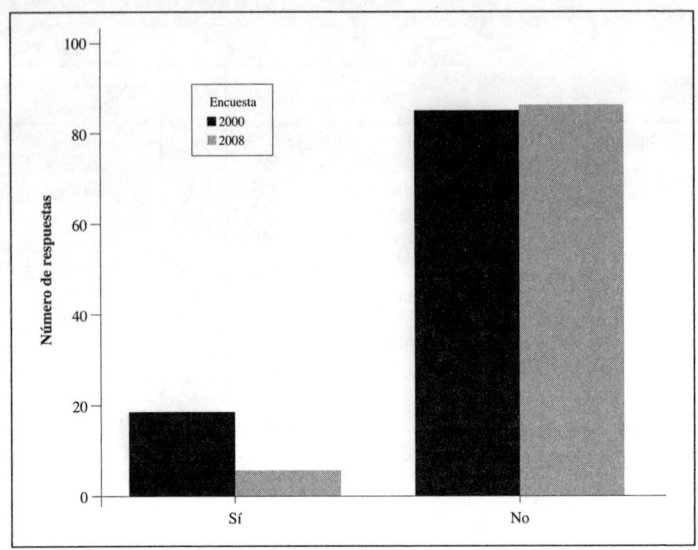

¿Ha expresado algún malestar por la actividad del *Grama Panchayat*?

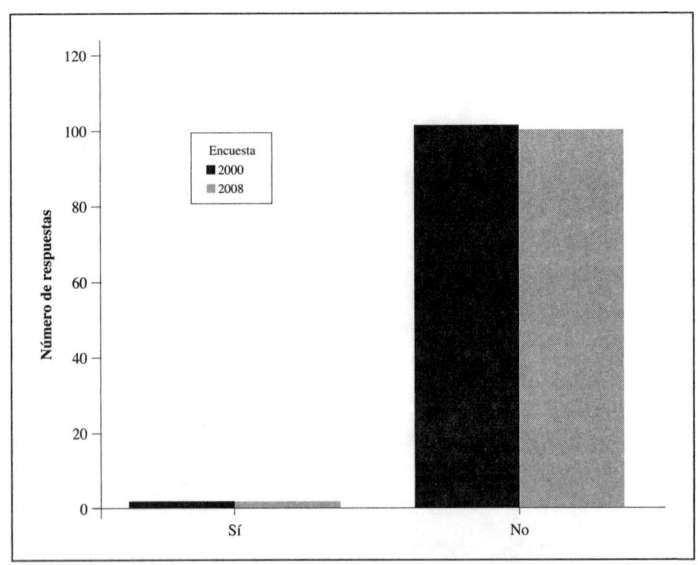

¿Ha expresado algún malestar por la actividad del *Grama Panchayat*?

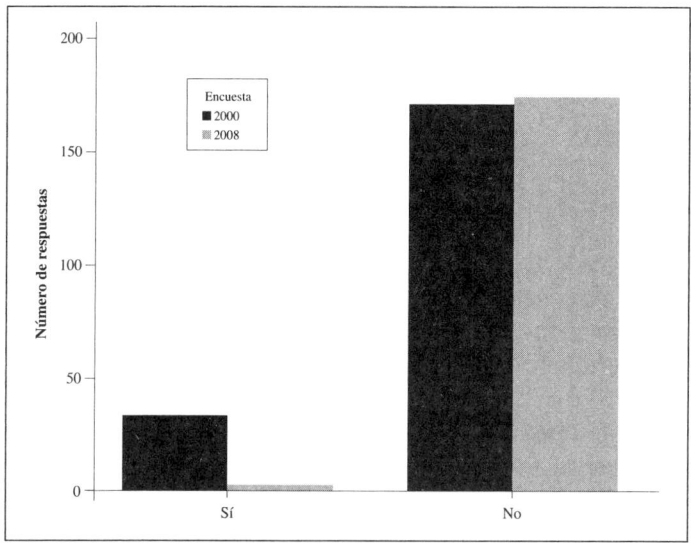

¿Ha expresado algún malestar por la actividad del *Grama Panchayat*?

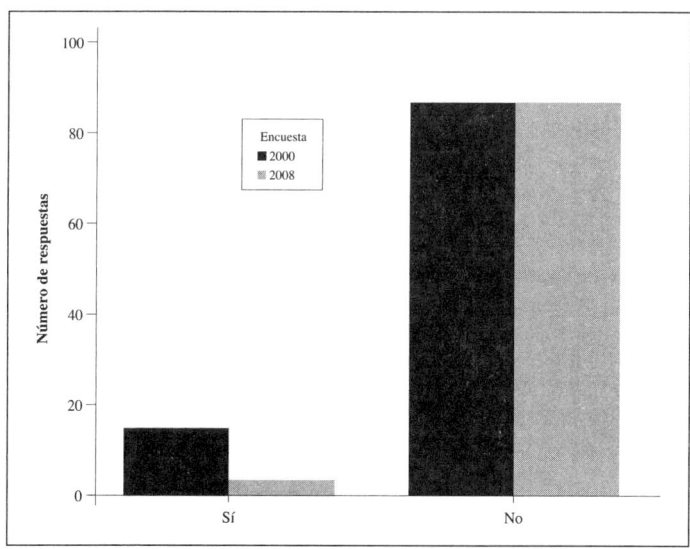

¿Ha expresado algún malestar por la actividad del *Grama Panchayat*?

BIBLIOGRAFÍA

ALBIN, Alice (1990), «Manufacturing Sector in Kerala: Comparative Study of Its Growth and Structure», *Economic and Political Weekly*, 26:(47), págs. 2.059-2.067.

ANAND, Sudhir y Ravi KANBUR (1991), «Public Policy and Basic Needs Provisions: Intervention and Achievement in Sri Lanka», en Dreze, Jean y Amartya Sen (eds.) (1991), *The Political Economy of Hunger*, vol. III, Oxford: Clarendon Press, págs. 59-92.

BAJAJ, J.L. y Renuka VISWANATHAN (1989), «Financial Management in States», *Economic and Political Weekly*.

BALOGH, Thomas (1982), *The Irrelevance of Conventional Economics*, Nueva York: Liverlight Publishing Co.

BELLI, Pedro (1971), «The Economic Implication of Malnutrition», *Economic Development and Cultural Change*, 20, págs. 1-12.

BENGLESDORF, Carolle (1990), «The Matter of Democracy in Cuba: Snapshots of Three Moments», págs. 141-145, en Halebsky and Kirk (eds.), Transformation and Struggle: Cuba Faces the 1990's.

BHALLA, Surjit S. (1988), «Is Sri Lanka an Exception? A Comparative Study of Living Standards», en Srinivasan T.N. y P.K. Bardhan (eds.), *Rural Poverty in South Asia*, Massachusetts: Columbia University Press, págs. 89-117.

— (1988), «Sri Lanka's Achievements: Fact and Fancy», en Srinivasan T.N. y P.K. Bardhan (eds.), *Rural Poverty in South Asia*, Massachusetts: Columbia University Press, págs. 557-565.

BHAT, Mari P.N. e Irudaya RAJAN S. (1990), «Demographic Transitions in Kerala Revisited», *Economic and Political Weekly*, 25:(35,36), págs. 1.957-1.979.

BRAYBROOKE, David (1987), *Meeting Needs,* Princeton, Nueva Jersey: Princeton University Press.

BURTON, Henry J (1992), *The Political Economy of Poverty, Equity and Growth: Sri Lanka and Malaysia,* Oxford: Oxford University Press.

CENTER for DEVELOPMENT STUDIES (1977), *Poverty, Unemployment and Development Policy: A Case Study of Selected Issues with Reference to Kerala*, Bombay: Orient Longman.

CHAKROBORTY (2005), «Kerala's Changing Development Narratives». *Economic and Political Weekly*, XL (6), febrero 2005.

CHENERY, Hollis (ed.) (1974), *Redistribution with Growth*, Nueva York: Oxford University Press.

COCHRANE, Susan H., Donald OHARA y Joanne LESLIE (1980), «The Effects of Education on Health», *World Bank*, Paper n.º 405, Washington D.C.

COLCLOUGH, Christopher (1982), «The Impact of Primary Schooling on Economic Development», *World Development*, 10, págs. 167-185.

COOTER, Robert y Peter RAPPAPORT (1984), «Were the Ordinals Wrong About Welfare Economics?, *Journal of Economic Literature*, 22, págs. 507-530.

DASGUPTA, Ajit K. (1988), *Growth, Development and Welfare: An Essay on Levels of Living,* Oxford: Basil Blackwell Ltd.

DASGUPTA, P.S. (1982), *The Control of Resources*, Oxford: Basic Blackwell.

— (1989), «Well-Being and the Extent of its Realisation in Poor Countries», Working Paper n.º 19, London School of Economics. Suntory Toyota Lectures.

DHANGARE, D.N. (1987), «Green Revolution and Social Inequalities in Rural India», Economic and Political Weekly, XXII:(19, 20, 21), AN137-AN145.

DREZE, Jean y AMARTYA Sen (1989), «Public Action for Social Security: Foundations and Strategy», Transcripción de conferencia en LSE, págs. 17-18.

— (1991), *The Political Economy of Hunger: Entitlements and Well Being*, Oxford: Oxford University Press, 1991.

— (1995), Indian Economic Development and Social Opportunity, Oxford University Press.

DWORKIN, Ronald (1978), *Taking Rights Seriously*, Londres: Duckworth.

EAPAN, Mridul (1994), «The Changing Structure of the Workforce in Kerala» en Prakash B.A. (ed.) (1994), *Kerala's Economy: Performance, Problems, Prospects*, Londres: Sage Publications, págs. 61-77.

— (1994), «Rural Non-Agricultural Employment in Kerala: Some Emerging Tendencies», *Economic and Political Weekly*, págs. 1.285-1.295.

FRANKE, Richard W. y Barbara H CHASIN (1992), *Kerala: Development through Radical Reform*, Nueva Delhi: Promilla and Co. Press.

— (1990), «Development Without Growth: The Kerala Experiment», *Technology Review*, págs. 43-51.
FRIEDMAN, John (1979), «Basic Needs, Agropolitan Development and Planning from Below», *World Development*, 7, págs. 607-613.
GALSTON, William A. (1980), *Justice and the Human Good,* Chicago: Chicago University Press.
GEETA, V. y RAJADURAI (1992), «Off with their Heads: Suppression of Dissent in Tamil Nadu», *Economic and Political Weekly*, págs. 1.184-1.185.
GEORGE, K.K. (1990), «Kerala's Fiscal Crisis: A Diagnosis», *Economic and Political Weekly,* 25 (37), págs. 2.097-2.105.
— (1994), «Trends in Kerala State Finances» en Prakash B.A. (ed.) (1994), *Kerala's Economy: Performance, Problems, Prospects*, Londres: Sage Publications, págs. 397-416.
GEWIRHT, Alan (1978), *Reason and Morality*. Chicago: Chicago University Press.
GHOSH, Pradip K. (1984), *Third World Development: A Basic Needs Approach*, Wesport: Greenwood Press, Connecticut.
GOLDAR, Bishwanth y Vijay SETH (1989), «Spatial Variations in the Rate of Industrial Growth in India», *Economic and Political Weekly*, 24(22).
GOPPIKUTTAN, G. (1990), «House Construction Boom in Kerala: Impact on Economy and Society», *Economic and Political Weekly,* 25 (37), págs. 2.083-2.088.
GOULET, Denis (1978), *The Cruel Choice: A New Concept in the Theory of Development*. Nueva York: Atheneum Press.
— (1983), «Obstacles to World Development: An Ethical Reflection», *World Development,* 11, págs. 609-624.
HERRING, J. Ronald (1983), *Land to the Tiller: The Political Economy of Agrarian Reform in South Asia*, Oxford y Nueva Delhi: Oxford University Press.
HICKS, Norman L. (1984), «Is There a Trade off between Growth and Basic Needs?» en Ghosh, Pradip K. (1984), *Third World Development: A Basic Needs Approach*, Wesport: Greenwood Press, Connecticut, págs. 216-225.
— y Paul STREETEN (1979), «Indicators of Development: The Search for a Basic Needs Yardstick», *World Development*, págs. 567-580.
HIRSCHMAN, Albert (1958), *The Strategy of Economic Development,* New Haven: Yale University Press.
— (1970), «Interregional and International Transmission of Economic Growth», en Mckee, David L., Dean, Robert D. y Leahy, William H.

(eds.), *Regional Economics: Theory and Practice*, Nueva York: The Free Press, págs. 105-120.

ISAAC, Thomas T.M. (1994), «The Trend and Pattern of External Trade of Kerala» en Prakash B.A. (ed.) (1994), *Kerala's Economy: Performance, Problems, Prospects*, Londres: Sage Publications, págs. 368-393.

— y MOHANKUMAR S. (1991), «Kerala Elections, 1991: Lessons and Non-Lessons», *Economic and Political Weekly*, 26(47).

JACK, Sarah L. y ALISTAIR R. Anderson, «The Effects of Embededness on the Entrepreneurial Process», Journal of Business Venturing, vol. 17, Issue 5, septiembre 2002, págs. 467-487.

JAYAN, Jose Thomas, «Kerala's Industrial Backwardness: a case of path dependence in indusrialization», *World Development*, vol. 33, Issue 5, mayo 2005, págs.763-783.

JEFFREY, Robin (1992), Politics, *Women and Well-Being: How Kerala Became a Model*, Londres: MacMillan Press.

KANNAN, K.P. (1990), «Kerala Economy at the Crossroads», *Economic and Political Weekly*, 25 (35 y 36), págs. 1.951-1.955.

— (1988), *Of Rural Proletarians: Mobilization and Organization of Rural Workers in Southwest India*. Oxford University Press.

— (2000), «Food Security in Regional Perspective: A view from food deficit Kerala», Working Paper n.º 304, Centre for Development Studies, Trivandrum, la India.

— (2005), «Kerala's Turnaround in Growth: Role of Social Development, Remittances and Reform», Economic and Political Weekly, febrero 5.

— (2007), «From Human Development to Economic Growth. Kerala's Turnaround in Growth Powered by Human Development, Remmitances and Reform», en A. Vaidayanathan y K.L. Krishna (eds.), *Institutions and Markets in India's Development*, Oxford University Press.

— y K.S. HARI (2002), «Kerala's Gulf Connection Emigration, Remmitances and their Macroeconomic Impact (1972-2000)», Working Paper n.º 328, Centre for Development Studies, Trivandrum, la India.

— y PUSPANGADAN, K. (1988), «Agricultural Stagnation in Kerala: An exploratory analysis», *Economic and Political Weekly*, 23 (39), A120-A128.

— y PUSPANGADAN, K. (1990), «Dissecting Agricultural Stagnation in Kerala», *Economic and Political Weekly*, 25 (35 y 36), págs. 1.991-2.003.

KING, R., C. PLOSSER y S. REBELLO (1988), «Production, Growth and Business Cycles: II New Directions», Journal of Monetary Economics, vol. 21, n.º 2/3, págs. 309-341.

KURIEN, J. y ACHARI THANKAPPAN T.R. (1990), «Overfishing Along Kerala Coast: Causes and Consequences», *Economic and Political Weekly*, 25(35 y 36), págs. 2.011-2.017.

KUTTYKRISHNAN, A.C. (1994), «Educational Development in Kerala», en Prakash B.A. (ed.) (1994), *Kerala's Economy: Performance, Problems, Prospects*, Londres: Sage Publications, págs. 349-367.

KUZNETS, Simon (1955), «Economic Growth and Income Inequality», *American Economic Review*, 45(1), 1-28.

— (1963), «Quantitative Aspects of Economic Growth of Nations, VIII: Distribution of Income by Size», *Economic Development and Cultural Change*, 11(2), 1-80.

LALL, Sanjaya y STEWART, Frances (eds.) (1986), *Theory and Reality in Development*, Londres: Macmillan Press Ltd.

LEIBENSTEIN, Harvey (1986), «The Theory of Underdevelopment in Densely Populated Backward Areas», en Yellen J.L. y A. Akerlof (eds.), *Efficiency Wages of the Labour Market*, Cambridge: Cambridge University Press, págs. 22-40.

LEWIS, W.A. (1955), *The Theory of Economic Growth*, Londres: Allen and Unwin.

LISK, Franklyn (ed.) (1985), *Popular Participation in Basic Needs*, International Labour Organisation, Hampshire: Gower Publications.

MADDISON, Angus (1992), *The Political Economy of Poverty, Equity and Growth: Brazil*, Oxford: Oxford University Press.

MASLOW, Abraham H. (1970), *Motivation and Personality*, Nueva York: Harper and Row.

— (1954), «Economic Development with Unlimited Supplies of Labour», *Manchester School of Economic and Social Studies*, 22(2), págs. 139-191.

MENCHER, Joan P. (1980), «The Lessons and Non-Lessons of Kerala: Agricultural Labourers and Poverty», *Economic and Political Weekly*, 15(41-43).

— (1966), «Kerala and Madras: A comparative study of ecology and social structure», *Ethnology*, 5(2), págs. 135-171.

MOHAN, Nanda V. (1994), «Recent Trends in the Industrial Growth of Kerala», en Prakash B.A. (ed.) (1994), *Kerala's Economy: Performance, Problems, Prospects*, Londres: Sage Publications, págs. 217-236.

— y D. SHYJAN (2005), «Taxing Powers and Developmental Role of Indian States: A study with reference to Kerala», Working Paper n.º 375, Centre for Development Studies, Trivandrum, la India.

MOHANDAS, M. (1984), «The Kerala Model: Its Relevance in Economic Growth and Public Health», *The Economic Times*, 16, septiembre.

Moon, Bruce E. (1991), *The Political Economy of Basic Human Needs*, Ithica, Nueva York: Cornell University Press.

Morawetz, David (1980), «Economic Development fro Some Small Socialist Countries», *World Development*, 8, págs. 337-369.

Nag, Moni (1983), «Impacts of Social Development and Economic Development on Mortality: Comparative Study of Kerala and West Bengal», *Economic and Political Weekly*, 18 (19-21).

— (1989), «Political Awareness as a Factor in Accessibility of Health Services: A Study of Rural Kerala and West Bengal», *Economic and Political Weekly*, 24(8), págs. 417-426.

Nair, K.N. (1990), «Cattle Development in Kerala: Trends and Prospects», *Economic and Political Weekly*, 25 (35 y 36), 2.005-2.009.

Nair, Ramachandran K. (1994), «Trade Unionism in Kerala», en Prakash B.A. (ed.) (1994), *Kerala's Economy: Performance, Problems, Prospects*, Londres: Sage Publications, págs. 331-348.

Nair, P.R.G. (1974), «Decline in birth rate in Kerala: A hypothesis about the interrelationship between demographic variables, health services and education», *Economic and Political Weekly*, 9, págs. 323-336.

— (1979), «Role of Socioeconomic Change: the Kerala case», en Oommen M A (ed.) (1979), *Kerala Economy Since Independence,* Oxford: Oxford University Press, págs. 85-102.

— (1994), «Migration of Keralites to the Arab World», en Prakash B.A. (ed.) (1994), *Kerala's Economy: Performance, Problems, Prospects*, Londres: Sage Publications, págs. 95-114.

— (1994), «Power Development in Kerala», en Prakash B.A. (ed.) (1994), *Kerala's Economy: Performance, Problems, Prospects*, Londres: Sage Publications, págs. 316-328.

— y Ajit, D. (1984), «Parallel Colleges in Kerala, Enrolment, Costs and Employment», *Economic and Political Weekly*, págs. 20-27.

National Council for Applied Economic Research (1962), *Techno-Economic Survey of Kerala*, Nueva Delhi: NCAER, capítulo I.

Nossiter, T.J. (1988), *Marxist State Governments in India,* Londres: Pinter Publishers.

Nozick, Robert (1974), *Anarchy, State and Utopia*, Oxford: Basil Blackwell.

Oommen, M.A. (1979), *Kerala Economy Since Independence*, Nueva Delhi: Oxford and IBH.

— (1994), «Land Reforms and Economic Change: Experience and Lessons from Kerala», en Prakash B.A. (ed.) (1994), *Kerala's Economy: Performance, Problems, Prospects*, Londres: Sage Publications, págs. 117-140.

— (1981), «Mobility of Small Scale Entrepreneurs: A Kerala Experience», *Indian Journal of Industrial Relations*, 17(1).
PADMANABHAN, Nirmala (1990), «Poor Performance of Private Sector in Kerala», *Economic and Political Weekly*, 25(37), págs. 2.071-2.075.
PALMER, J.L. (1986), «Philosophy, Policy and Politics: Integrating Themes», en Palmer, J.L. (ed.), *Perspectives on the Reagan Years*, Washington DC: Urban Institute Press, pág. 191.
PANICKER, P.G.K. (1975), «Fall in Mortality Rates in Kerala: An Explanatory Hypothesis», *Economic and Political Weekly,* 10, págs. 1.811-1.817.
— (1980), «Inter-Regional Variation in Caloric Intake», *Economic and Political Weekly*,15, págs. 1.803-1.814.
PARAMESWARAN, M.P. (1990), «Kerala's Power Predicament: Issues and Solutions», *Economic and Political Weekly,* 25(37), págs. 2.089-2.091.
PAULINI, Thomas (1978), *Agrarian Movements and Reform in India: The Case of Kerala* (tesis doctoral), University of Stuttgart, West Germany: University of Stuttgart.
PILLAI, Mohanan P. (1994), «Performance of State Sector Enterprises in Kerala», en Prakash B.A. (ed.) (1994), *Kerala's Economy: Performance, Problems, Prospects*, Londres: Sage Publications, págs. 259-278.
— «Wither State Sector Enterprises in Kerala», en P. Mohanan Pillai, *Economic and Political Weekly (Review Management)*, febrero 17, 1990.
— y N. SHANTA, 2005, «Long Term Trends in the Growth and Structure of the State Domestic Product in Kerala», Working Paper n.° 376, Centre for Development Studies, Trivandrum, la India, págs. 1-51.
PFEFFER, J. y SANACIK, G. 1978, *The External Control of Organizations: A resource Denpendence Perspective*. Nueva York: Harper and Row.
PRAKASH, B.A. (1978), «Impact of Foreign Remittances: A Case Study of Chavakad Village in Kerala», *Economic and Political Weekly*, 13(27-28).
— (1994), «Kerala's Economy: An Overview», en Prakash B.A. (ed.) (1994), *Kerala's Economy: Performance, Problems, Prospects*, Londres: Sage Publications, págs. 15-40.
— (1994), «Demographic Trends in Kerala», en Prakash B.A. (ed.) (1994), *Kerala's Economy: Performance, Problems, Prospects*, Londres: Sage Publications, págs. 43-60.
RADHAKRISHNAN, P. (1989), *Peasant Struggles, Land Reforms and Social Change, Malabar, 1836-1982,* Nueva Delhi: Sage Publications.
RADHAKRISHNAN, V., E.K. THOMAS y Jessy K. THOMAS (1994), «Performance of Rice Crops in Kerala», en Prakash B.A. (ed.) (1994), *Kerala's*

Economy: Performance, Problems, Prospects, Londres: Sage Publications, págs. 160-178.
RAJESH, K.P. (2004), «The Structure and Growth of Kerala's Industry during the Post Liberalization Period», en Prakash B.A. (2004), *Kerala's Economy Development: Performance and Problems in the post liberalization period*, Londres: Sage Publications, capítulo 9.
RAO, Amiya (1980), «Primary Education Problems and Purpose», *Economic and Political Weekly*.
RATCLIFFE, John (1978), «Social Justice and Demographic Transition: Lesson from India's Kerala State», *International Journal of Health Services*, 8(1).
RAWLS, John (1971), *The Theory of Justice*, Cambridge: Harvard University Press, Massachusetts.
ROHINI, Nayyar (1983), *Rural Poverty in India: An Analysis of Inter-State Differences*, D Phil Thesis. University of Sussex.
SACHS, Ignacy (1991), «Growth and Poverty: Some Lessons from Brazil», en Dreze, Jean and Amartya Sen (eds.) (1991), *The Political Economy of Hunger vol. III*, Londres: Clarendon Press, págs. 93-118.
SANKARANARAYANAN, K C, and Meera Bhai M (1994), «Industrial Development of Kerala- Problems and Prospects», en Prakash B A (ed.) (1994), *Kerala's Economy: Performance, Problems, Prospects*, Londres: Sage Publications, págs. 298-315.
— y V. Karunkaran (1985), *Kerala Economy,* Oxford: Oxford University Press.
SARAH, L.J. y Alistair R. ANDERSON, «The Effects of Embededness on the Entrepreneurial Process», *Journal of Business Venturing*, vol. 17, Issue 5, septiembre 2002, págs. 467-487.
SARDAMONI, K. (1994), «Women, Kerala and Some Development Issues», *Economic and Political Weekly,* XXIX(9), págs. 501-509.
SATHYAMURTHY, T.V. (1985), *India since Independence: Studies in the Development of the Power of the State, The Case of Kerala, vol. 1*, Nueva Delhi: Ajantha.
SCHEPER-HUGHES, Nancy (1992), *Death without Weeping: The Violence of Everyday Life in Brazil,* Berkeley: University of California Press, Berkeley.
SEERS, Dudley (1977), «Life expectancy as an integrating concept in social and demographic analysis in planning», *Review of Economic Wealth,* (3), págs. 195-203.
— (1984), «The Meaning of Development», en Ghosh, Pradip K. (ed.) (1984), *Economic Policy and Planning in Third World Development,* Connecticut: Greenwood Press.

SELOWSKY, Marcelo (1981), «Nutrition, Health and Education: the economic significance of complimentarities at an early age», *Journal of Development Economics*, págs. 331-346.
SEN, Amartya, 1976, «Poverty: an Ordinal Approach to Measurement», *Econometrica*, vol. 44, págs. 219-231.
— (1988), «Sri Lanka's Achievements: How and When?, en Srinivasan, T. N. y P.K. Bardhan (eds.) (1988), *Rural Poverty in South Asia* , Massachusetts: Columbia University Press, págs. 549-556.
— (1987), en Geoffrey Hawthorn (ed.) (1987), *The Standard of Living*, Cambridge: Cambridge University Press, Inglaterra.
— (1991) «Food, Economics and Entitlements», en Jean Dreze y Amartya Sen, (eds.), The Political Economy of Hunger: Entitlements and Well Being, Oxford University Press, págs. 34-52.
— (1991), «Sri Lanka's Achievements: How and When», en Dreze y Sen, The Political Economy of Hunger, vol. III, «Endemic Hunger», págs. 549-556.
— (1995), Indian Development: Selected Regional Perspectives, Oxford University Press.
— (1999), Development as Freedom, Oxford University Press.
— y DREZE, 1997, *Indian Development: Selected Regional Perspectives*, Oxford: Oxford University Press.
SCHUH, G. Edward (1979), «Approaches to Basic Needs and to Equity that Distort Incentives in Agriculture», en Shultz T.W. (ed.) (1979), *Distortions of Agricultural Incentives*. Bloomington: Indiana University Press.
SHUE, Henry (1980), *Basic Rights*, Princeton (Nueva Jersey): Princeton University Press.
SINGH, Ajit (1978), «The Basic Needs Approach to Development and the New International Economic Order», *Draft Paper for the ILO*.
SINGER, Hans (1984), «Appropriate Technology for a Basic Human Needs Strategy», en Ghosh, Pradip K. (ed.) (1984), *Third World Development: A Basic Needs Approach,* Westport, Connecticut: Greenwood Press, págs. 226-231.
SINHA, R, Peter PEARSON, Gopal KADEKODI y Mary GREGORY (1979), *Income Distribution, Growth and Basic Needs in India*, Londres: Croom Helm Press.
SIVANANDAN, P. (1979), «Caste, Class and Economic Opportunity in Kerala», *Economic and Political Weekly*, 14(7-8), págs. 475-480.
— (1994), «Performance of Agriculture in Kerala» en Prakash B.A. (ed.), *Kerala's Economy: Performance, Problems, Prospects*, Londres: Sage Publications, págs. 141-159.

SREEKUMAR, T.T. (1990), «Neither Rural Nor Urban: Spatial Formation and Development Process», *Economic and Political Weekly*, 25(35-36), págs. 1.981-1.989.

SRINIVASAN, T.N. (1984), «Development, Poverty, and Basic Human Needs: Some Issues», en Ghosh, Pradip K. (ed.) (1984), *Third World Development: A Basic Needs Approach,* Westport, Connecticut: Greenwood Press, págs. 7-28.

STEWART, Frances (1985), *Basic Needs in Developing Countries*, Baltimore: Johns Hopkins University Press.

— (1985), *Planning to Meet Basic Needs*. Londres: Macmillan Press.

STREETEN, Paul *et al.* (1981), *First Things First: Meeting Human Needs in Developing Countries*, Oxford: Oxford University Press.

— (1984), «The Distinctive Features of a Basic Needs Approach to Development», en Ghosh, Pradip K. (ed.) (1984), *Third World Development: A Basic Needs Approach,* Westport, Connecticut: Greenwood Press, págs. 29-40.

SUBRAHMANIAN, K.K. (1990), «Development Paradox in Kerala-Analysis of Industrial Stagnation», *Economic and Political Weekly*, 25(37), págs. 2.053-2.057.

— (1994), «Some Facets of the Manufacturing Industry in Kerala» en Prakash B.A. (ed.), *Kerala's Economy: Performance, Problems, Prospects*, Londres: Sage Publications, págs. 237-258.

— y Abdul AZEEZ E. (2000) *Industrial growth in Kerala: trends and explanations. Working paper* n.º 310, Centre for Development Studies, Trivandrum, la India.

— y P. MOHANAN PILLAI (1986), «Kerala's Industrial Backwardness: Exploration of Alternative Hypotheses», *Economic and Political Weekly*,(14).

SUNDRUM, R.M. (1987), *Growth and Income Distribution in India: Policy and Performance since Independence*, Nueva Delhi: Sage Publications.

SUNNY, K.K. (1990), «Uneven Development of Kerala's Transport System: Some Economic Issues», *Economic and Political Weekly,* 25(37), págs. 2.093-2.095.

SWAMINATHAN, Madhura (1988), «Growth Polarization: Changes in Wealth Inequality in a Tamilnadu Village», *Economic and Political Weekly*, 23(443), págs. 2.229-2.232.

THAMPY, M.M. (1990), «Wage-cost and Kerala's Industrial Stagnation: Study of Organised Small Scale Sector», *Economic and Political Weekly*, 25(37), págs. 2.077-2.081.

— (1994), «Development of Organised Small Scale Industries» en Prakash B.A. (ed.), *Kerala's Economy: Performance, Problems, Prospects*, Londres: Sage Publications, págs. 279-297.

UNITED NATIONS (1975), «Poverty, Unemployment and Development Policy: A Case Study of Selected Issues with Reference to Kerala», Document ST/ESA/29, Nueva York: United Nations Department of Economic and Social Affairs.

THOMAS, Jayan Jose, «Kerala's Industrial Backwardness: a case of path dependence in indusrialization», World Development, vol. 33, Issue 5, mayo 2005, págs. 763-778.

VAIDYANATHAN A. y K.L. KRISHNA (2007) (eds.), Institutions and Markets in India's Development, Oxford University Press.

VERSPOR, Adrian (1990), «Educational Development: Priorities for the Nineties», *Finance and Development*.

WEIGEL, B. van (1989), *A Unified Theory of Global Development*, Nueva York: Praeger Publishing.

— (1986), «The Basic Needs Approach: Overcoming the Poverty of Homeoeconomicus», *World Development*, 14, págs. 1.423-.1434.

WEISS, John (1990), *Industry in Developing Countries*, Londres: Routledge Press.

WHITE, Gordon (1983), «Revolutionary Socialist Development in the Third World: An Overview» en White G. *et al.* (eds.) (1983), *Revolutionary Socialist Development in the Third World*, Sussex: Wheatshaff Books.

ZACHARIAH, K.C. (1984), «The Anomaly of Fertility Decline in India's Kerala State», Staff Working Paper n.º 700, Washington DC: World Bank.

— (1983), «Anomaly of the Fertility Decline in Kerala: Case Studies of the Determinants of Fertility Decline in South India and Sri Lanka», Report n.º 1 de RPO, Washington DC: World Bank.